ROUSSILLON

André Dominé

Oase

Fotos

Agence de Tourisme, Bayonne:
S. 306/307, 314/315
Alain Choisnet: S. 134/135
156/157
André Dominé: 22, 32, 78/79
90/91, 143, 150/151, 202/203
224/225, 232, 242, 246, 248, 292
Verena Eggmann: 331
Pierre Parcé: Titelbild,
48/49, 126/127, 326/327
Oase: 104
Horst Schmeck: 2/3, 8, 332/333

Karten: Franz Letsch

Oase Verlag
Postfach 344
D-7847 Badenweiler
Tel. 07632/7460

ISBN 3-88922-032-0

Inhalt

Roussillon von A bis Z

Pyrénées Roussillon

Auf die stille Tour

Im Straßencafé die Beine übereinanderschlagen, durch die Kirschhaine von Céret wandern, die Jahrgangsweine von Banyuls schlürfen - das Roussillon kann man auf sehr verschiedene Weisen erleben. Die meisten Besucher kommen im Juli und August und vergnügen sich am Strand. Selten dringen sie tiefer ins Landesinnere vor als bis zu einem der drei Autobahnanschlüsse. Das ist insofern tröstlich, weil die *Pyrénées Roussillon*, wie man das Gebiet touristisch taufte, zehn Monate im Jahr eine individuelle Angelegenheit bleiben.

Die Gegenden in Europa, wo zwischen Meeresufer und Fast-Dreitausender nur fünfzig Kilometer liegen, sind rar. Doch wer die vielen verschiedenen Aspekte der Ostpyrenäen kennenlernen möchte, muß sich bewegen, ob zu Fuß, mit dem Fahrrad oder motorisiert - das ist eine Frage des persönlichen Geschmacks. Der besondere Reiz des Rousillon besteht in seiner Vielseitigkeit.

Wir haben Freunde, denen genügt der Kontrast zwischen deutschem Berufsleben und dem schlichten südfranzösischem Weindorf, in dem nichts los ist: einfach nur dasein, weite Blicke, klarer Himmel, Weinfelder, der Duft wilder Kräuter, heiße Steine, ein wenig spazierengehen, mal zum Baden, mal zum Markt oder ins Restaurant, Lesen, Weintrinken, Durchatmen. Andere Freunde sehen wir fast nie, so früh sind sie morgens unterwegs, so spät kehren sie abends heim. Wenn sie sich verabschieden, hören wir von Schluchten, Burgen, Dörfern, Stränden . . .

Es kommt auf den Reisenden an, denn er schafft sich das Land, das er besucht, ja selbst. Dieser Reiseführer kann und möchte dazu nur als Anstoß und Orientierungshilfe dienen. Die Auswahl habe ich nach meinem Geschmack getroffen - das hat zur Folge, daß den 'kleinen' Dingen zum Teil viel Platz eingeräumt wird und die überall aufgelisteten Sehenswürdigkeiten manchmal arg kurz kommen müssen oder ganz fehlen. Dennoch ist dieser Oase-Band der bislang ausführlichste deutsche Roussillon-Reiseführer und hat - nimmt man den an vielen Stellen überholten *08/15-Guide touristique* aus - auch im Französischen kein Pendant.

Die Besonderheit des Roussillon zeigt sich erst, wenn man auch einen Eindruck von den Pyrenäen gewonnen hat. Es gibt keinen Grund, die Reise vom Mittelmeer ins Landesinnere und in die Berge dort zu beenden, wo ein anderer französischer Verwaltungsbezirk beginnt oder die Grenze nach Spanien verläuft. Auch sie ist nur eine von Menschen gezogene Linie und entspricht weder der Geographie noch der Geschichte. Zum Glück hat sie heute ihren trennenden Charakter weitgehend eingebüßt. Aus Platzgründen bleiben meine Beschreibungen und Tips auf die französische Seite beschränkt. Überhaupt sollen die Kapitel, in denen die anderen Pyrenäenregionen vorgestellt werden, nur neugierig machen auf diese großartige Gebirgswelt. Jedoch finden Roussillonreisende, die vorhaben, weitere Bergausflüge zu machen oder die Pyrenäen ganz zu durchqueren, hier ausreichend Anhaltspunkte, Reisetips und Informationen, um sich an Ort und Stelle orientieren zu können. Man kann den Pyrenäen, die sich über fast 400 km vom Mittelmeer bis zum Atlantik erstrecken, nicht als Nebenthema gerecht werden - zumal man den faszinierenden zentralen Teil erst dann richtig kennenlernt, wenn man in die Wanderstiefel steigt. Dafür habe ich dem Baskenland und dem Béarn, die das atlantische Gegenstück zum Roussillon bilden, etwas mehr Platz eingeräumt.

keine Schweinshaxen

Roussillon und die Pyrenäen heißt in diesem Buch trotz regionaler Eigenheiten immer auch Frankreich, ein - bei aller Nonchalance - durchorganisiertes Land, in dem alles, wenn's darauf ankommt, funktioniert, was manchem Reisenden durchaus ein Gefühl von Sicherheit zu geben vermag. Das bedeutet aber auch französische Lebensart, denn in allen erwähnten Gebieten stellen ausländische Touristen nur eine kleine Minderheit dar - im Roussillon 10 %. Alles ist auf Franzosen ausgerichtet, also keine Schweinshaxen, wo man nicht ohnehin Schweinshaxen ißt. Bleibt nichts anderes, als sich den französischen Gewohnheiten und Rhythmen, dem *savoir vivre*, ein wenig anzupassen, aber darin liegt schließlich auch ein Teil des Reisevergnügens.

Vor der Reise

Wetter, Wind und Jahreszeiten

Das Roussillon ist für seinen Sonnenschein berühmt, durchschnittlich 2600 Sonnenstunden pro Jahr, was - auf den Tag umgerechnet - mehr als 7 Stunden ergibt. Der Juli ist der absolute Spitzenreiter. Er bringt es auf gut 10 Stunden Sonne täglich, Juni und August verzeichnen je eine Stunde weniger, wobei es im letzteren mit knapp 24°C Durchschnittstemperatur fast 3 Grad wärmer ist. Beide zeigen sich jedoch ziemlich wankelmütig. In manchen Jahren brillieren sie mit purem Sommerwetter, in anderen kann es im Juni noch empfindlich kalt sein, während im August der garstige Tramontane unendliche Wolkenherden über den Himmel treibt.

Der *Tramontane*, ein heftiger bis stürmischer Nordwestwind, ist Hauptdarsteller auf der Klimabühne der Ostpyrenäen. Wie sein Name sagt, fegt er von den Berghöhen herab, auf denen noch bis in den Sommer hinein Schnee liegen kann. An rund 130 Tagen pro Jahr weht er mit mindestens 60 km/h, erreicht aber, wenn er im Winter oder Frühjahr richtig in Schwung ist, spielend 100 km/h. Er sorgt allerdings auch immer wieder für klaren, strahlend blauen Himmel, wenn überall sonst in Frankreich - mit Ausnahme der Provence, wo der *Mistral* wirkt - graue Wolken regieren.

Als Urlauber tut man gut daran, sich innerlich darauf einzustellen, daß die Pyrenäen weder auf der Mittelmeer- noch auf der Atlantikseite angenehm seichtes und immergleiches Ferienwetter bieten. Die Nähe von Meer und Gebirge garantiert Überraschungen. Am Mittelmeer hat man jedenfalls den Sonnenschein, der sich auf der Biarritzer Seite oft erst im August einstellt, dann aber bis in den November, ja bis in den Januar hinein anhalten kann. Im Frühjahr sorgt der Atlantik für reichlich Regen.

Der Ozean bestimmt ohnehin das Wetter in den Pyrenäen. Ausgenommen ist nur ein kleiner Teil, der sich witzigerweise genau mit dem Gebiet der - recht willkürlich geschaffenen - Provinz der *Pyrénées Orientales* deckt, die man heute touristisch einfach *Roussillon* oder neuerdings *Pyrénées Roussillon* nennt. Nicht selten gibt es eine Trockenheit, die von Mitte April bis Mitte Oktober anhält. Die jährlichen 590 mm Regen tendieren - im Gegensatz zum Baskenland - dazu, im Herbst zu fallen. Meistens geschieht dies in kräftigen Dauerregen, die sich auf wenige Tage konzentrieren.

Winter im Roussillon: Januar und Februar sind in den Pyrenäen oft recht sonnig, was Wintersportlern zugutekommt. In den niedriger gelegenen Regionen kann man auch noch im Januar nicht selten mittags draußen essen, wenn man sich einen sonnigen und windgeschützten Platz sucht. Trotzdem ist dies der kälteste Monat mit einer durchschnittlichen Temperatur von 8°C - immerhin, in München wird es erst im April so warm.

In der Ebene des Roussillon sind Februar, März und Anfang April am unangenehmsten. Nicht nur treibt der Tramontane es dann besonders wild, setzt er aus, schiebt der *Marin*, der Wind vom Meer, feuchtkalte Schwaden ins Land. Er kann sich zu jeder Jahreszeit breitmachen und treibt mit dem Tramontane oft ein Wechselspiel. Er ist zwar meist sanfter, aber trüber und hinterhältiger - und von den Einheimischen gar nicht gern gesehen.

Im Roussillon habe ich den Eindruck, hängt es vom Glück des Reisenden ab, ob ihm die Wettergötter hold sind. Ostern und Pfingsten sind oft sehr schön.

Übrigens, wundern Sie sich nicht, wenn Sie bei einem Aufenthalt im Roussillon Ihr Fahrzeug mit einer roten, hartnäckigen Staubschicht überzogen vorfinden. Dann gab es den berüchtigten *Vent d'Espagne*, der sich seinen körnigen Inhalt aus der Sahara holen soll.

Pyrenäen: Die Wintersportsaison beginnt in den Pyrenäen im Dezember, obwohl es dann manchmal in ihrem östlichsten Teil noch nicht ausreichend geschneit hat. Im Februar gibt es in Frankreich Winterferien. Dann herrscht überall Hochsaison, doch genügend Schnee findet man oft noch bis in den April.

Allgemein gilt für die französischen Pyrenäen, daß Frühling und Frühsommer die ungünstigere, Spätsommer und Herbst dagegen die beste Reisezeit sind. Im Sommer - besonders natürlich während der französischen Schulferien ab Mitte Juli - ist es gerade in den beiden Küstenregionen sehr überlaufen.

Natürlich haben die Berge andere Witterungsverhältnisse als die tieferliegenden Gebiete. Wer Gipfeltouren angehen oder die Pyrenäen auf dem GR 10 quer durchwandern möchte, hat nur einen sehr kurzen Zeitraum zur Verfügung, der in der Regel von Anfang Juli bis Mitte September reicht. Richten Sie sich auf plötzliche Gewitter und Hagelstürme ein, die meist so schnell wieder verschwinden wie sie gekommen sind.

Toute la France . . . Die Franzosen lieben Gewohnheiten, mehr noch, sie erheben sie zu Gesetzen. Eines dieser Gesetze lautet: *mach' im Juli oder August Ferien.* Schulkinder haben gleich beide Monate frei. Ganz Geschickte - das ist natürlich die überwältigende Mehrheit - machen zwischen 15. Juli und 15. August Urlaub, folglich ist dann das Gewimmel in den Badeorten, am Strand und auf den Küstenstraßen am größten. Anfang Juli ist es eher noch etwas verhaltener als Ende August, aber ab 1. September gehören Strand und Gebirge den übrigen Europäern.

Tips beim Packen

Wer ins Hochgebirge möchte, sollte sich zuhause entsprechend ausrüsten, auch für Wanderungen sind feste Wanderschuhe, Rucksack, warmer Schlafsack, Regenschutz etc. nötig. Aber auch für weniger ambitionierte Berggänger gilt: der Wind kann noch im Sommer unangenehm werden und je nach Höhe, in der man sich bewegt, gibt es empfindliche Temperaturunterschiede - Anorak und Pullover nicht vergessen.

Aber selbst wenn man nur in niederen Regionen bleibt, sind die Pyrenäen kein Land, das man barfuß durchstreifen könnte. Obwohl die Katalanen in Espadrilles Bergpfade erklommen haben, halten diese aus Tuch und Sisalsohlen gefertigten Sommerschühchen Gestrüpp und Steinen nicht lange stand. Ideal sind sie für Strandläufer. Übrigens: In Trouillas und im Vallespir findet man noch einheimische Sandalenfertiger.

Wer sich für die zahlreichen - meist romanischen - Kapellen und Kirchen interessiert, braucht eine gute Taschenlampe. Kein Pyrenäenbewohner bewegt sich ohne ein *Opinel* oder ein scharfes Taschenmesser. Tun Sie es ihm gleich, wenn Sie Ihren Wegproviant aus Landesprodukten zusammenstellen. Und vergessen Sie den Korkenzieher nicht - am Fuße der Pyrenäen liegen die verschiedensten Weingegenden.

Reist man im Frühjahr und Herbst und will in einfacheren Hotels übernachten, ist es ratsam, sich mit einer eigenen Wolldecke auszurüsten, denn Bettzeug und Heizung sind oft dürftig.

Strand oder Gebirge?

Selbst wenn man auf's Badevergnügen nicht verzichten möchte, empfiehlt es sich, ein Quartier im Hinterland zu suchen. Damit entgeht man dem Gedränge der Küste, findet preiswertere Unterkünfte, kann auch im Hochsommer noch einsame Flecken entdecken und lernt den Süden hautnäher kennen.

Es klingt banal, aber viele vergessen es eben doch: Je weiter man sich von der Küste entfernt, um so näher kommt man dem Ursprünglichen. Wer die Pyrenäen richtig kennenlernen möchte, sollte sich nicht auf die beiden Küstenprovinzen beschränken. Man findet in den Départements Hautes Pyrénées, Haute Garonne und im Ariège nicht nur reizvolle Gipfel und Hochgebirgslandschaften, die vorgelagerten Berg- und Hügelregionen mit ihren fruchtbaren Flußtälern und südlichen Dörfern strahlen oft einen besonderen Charme aus und sind touristisch noch nicht so heimgesucht. Dies gilt auch für einen Teil des Aude.

Trotzdem sind die Pyrénées Orientales der vielseitigste Teil der Pyrenäen, denn hier steigen sie innerhalb von 50 Kilometern vom Spiegel des Mittelmeeres bis zum Gipfel des 2785 m hohen Canigou auf. Man hat Bade- und Wintersportorte, Sandstrand und Felsküste, wilde Wein- und Waldgegenden wie die Aspres oder das Fenouillèdes, die grüneren Mittelgebirgszüge des Vallespir und des Conflent, die Hochplateaus der Cerdagne und des Capçir, Pyrenäengipfel und Bergseen, Kurbäder und Künstlerstädtchen - und alles so nahe beieinander, daß man jeden Tag etwas völlig anderes unternehmen könnte. Außerdem ist es nur ein Katzensprung bis zur spanischen Grenze, zum Beispiel donnerstags auf den Markt nach Figueras oder ins Dali-Museum oder zu den Katharerburgen der Corbières oder - wenn man meint, unbedingt Schnaps, Zigaretten und andere Konsumgüter etwas billiger erstehen zu müssen - ins Supermarkteldorado Andorra, um hier nur die beliebtesten Beispiele zu nennen.

Welche Unterkunft?

Hotels sind in Frankreich meist preiswerter als in Deutschland. Man kann schon mal auf dem Lande in einem schlichten Hotel für 20 Mark unterkommen.

Die französische offizielle Einteilung in Sterne-Kategorien von * bis zu ***** Sternen, die draußen am Hotel auf einer Tafel verzeichnet sind, ist relativ verläßlich und erlaubt zumindest eine grobe Kalkulation der Zimmerpreise, weshalb sie bei den Hotelempfehlungen im Text übernommen wurde.

Bei einem Stern kann man einfache Zimmer mit einem Minimum an Ausstattung, z.B. Waschbecken oder Dusche, erwarten. Gerade auf dem Lande findet man darunter aber oft sympathische Quartiere. In den Städten ist diese Kategorie mit mehr Vorsicht zu betrachten. Einfachere Einstern-Hotels verlangen meist zwischen 25 und 45 Mark.

In Zwei-Sterne-Hotels übernachtet man selten für weniger als 35 Mark, häufiger muß man um die 50 Mark rechnen. Bei 2 Sternen hat man bereits eine größere Garantie, daß die Zimmer gepflegt und einigermaßen eingerichtet sind. Oft findet man in dieser Klasse - vor allem wieder auf dem Land und in Kleinstädten - sehr schöne und interessante Hotels, die keinen dritten Stern erhalten, weil sie es vorziehen, mit weniger Personal zu arbeiten.

Denn bei 3 Sternen kann man nicht nur gepflegte und komfortable Unterkunft erwarten, sondern auch einen aufmerksamen Service, der zum Beispiel abends das Bett des Gastes aufschlägt, was ich als völlig überflüssig empfinde. Bei Drei-Sterne-Hotels sollte man mindestens 65 Mark einkalkulieren, oft kommt man aber auch damit nicht aus (jeweils Dozi, ohne Frühstück).

4 und 5 Sterne bezeichnen die Luxusklasse - die sehr teuer ist.

Auch Campingplätze sind nach einem ähnlichen Prinzip bewertet, wobei die Sterne sich vor allem auf den Komfort und die zusätzlich vorhandenen Einrichtungen beziehen.

▪ Um Mißverständnissen vorzubeugen: ein *cabinet de toilette* in einem Zimmer besteht in der Regel aus einem Waschbecken, einem Bidet und einem Spiegel. Erst allmählich gehen die Hoteliers dazu über, WCs zu installieren.

Quartiere auf dem Lande

Neben Hotels und Campingplätzen gibt es in Frankreich Ferienunterkünfte, die unter dem Motto *Agriculture et Tourisme* laufen. Sie bieten die Chance, sich in Dörfern oder auf Bauernhöfen einzunisten. Auch Herbergen für Wanderer zählen dazu. Die *Gîtes de France* bringen für jedes Département gesondert jedes Jahr einen neuen aktuellen Katalog heraus, in dem diese Möglichkeiten verzeichnet sind.

Sich für die Ferien in den Pyrenäen in einem Dorf einzumieten, ist die beste Weise, Land und Leute kennenzulernen. Deshalb erkläre ich die allgemeinen Bedingungen ausführlicher:

Die *Gîtes ruraux* werden jeweils wochenweise von Samstag 16 Uhr bis zum folgenden Samstag 10 Uhr vermietet. In den Katalogen, die man von den jeweiligen - unten angegebenen - Provinzbüros erhalten kann, sind die Wochenpreise aufgeführt. Sie differieren je nach Saison. *H.S.* = *Hors Saison*, außerhalb der Saison, zwischen Oktober und Mai - Skigebiete ausgenommen - ist es am billigsten. *Vac. scol.* = *Vacance scolaire*, französische Schulferien halten die höchsten Preise und sind ohnehin - wegen des starken Andrangs - wenig empfehlenswert. Unter *F.S.* = *Fin de la semaine* findet man die Wochenendtarife, die von Freitagabend bis Sonntagabend, aber nur in der Neben- oder Vorsaison gelten. Wichtig ist, daß man im Juli und August für mindestens zwei Wochen mieten muß.

In den Mietpreisen sind alle Kosten bei gemäßigtem Wasser- und Energieverbrauch enthalten. Heizung wird extra berechnet. Die Häuser oder Wohnungen sind mit allem nötigen Koch- und Eßgeschirr und Bettdecken (meist Wolldecken) ausgerüstet. Bettbezüge muß man mitbringen.

Man kann bei dem zuständigen *Relais Départemental des Gîtes Ruraux et du Tourisme Vert* oder direkt beim Vermieter, dessen Anschrift angegeben ist, buchen. Dabei muß man nicht nur seinen vollen Namen, Adresse, Telefonnummer und die genaue Mietzeit angeben, sondern auch mit wievielen Erwachsenen, Kindern und Tieren man anrückt. Am besten legt man einen adressierten und frankierten Rückumschlag bei. Man sollte einen Mietvertrag - *contrat de location* - verlangen, denn nur dann kann man seiner Sache sicher sein. Den vom Vermieter ausgefüllten Vertrag muß man innerhalb der angegebenen Zahl von Tagen unterschrieben haben und mit einer Anzahlung von mindestens 30 % des Gesamtmietpreises zurücksenden. Eventuell wird eine Kaution verlangt.

Bei der Ankunft wird man von dem Vermieter begrüßt, der alles Nötige erklärt, weshalb es vorteilhaft ist, wenn man etwas Französisch spricht.

▪ Bei einem *Chambre d'Hôte*, einem Gästezimmer, das der Unterkunft in einer Privatpension mit Frühstück entspricht, hat man noch direkteren Kontakt mit den Vermietern. Besonders reizvoll sind diese Zimmer, wenn sie sich auf einem Bauernhof befinden. Meistens sind die Wirtsleute äußerst gastfreundlich.

▪ *Gîtes d'Etape* sind Herbergen für Wanderer und befinden sich an bekannten großen Wanderwegen.

▪ *Camping à la Ferme*, Zelten auf dem Bauernhof, garantiert relative Ruhe, denn die Höchstzahl der Gäste ist auf 20 oder 6 Plätze festgesetzt. Ausreichende sanitäre Anlagen sind immer vorhanden.

Kataloge für Unterkünfte auf dem Lande

Die Kataloge kosten zwischen FF 20 und FF 40, die man als Euroscheck der Anforderung beilegen muß. Man erhält sie von dem jeweiligen Relais Départementale des Gîtes Ruraux:

für das Roussillon
30, rue Pierre-Bretonneau, F-66020 Perpignan Cedex (Pyrénées Orientales), Tel 68.55.33.55, Katalog. FF 40,--

für das Aude
70, rue Aimé Ramon
F-11001 Carcassonne
Tel. 68.25.24.95, Katalog FF 25,--

für das Ariège
14, rue Lazéma
F-09000 Foix
Tel. 61.65.01.15, Katalog FF 30,--

für Haute-Garonne
70, boulevard König
F-31000 Toulouse
Tel. 61.31.95.15, Katalog FF 20,--

für Haute-Pyrénées
22, place du Forail
F-65000 Tarbes
Tel. 62.34.52.82, Katalog FF 32,--

für Pyrénées-Atlantique
Maison de l'Agriculture
124, boulevard Tourasse
F-64000 Pau
Tel. 59.80.19.13, Katalog FF 30,--

Um eine P r e i s v o r s t e l l u n g zu geben: ein *Gîte rural* für vier Personen kann im Juli und August um die FF 1000, im Juni und September um die FF 750 und außerhalb der Saison etwa FF 650 kosten. Bei guter Ausstattung und attraktiver Lage, vor allem bei mehr Betten, entsprechend teurer. Privat gemietete einfache Ferienhäuser in Dörfern, oft unter dem Standard der Gîtes ruraux, werden im Sommer meist nur monatsweise, aber nicht selten schon für FF 3000 (also weniger als DM 1000), manchmal sogar billiger abgegeben.

In den Bergen werden während der Skisaison für Appartements für 4 Personen pro Woche zwischen ca. FF 2000 und FF 3600 verlangt. Ähnliche Preise gelten im Sommer in den Badeorten.

Weitere Unterkunftsmöglichkeiten: In den Weingegenden werden während der Ferien oft die Häuser vermietet, in denen man im Herbst die Lesehelfer unterbringt. Nähere Auskünfte kann man über die örtliche Bürgermeisterei, die *Mairie*, erhalten.

Außerdem werden - vor allem in den Bade- und Skiorten - Ferienhäuser und -wohnungen von Agenturen vermittelt, wobei man sich heute bemüht, die Preise unter Kontrolle zu halten. Trotzdem kann es vorkommen, daß privat gebuchte Quartiere bis zu 50 % billiger sind. Am besten wendet man sich an das *Syndicat d'Initiative* des jeweiligen Ortes, das mit Rat und Prospekten hilft. In bekannteren Ferienzielen spricht man dort meist auch etwas deutsch. Adressen der Syndicats d'Initiative finden Sie bei den Ortsbeschreibung unter **i** .

Noch eine Bemerkung: Viele der Ferienhäuser in den Dörfern haben zwar alles, was man braucht, aber einen recht einfachen Wohnstandard. Man sollte nicht alles unter die Lupe nehmen. Der Süden kennt einen anderen Wohnstil als der zugige Norden. Dafür hat man eine heitere Lebensart und viel Gelegenheit, draußen zu sein.

Anreise

Mit dem eigenen Auto: Die Autobahngebühren - ob über Luxemburg-Metz-Dijon oder über Neuenburg/Mulhouse-Besançon nach Lyon, weiter über Valence-Nimes-Montpellier-Narbonne nach Perpignan - sind in Frankreich recht hoch (Neuenburg - Perpignan ca. FF 240 (aktuelle Preise bei den ADAC-Geschäftsstellen, dort auch Auskunft über Zollbestimmungen, bleifrei-Tankstellen etc.)

Ist man nur zu zweit, kann man für das gleiche Geld in einem guten Hotel absteigen, wenn man sich die Zeit und die Landstraße nimmt. Auch durch die Schweiz kann man über Genf die *Autoroute du Soleil* in Lyon oder über die Landstraße in Valence erreichen.

▪ Vorsicht auf französischen Autobahnen: ohne Ticket muß man immer den Höchstpreis als Strafe entrichten, auch wenn die Schuld am Versagen eines Ticket-Automaten lag.

Nochmals: Fahren Sie unter keinen Umständen am ersten und letzten Wochenende im Juli und August nach Frankreich. Dann ist jeweils fast die Hälfte der Franzosen unterwegs, nachts wie tags, und selbst auf Autobahnraststätten findet man keinen Parkplatz. Der Dauerstau ist Ihnen sicher.

Die Zugverbindung zu den Pyrénées Orientales führt, wenn man nicht zu oft umsteigen will, durch die Schweiz über Basel und Genf nach Montpellier und Perpignan.

Von Mitte Juni bis Mitte September gibt es einmal wöchentlich - samstags - eine direkte Flugverbindung von Straßburg nach Perpignan. Eine regelmäßige Verbindung besteht nur über Paris, was ebenso umständlich wie teuer ist. Wer unbedingt angeflogen kommen will, sollte sich einen preiswerten Charterflug nach Gerona buchen (zwischen Mai und September) und von dort mit dem Zug nach Perpignan rollen.

 Henry IV, Pau

Roussillon Geschichte

Urzeiten: Die frühesten Bewohner des Roussillon sind die ältesten Europäer, von denen wir wissen. Vor 455.000 Jahren hauste der 'Mensch von Tautavel' am Fuße eines Ausläufers der Corbières. Die Höhe, in der man ab 1969 seine Überbleibsel fand und in der Henry de Lumley 1971 auf Schädelteile stieß, die es erlaubten, sein kernig wulstiges Gesicht zu rekonstruieren, diente ihm nur hin und wieder als Unterschlupf. Die *Caune de l'Arago* liegt nicht weit von der Schlucht, die sich der Verdouble durch den Wall des Kalkgebirges fraß, oberhalb am Hang - links von der Straße nach Vingrau. Der 'Mensch von Tautavel' zeigte Gespür. Die Schlucht ist einer der schönsten Winkel der Region, nur muß man schon zu ungewöhnlichen Jahreszeiten kommen, um sie allein zu genießen.

Wie unser Urahn lebte, kann man in dem kleinen Museum von Tautavel erfahren, das man - sehr praktisch - neben der Coopérative der Winzer errichtete, die übrigens einen ausgezeichneten, in Eichenfässern ausgebauten Côtes du Roussillon Villages macht. Er lebte in einer Eiszeit. Obendrein war ihm das Feuer noch ein Rätsel. Das Tal war zu seiner Zeit bewaldet, Pinien-, Oliven- und Bergeichenbäume wuchsen, auch wilder Wein. Nur tummelten sich vor fast einer halben Million Jahren dort Elefanten, Nashörner, Panther, Moschusochsen und zahlreiche andere wilde Tiere. Sein liebster Leckerbissen soll Knochenmark gewesen sein, vielleicht sogar das seiner Zeitgenossen.

Seine Grotte sah viele Nachkommen. Man stieß in zwanzig verschiedenen Schichten auf Funde. In der Jungsteinzeit errichtete man auch im Roussillon Dolmen und Menhire (zum Beispiel bei Sournia und Tarerach). Aus Mangel an Kupfer und Zinn fiel die Bronzezeit aus. Stattdessen entdeckte man recht früh den Eisenreichtum des Canigou, der vom 8. Jahrhundert vor Christus bis ins letzte Jahrhundert den 'katalanischen Schmieden' Ruhm brachte.

■ Das *Musée de la Préhistoire in Tautavel* - am Ortsausgang Richtung Vingrau - hat das ganze Jahr über täglich von 10-12 Uhr und von 14-18 Uhr geöffnet. Die Grotte man man nur im Juni, Juli und August zu den selben Uhrzeiten besichtigen.

Empfehlenswerte Privatkellereien in Tautavel sind Francis Bonzoms - vor allem sein natursüßer *Rivesaltes rouge* - und Robert Mouniés *Nectar du Prieuré*, ein ebenfalls natursüßer, 30 Jahre alter Wein, der dem *Homme de Tautavel* gewidmet ist.

Fremde Herren

Das Eisen war die große Attraktion der Gegend. Es zog manche Völker an, brachte andere, die nur auf dem Weg zur oder von der Iberischen Halbinsel waren, zum Verweilen. Auf diese Weise lernten die Einheimischen Ligurer, Iberer, Griechen und Römer kennen, Hannibal nicht zu vergessen, der 218 v. Chr. bei Elne mit seinem Heer und seinen Kriegselefanten kampierte. Hundert Jahre später kam Domitius aus der anderen Richtung symbolträchtig auf einem Elefanten dahergeritten und gründete Roms erste Kolonie in Narbonne.

Von dort aus führte er die Via Domitia weiter nach Spanien. Wo der Fluß Têt überquert wurde, gründete man *Ruscino*, das Hauptstadt des damaligen Roussillon wurde - und sein Namensvater. Die Römer blieben 500 Jahre. Ihre Vertreibung bedeutete auch für Ruscino das Ende, vermutlich wurde es von Vandalen oder Westgoten zerstört. Deren König Ataulf erkor um 410 Narbonne zu seinem Hauptsitz.

Gut 300 Jahre später gaben die Mauren auf dieser Seite der Pyrenäen ihr Stelldichein. Sie konnten sich aber nur bis 759 in Narbonne und im Roussillon behaupten, dann drängte sie Pipin der Kurze über die Pyrenäen zurück. Sein Sohn Karl der Große eroberte später das Land bis südlich von Barcelona und gründete die *Spanische Mark*, eine riesige Pufferprovinz gegen die Mauren, die Teile der iberischen Halbinsel bis gegen Ende des 15. Jh. beherrschte. Tapfere Ritter belohnte Karl der Große mit Ländereien, die besten erhob er zu Grafen. Gleichzeitig förderte er die Gründung unabhängiger Klöster, von denen er sich Kontrolle über seine Vasallen versprach.

■ Die von Ruscino freigelegten Fundamente - ein winziger Teil der ursprünglichen Anlage - können in den Monaten Juli und August samstags von 8-12 Uhr und von 16-20 Uhr besichtigt werden. Von Perpignan Richtung Canet, bei Château Roussillon links abbiegen.

Die Zeit der Grafen

Mächtigster unter den Grafen wurde Wilfred der Behaarte. Ludwig der Stotterer übertrug ihm die Grafschaften von Barcelona und Gerona und ernannte seinen Bruder Miron zum Grafen von Roussillon. Diese Geste konnte nicht darüber hinwegtäuschen, daß die Karolinger am Ende des 9. Jhts nichts mehr in der ehemaligen Spanischen Mark zu sagen hatten. Die Grafen waren im Kampf gegen die Mauren auf sich selbst angewiesen und fühlten sich nicht länger untertan. Ihre Verbündeten und Untergebenen waren die kleinen Lehnsherren, die teilweise über ziemlichen Einfluß verfügten, wie die von Castellnou, Fenouillet, Vernet, um nur die wichtigsten diesseits der Pyrenäen zu nennen. Auch die Grafen von Barcelona und Besalù gewannen zunehmend an Einfluß und mit ihnen Katalonien, das sich damals von den Corbières bis Taragona erstreckte. 1150 kam noch Aragón hinzu, als Ramon Berenger IV von Barcelona Petronilla die Erbin des Aragonesischen Königreichs freite. In der Ebene des Roussillon herrschten die unabhängigen Grafen bis 1172, bis Guinard II den Grafenkönig von Barcelona zum Erben einsetzte.

Guilhem von Cabestany ist der berühmteste Troubadour des Roussillon. Heute ist sein Heimatdorf bei Perpignan mehr für die 'Casanova' genannten Trockenwürste als für Gedichte oder das erstaunliche Steinrelief seines mittelalterlichen Meisters bekannt, das man in der romanischen Kirche bewundern kann.

"Nun sind die langen Tage zurückgekehrt/und die Blüten tanzen am Ende der Zweige", sang Guilhem träumerisch und lauschte den Vögeln, die in den Hecken zwitscherten. Noch schöner als den Frühling besang er die Damen. Er war begabt, aber nicht talentierter als andere Minnesänger. Was allerdings die Wahl seiner Herzenskönigin betraf, bewies er geniales Gespür. Sie sichert ihm bis zum heutigen Tage Ruhm, auch wenn sie ihm selbst nicht so gut bekommen sein soll. So jedenfalls behaupteten manche Kollegen.

Guilhem trat als Knabe in den Dienst von Raimon, dem Grafen vom Château Roussillon, das nur wenige Kilometer von Cabestany entfernt lag und nicht mit dem jetzigen Supermarkt zu verwechseln ist. Der schmucke Jüngling gefiel der Burgherrin Saurimonde, und sie erkor sich ihn zum Diener. Nicht lange darauf hörte man Guilhem singen:

"Seit Adam den Apfel, der uns verwirrte, vom Baum pflückte,
hat Gott keine so schöne Frau geschaffen:
ihr Leib so köstlich und ebenmäßig,
weißer und seidiger als Amethyst.
Sie ist so schön und ich bin so traurig,
denn um mich sorgt sie sich kaum."

Wie nah er sich dem Tode fühle, verkündete er, und daß ihm die Sehnsucht die Gesundheit raube. Vermutlich begann sich Dame Saurimonde da doch Sorgen um ihn zu machen. Vielleicht fiel ihr auch ein Mittel ein, das unsägliche Feuer in seiner Brust zu zügeln, von dem er meinte, selbst der Nil könne es nicht löschen.

Ehemann Raimon schöpfte jedenfalls Verdacht. Für Boccaccio, den berühmten italienischen Geschichtenerzähler, steht fest, daß es sich bei Guilhem nicht um einen minderjährigen Burschen handelte, sondern um einen wackeren Ritter, an dem Saurimonde Gefallen fand. "Ja, sie faßte endlich eine solche Liebe zu ihm", heißt es, "daß sie ihn über alles begehrte und liebte und nur darauf wartete, daß er sie um ihre Gunst anspräche. Dies geschah bald genug, und so hatten sie in großer gegenseitiger Liebe öftere Zusammenkünfte." Dann meint Boccaccio trokken, daß sie nicht genügend Vorsicht walten ließen, und ihnen der Ehemann auf die Schliche gekommen sei.

In Wirklichkeit soll Raimon anfangs seine Eifersucht gezügelt und seinen Knappen aufgefordert haben, den Namen seiner Herzensdame zu verraten. Guilhem - nicht auf den Kopf gefallen - gab vor, Agnes, die Schwester seiner Herrin, anzuhimmeln. Agnes ließ sich gern anbeten, worauf Saurimonde an ihrem Verehrer zu zweifeln begann. Sie verlangte ein neues Ständchen. Leider verlangten es die Minnesitten, den Ehemann im Lied anzusprechen.

Da sah Graf Raimon klar und sann auf fürchterliche Rache. Er lockte den Troubadour in einen Hinterhalt, tötete ihn, schnitt ihm die Brust auf und riß das Herz heraus. Dieses überreichte er seinem Koch und befahl, es "auf Wildschweinart" zuzubereiten.

Der grausame Raimon vom Château Roussillon setzte diese Speise seiner Gemahlin vor, die sich daran labte. "Hat sie Euch gemundet?" wollte er dann wissen, was sie bejahte. "Ich finde es ganz natürlich, daß Euch das, was Euch lebendig vor allem anderen behagte, auch nun, da es tot ist, schmeckt", soll er - laut Boccaccio - gesagt haben. "Was Ihr gegessen habt, war wahrlich das Herz des Herrn Guilhem von Cabestany ...", räumte er jeden Zweifel aus.

Saurimonde bewies Haltung. "Ja", seufzte sie, "ich fand dieses Mahl so köstlich, daß ich niemals mehr etwas anderes essen möchte, um seinen Geschmack nicht zu verlieren." So sprach sie und stürzte sich rücklings aus dem Burgfenster in den Tod.

Das Königreich von Mallorca

Durch Heiraten und Bündnisse weiteten die Grafen-Könige von Aragón und Katalonien ihren Einfluß nach Okzitanien aus, wo ihnen die Provence und Montpellier unterstanden. Dem französischen König und dem Papst war das ein Dorn im Auge. Der Kreuzzug gegen die Katharer diente ihnen als Vorwand, Okzitanien blutig zu unterwerfen. Als ihr Feldherr Simon von Montfort Toulouse bedrohte, eilte Peter II von Aragón seinem Schwager, dem Grafen Raymond VI, zu Hilfe. Doch in der Schlacht von Muret fand er 1213 den Tod, und die Franzosen errangen einen bedeutenden Sieg.

Sein Sohn Jakob folgte auf den aragonesischen Thron. Den Beinamen 'der Eroberer' verdiente er sich im Süden und Osten, wo er die Mauren aus Valencia und Murcia und von den Balearen vertrieb. 1258 schloß er mit Ludwig IX den Vertrag von Corbeil. Darin verzichtete er auf alle Gebiete nördlich der Corbièren - und auf das Fenouillèdes. Dafür ließ Ludwig alle Ansprüche auf Katalonien, einschließlich des Roussillon, fallen.

Unter Jakob I festigte sich die politische und wirtschaftliche Macht Kataloniens, und Katalanisch wurde Staatssprache. Als er starb, vermachte er das Prinzipat seinem ältesten Sohn Peter III, bedachte aber seinen Jüngsten mit dem neugeschaffenen Königreich von Mallorca, das aus Roussillon, Cerdagne, Capçir, Conflent, Vallespir, Montpellier und den Balearen komponiert war.

Plötzlich war Perpignan - neben Palma - Hauptstadt geworden. Der 1276 gekrönte König Jakob I von Mallorca ließ sich als erstes einen Palast bauen. *Le Palais des Rois de Majorque* vermittelt heute noch etwas von der Atmosphäre des kleinen Reichs, das nur 68 Jahre existierte. Unter ihren insgesamt drei Königen erlebten die Nordkatalanen ein Goldenes Zeitalter, in dem Kunst, Handwerk und Handel blühten. 1344 fiel das kleine Königtum wieder an den König von Aragón, und Montpellier wurde an die Franzosen verkauft.

▪ Der Palast der 'mallorquiner Könige' ist noch immer das sehenswerteste Gebäude Perpignans. Der Eingang befindet sich in der Rue des Achers in der direkten Verlängerung der Avenue Gilbert Brutus. Durch das von Philipp II errichtete Triumphtor gelangt man zunächst in das Innere der Befestigungen, die um 1500 erbaut wurden. Der ursprüngliche Palast befindet sich auf dem Königsberg, dem *puig del rey*. Innerhalb der fast quadratischen Burgmauern gruppieren sich die Gebäude um einen großen rechteckigen Innenhof. Mit seinen weiten Treppen, Galerien und Arkaden, teils in romanischem, teils in gotischem Stil hat der Palast einen sehr mediterranen Charakter.

Außer den beiden übereinander angelegten, Anfang des 14. Jahrhunderts errichteten Kapellen mit noch romanischen Säulenkapitellen aus rosafarbenem Marmor am Portal beeindrucken der Saal von Mallorca mit seinen drei monumentalen Kaminen und der weiße Saal, in dem die König Audienzen gaben.

Täglich - außer dienstags, wenn fast alle Museen in Frankreich geschlossen haben - von 9.30-12 Uhr und von 14.30-18 Uhr zu besichtigen.

Pyrenäenfriede

Mit Martin dem Menschlichen starb 1410 der letzte katalanische Grafenkönig aus der Linie Wilfried des Behaarten, ohne einen Erben zu hinterlassen. Die güten Zeiten waren, insbesondere für Nordkatalonien, vorüber, das nun zum Zankapfel zwischen Spanien und Frankreich wurde.

1462 übereignete Johann II von Aragón dem König von Frankreich das Land diesseits der Pyrenäen als Pfand für einen Kredit, den er dringend benötigte, um die gegen ihn rebellierenden Katalanen zu unterdrücken. Ludwig XI besetzte das Roussillon und nahm - nach Belagerung - das protestierende Perpignan ein. Dreißig Jahre später erhielt Ferdinand von Spanien das besetzte Gebiet zurück.

Aber auch das kastilische Königshaus wurde von den Nordkatalanen nicht anders als die Franzosen empfunden - als fremde Besatzungsmacht. Ferdinand hatte nicht die Absicht, wieder zu weichen. 1497 ließ er die enorme Festung von *Salses* an der Grenze des Roussillon errichten.

▪ Einst militärisches Bollwerk, ist die Festung von Salses heute ein touristisches Wahrzeichen aus bis zu zwölf Meter dicken Backsteinmauern, gegen die nur noch der Wind anstürmt.

Im Juli und August durchgehend von 9.30-18.30 Uhr geöffnet, vom 1. April bis 30. Juni von 9.30-11.30 und von 14-17.30 und vom 1. September bis 31. Oktober von 10-11.30 und von 14-16.30 Uhr, auch dienstags.

1640 revoltierten die Katalanen gegen die absolutistische kastilische Herrschaft. Sie riefen in ihrer Verzweiflung Ludwig XIII zu Hilfe, der sich ohnehin mit Spanien im - Dreißigjährigen - Krieg befand. Ludwig ließ sich nicht lange bitten. Er besetzte Nordkatalonien. Perpignan widersetzte sich vier Monate lang, dann zogen Ludwig und Richelieu in der Stadt ein, die für ihren Widerstand schwer büßen mußte. 1659 schlossen Spanien und Frankreich den Pyrenäenvertrag, der das Roussillon mit dem Vallespir, dem Conflent, dem Capçir und einem Teil der Cerdagne Frankreich einverleibte.

1789 wurde dann das Département der Pyrénées Orientales geschaffen und den früheren katalanischen Grafschaften erneut das Fenouillèdes, in dem man okzitanisch spricht, zugefügt.

Französisches Katalonien

Die Französische Revolution mochte im allgemeinen Demokratisierung bringen, aber für regionale Eigenständigkeit hatten die Revolutionäre keinen Sinn. Von nun an unterdrückte der Staat erst recht katalanische Sprache und Sitten. Wenn auch alle Amtsgeschäfte auf Französisch abgewickelt wurden wie der Unterricht in den Schulen, so behauptete das Katalan sich in der ländlichen Provinz der Ostpyrenäen bis in unser Jahrhundert hinein unangefochten.

Die großen Köpfe Nordkataloniens, allen voran François Arago, wirkten in Paris für die Heimat. In den beiden Weltkriegen rekrutierte die Zentralregierung einfache Soldaten, sprich: Kanonenfutter, mit Vorliebe aus dem einst so aufsässigen Süden. Immerhin hatten die Winzer des Midi 1907 bewiesen, daß sie nicht bereit waren, sich alles gefallen zu lassen. Unter der Führung von Marcellin Albert waren sie gegen knechtende Steuern und für rigorose Weingesetze auf die Straße gegangen. Die gegen sie eingesetzten Truppen blieben wirkungslos, erst die Erfüllung ihrer Forderungen besänftigte die Vignerons.

Nach 1945 bewirkten der materielle Aufschwung und der Ausbau des Bildungssystems bei einer Stagnation in der herkömmlichen Landwirtschaft auch im Roussillon einen großen Exodus. Erst in den fünfziger Jahren kam es nordkatalanischen Intellektuellen und Künstlern zum Bewußtsein (siehe im Cerdagne-Kapitel 'Der Aufstand des Dichters'), wie sehr ihre Muttersprache und traditionelle Kultur unterdrückt, verdrängt und vergessen war. Seither gibt es auf kultureller Ebene eine Renaissance. In vielen Schulen können Kurse in Katalan belegt werden, an der Universität gibt es dafür einen Lehrstuhl, verschiedene kulturelle Vereinigungen kümmern sich um Bewahrung und Verbreitung katalanischer Kunst, darunter mehrere Sardane-Gruppen und Cobla-Orchester.

Unter den jungen Leuten fühlen sich nicht wenige heute mehr von Barcelona als von Paris angezogen. Der kleine Kreis der roussillonaisischen Separatisten beschränkt sich zum Glück darauf, französische Ortsnamen katalanisch zu überspritzen. Auf offizieller Ebene werden in letzter Zeit enge Bande zwischen der Departementsregierung in Perpignan und der *Generalitat de Catalunya* in Barcelona geknüpft.

OIGNON BLANC
4 F le Kilo

Roussillon von A bis Z

Ärztliche Versorgung

Kein Problem. In jedem größeren Ort gibt es mindestens einen Arzt, oft aber ein Centre Médical. In den Bade- und Skiorten finden Sie im *Office de Tourisme*, bzw. *Syndicat d'Initiative* eine Ärzteliste, sonst fragen Sie einfach in der nächsten Apotheke, von denen es in Frankreich reichlich gibt. Allerdings müssen Sie jede Behandlung erst einmal selbst bezahlen. Sie erhalten eine *feuille de soin*, die Sie nach den offiziellen Krankenkassenbestimmungen bei der zuständigen *Caisse Primaire d'Assurances Maladie* vorlegen oder einreichen sollten, um wie die Franzosen auch etwa 70 % der bezahlten Kosten zurückzuerhalten. Den Rest müssen Sie selbst tragen. Auf schriftlichem Weg gehen dabei Monate ins Land. Schneller geht es, wenn Sie stattdessen einfach den Behandlungsschein und am besten eine zusätzliche Quittung bei Ihrer zuständigen Krankenkasse zuhause einreichen. Meist haben Sie Glück, und die Kosten werden zu 100% zurückerstattet. Nehmen Sie dennoch auf jeden Fall einen Urlaubskrankenschein mit.

Auskunft

Allgemeinere Reiseinformationen (Regionalprospekte, Verzeichnis der verschiedenen Unterkunftsarten, etc. - möglichst gezielt das Reisegebiet angeben) erhalten Sie bei folgenden Adressen:

Französisches Verkehrsbüro
Kaiserstr. 12
D-6000 Frankfurt
Tel. 069/~~7560830~~/750551-56

Berliner Allee 26
D-4000 Düsseldorf

Landstraßer Hauptstr. 2-A
A-1030 Wien

Bahnhofstr. 16
Ch-8022 Zürich

Banken/Geldwechsel

Am günstigsten und problemlosesten fahren Sie mit Euroschecks. Mit jedem Euroscheck können Sie sich bis zu FF 1400 - in französischer Währung ausstellen! - auszahlen lassen. Die französische Bank berechnet eine kleine Bearbeitungsgebühr und in Deutschland wird Ihnen der Betrag zum Tageskurs abgebucht.

Weniger praktisch sind Postsparbücher. Nur in größeren Städten hat sich die französische Post bisher darauf eingestellt. Oft ist die Prozedur langwierig.

Die Öffnungszeiten der Banken sind nicht einheitlich: etwa von 9 - 12 Uhr, 14.30 - 16 oder 17 Uhr. Einige Wechselstuben in Touristenorten haben auch Sa und So geöffnet.

Benzinpreise und bleifrei

Für Super zahlt man in Frankreich zur Zeit zwischen DM 1,55 und 1,65, auf Autobahntankstellen manchmal noch etwas mehr. Der Preisunterschied zum Normal ist geringfügig. Bleifrei ist gleich nochmal mindestens 30 Pfennig teurer. Obendrein sollten Sie sich unbedingt vom ADAC die aktuelle Liste der bleifreien Tankstellen besorgen, denn die sind - noch - rar. Bei den Automobilclubs gibt es auch ein Merkblatt mit den jeweils aktuellen Benzinpreisen und Autobahngebühren.

Diesel kostet zur Zeit um DM 1,05 mit Schwankungen von ± 10 Pfennig, ob Sie im billigsten Supermarkt oder auf der teuersten Autobahntankstelle tanken.

Bergwetter

In den Bergen herrscht oft anderes Wetter als zu ihren Füßen. Planen Sie längere Wanderungen, sollten Sie unbedingt vorher die lokale Wettervorhersage einholen, bzw. den Wetterbericht einer lokalen Zeitung genau studieren.

- Ostpyrenäen: Tel. 68 61 30 52.
  Hohe Pyrenäen: Tel. 62 32 97 77
  Westpyrenäen: Tel. 59 27 50 50.

Cafés und Bistros

Die besucht man in Frankreich hauptsächlich, um sich zu treffen und zu schauen, nicht, um sich ein Bier nach dem anderen zu genehmigen, denn das würde teuer. Generell sind die Preise hoch, vor allem an den zentralen Plätzen, an Bahnhöfen und Uferpromenaden.

Nicht-alkoholische Getränke sind keineswegs billiger. Drei Mark für ein Mineralwasser ist keine Seltenheit. Ein kleiner Kaffee kostet jetzt meist DM 1,25, aber es wird bis zu DM 2 für ihn verlangt. So erfrischend ein Aqua Limon - geeistes Zitronenwasser - auch ist, so teuer ist es auch, zumal es oft in zwei oder drei Größen ausgeschenkt wird, wobei unaufgefordert meist das größte kommt, und das kann bis zu DM 15 kosten.

Diebe

Wo sich Touristen treffen, gibt es auch viele Diebe. Perpignan hat in dieser Beziehung einen recht schlechten Ruf. Doch wenn man die nötigen Vorsichtsmaßregeln berücksichtigt, ist das Risiko gering: Lassen Sie weder in den Küstenorten, noch in den größeren Städten **nie, wirklich nie** irgendwelche Wertsachen, Fotoapparate, Kassettenrecorder etc. im Auto. Sollten Sie ein teures Autoradio besitzen, lassen Sie es lieber zuhause. Parken Sie nie Ihren vollbeladenen Wagen auf einem Parkplatz, leisten Sie sich einen Platz im Parkhaus. Reisen Sie mit Bahn oder Bus, lassen Sie Ihr Gepäck nie unbeaufsichtigt. Geben Sie es lieber bei der Gepäckaufbewahrung auf, sehen Sie sich unbeschwert um und holen Sie es wieder ab, wenn Sie wissen, wo Sie unterkommen werden.

Wurden Sie bestohlen, lohnt sich eine Anzeige bei der Polizei nur, wenn Sie eine Gepäckversicherung abgeschlossen haben. Sonst verplempern Sie Ihre Zeit. In Dörfern und kleinen Ortschaften brauchen Sie keine Angst zu haben.

Einkaufen

Am besten und mit dem größten Vergnügen kauft man auf den Märkten ein - deren Funktion in Südfrankreich weit über die des reinen Warenangebots hinausgeht: Treffpunkt, Klatsch- und Infobörse, Märkte natürlich auch soziale Brennpunkte. In vielen Küstenorten ist während des Sommers täglich Markt, aber jeder größere Ort hat zweimal wöchentlich Markttag. Die Markttage kann man am Parkverbotsschild auf dem Platz ablesen.

Wohnen Sie in einem kleineren Dorf, versorgen Sie sich soweit möglich und sinnvoll in den dortigen Läden. Vielleicht zahlen Sie ein wenig mehr - oft ist das noch nicht einmal der Fall -, aber Sie helfen den Menschen, über die Runden zu kommen und tragen dazu bei, daß das Hinterland nicht ganz ausstirbt.

Kaufen Sie, wo Sie die Möglichkeit sehen, direkt vom Erzeuger. Das gilt auch für Märkte, an deren Rande oft Kleinbauern und Gärtner stehen, die ihren Überschuß zu niedrigeren Preisen feilbieten als die Händler die gleiche Ware.

Vorsicht in den Super- und Hypermärkten, die mit wenigen Angeboten locken, aber bei vielen Dingen keineswegs billiger sind und oft nur verschweißte Normpampe anbieten. Vorsicht auch bei Großpackungen, die merkwürdigerweise in Frankreich oft teurer sind als die gleiche Menge in kleineren Paketen.

Kaufen Sie Pfirsiche und Nektarinen und anderes Obst im Roussillon direkt vom Obstbauern, aber prüfen Sie, ob die Früchte wirklich optimal reif sind, lassen Sie sich weder zu grüne, noch zu reife andrehen, und vergleichen Sie die Preise!

Fastfood

Unverständlich, aber wahr: Immer mehr Franzosen begeistern sich neuerdings für Fastfood in amerikanischem Stil oder bevorzugen Schnellrestaurants. Dabei summiert sich - ganz abgesehen von der Qualität - die Rechnung erstaunlich schnell, und eins, zwei, drei hat man für einen Imbiß mehr bezahlt als ein vernünftiges 3-Gänge-Menü in einem ordentlichen Restaurant kosten würde.

Frankreichs Ferien

Die großen Schulferien sind im Juli und August. Obwohl mehr und mehr Franzosen den Urlaubsbeginn verschieben, findet die Mehrheit immer noch großen Gefallen daran, miteinander aufzubrechen.

Vermeiden Sie unter allen Umständen, am ersten Juli- oder Augustwochenende nach Frankreich zu fahren und reisen Sie unter keinen Umständen am letzten Wochenende dieser Monate zurück: weder tags, noch nachts! Es wird ein Alptraum!

Außerdem haben die Franzosen eine Woche Ferien um Allerheiligen, vom 21.12.-5.1., im Februar - etwas gestaffelt - die ersten drei Wochen und ebenso von Ende März bis Mitte April. Erkundigen Sie sich, wenn Ihre Reise in eine dieser Perioden fällt, unbedingt vorher nach den französischen Hauptreisetagen! Ich warne Sie nochmal: es ist der absolute Horror!

Ferienhäuser und Ferienwohnungen

Außer den im Abschnitt 'Quartiere auf dem Lande' empfohlenen *Gîtes ruraux* gibt es in allen Bade- und Skiorten Agenturen, die Ferienhäuser und -wohnungen vermitteln - und natürlich bieten auch Agenturen in der BRD Ferienhäuser an.

Agenturen vor Ort über das *Office du Tourisme* bzw. *Syndicat d'Initiative*. In der Regel sind die Preise aufeinander abgestimmt, vgl. Abschnitt 'Welche Unterkunft?'.

Ferme-Auberge

Dabei handelt es sich um Bauernhöfe, auf denen man bewirtet wird. Der überwiegende Teil der Menüs muß aus eigenen Produkten zusammengestellt sein. Die Fermes-Auberges sind eine fantastische Möglichkeit, Land, Leuten und ihrer Küche nahezukommen. Da es sich um keine professionellen Restaurants handelt, muß man einen Tisch rechtzeitig vorbestellen.

Fotomaterial

ist in Frankreich erheblich teurer, also genug mitbringen.

Frühstück

In Hotels wird das Frühstück - außer bei Halb- oder Vollpension - immer extra berechnet, meist mit DM 5 bis 10 pro Person. Dafür bekommt man Kaffee, Tütentee oder Beutelschokolade, 1 Stück Baguette vom Vortag, manchmal ein Croissant, ein winziges Stückchen Butter und ein Fabriktöpfchen Konfitüre. Einziger Trost: es bleibt die Freiheit, in die nächste Bar zu verschwinden.

Hotels s. Kapitel 'Welche Unterkunft?'

Karten

Die *gelben Michelinkarten* Nr. 85 Biarritz-Luchon und Nr. 86 Luchon-Andorra-Perpignan im Maßstab 1:200 000 braucht man auf jeden Fall, wenn man sich auf Nebenwegen durch die Pyrenäen bewegen will. Michelinkarten sind in Frankreich (in allen großen Supermärkten/Tankstellen um die Hälfte billiger als in Deutschland.)

Detaillierter und teurer sind die topographischen Karten des *Institut Géographique National IGN*. Hier lohnt es sich nur, die Karten zu erwerben, die das Gebiet abdecken, das man genauer erkunden möchte. Unerläßlich und sehr hilfreich für Wanderungen. Die grünen Karten reichen von Bayonne bis Pau Nr. 69; von Pau bis Saint-Gaudens Nr. 70; von Saint-Gaudens bis Limoux Nr. 71; von Limoux bis Perpignan und hinauf bis Béziers Nr. 72; Maßstab 1:100 000.

Noch genauere Karten werden vom IGN in der blauen Serie angeboten: Maßstab 1:25 000. Sie verzeichnen alle Wege, die meisten Namen für Wälder, Hügel, Felder und Bäche und sind sehr interessant, wenn man die direkte Umgebung des Urlaubsorts erkunden will. Man erhält sie in den Zeitschriftenläden der betreffenden Region.

Für Wanderer gibt es eine Serie von 11 Karten im Maßstab 1:50 000 über die Pyrenäen, auf denen die großen Wege, die vom Atlantik zum Mittelmeer führen - GR 10, HRP, GR 7 - eingezeichnet sind, aber auch kleinere Wanderwege in dem jeweiligen Gebiet, sowie Skiwege, Refuges oder Gîtes d'Etape. Sie werden von den éditions randonnées pyrénéennes herausgegeben.

Brauchbar ist auch die Karte *Pyrénées Atlantiques*, die das Comité départemental du tourisme im Maßstab 1:125 000 veröffentlichte. Darauf sind die wichtigsten touristischen Informationen des Béarn und des Pays basque eingezeichnet, wie Campingplätze, Gîtes, Sportmöglichkeiten etc.

Käse

Roussillon, Aude und Ariège sind ein Gebiet für Ziegenkäse, den man am besten - wenn nicht vom Erzeuger - auf den Wochenmärkten kauft. Es gibt vor allem zwei Käsearten, die kleinen *lactaires*, die aus einem Liter Milch gemacht werden und in verschiedenen Reifestadien angeboten werden. Sie sollten bald gegessen werden und vertragen keine langen Fahrten, schon gar nicht in heißen Blechkisten.

Die *tomes* sind Hartkäse, sehr haltbar und robust. Sie haben selten mehr als 25 cm Durchmesser. Auf der atlantischen Seite werden überwiegend Milchschafe gehalten. Deshalb nennt man nach ihnen den Käse generell *brebis*. Achten Sie auf gereifte und 100%ige, da es auch Mischkäse unter Zusatz von Kuhmilch gibt.

Ladenschlußzeiten

Sie werden in Frankreich legerer gehandhabt als bei uns. Die meisten Läden haben bis 19 Uhr geöffnet, manche Supermärkte sogar länger. Mittags schließt allerdings fast alles pünktlich um 12 Uhr und öffnet frühestens um 14 Uhr. Im Sommer halten manche Geschäftsleute bis 16 Uhr Siesta. In den Dörfern und Kleinstädten haben auch am Sonntagmorgen viele Läden geöffnet. Dafür bleiben manche am Montag morgen, einige den ganzen Tag, geschlossen. Wenn Sie in Ruhe einkaufen wollen, sollten Sie kein Geschäft um viertel vor zwölf betreten.

Museen

haben in der Regel dienstags geschlossen

Office de tourisme

Das Touristenbüro oder das *Syndicat d'Initiative* sind von der Gemeinde oder dem Land eingerichtete Informationsstellen, die dazu da sind, allen Gästen zu helfen. Man sollte sich nicht genieren, sie aufzusuchen. Im Gegenteil - wer erfahren möchte, wo man auf einem Campingplatz, in einem Hotel oder privat unterkommen kann, was an Festen oder kulturellen Veranstaltungen stattfindet, was an Ausflügen oder Wanderungen lohnt, etc., findet dort - oft, aber nicht immer - kompetente Antwort von jüngeren Damen und Herren, von denen meist jemand englisch, in bedeutenderen Orten nicht selten jemand deutsch spricht. Praktisch immer kann man sich in den Bergen von Prospekten bedienen, manchmal werden auch Karten und regionale Infobroschüren verkauft.

Sie verpassen unterwegs eventuell viel, wenn Sie nicht einmal einen Blick in das Touristenbüro werfen. Wegen der besonderen Bedeutung dieser Einrichtungen finden Sie bei den meisten in diesem Band vorgestellten Orten unter **i** die Adresse und Telefonnummer. Sie können auch schriftliche Anfragen stellen, nur wird Rückporto erwartet.

Picknick

Wenn plötzlich die Straße an möglichen und unmöglichen Stellen von Tischen gesäumt ist, an denen Familien tafeln, wissen Sie, daß es zwölf geschlagen hat. Picknick ist überall selbstverständlich. Nur eins: Kein Feuer machen! - es sei denn an dafür vorgesehenen Stellen. Siehe auch unter 'Waldbrände'.

Preise

Frankreich ist kein Billigurlaubsland. Manches ist teurer als in Deutschland, anderes billiger, manches schicker, anderes weniger gut verarbeitet . . .

Unterkünfte sind meist billiger als vergleichbare deutsche, Restaurants ebenso. Reinfallen kann man überall. Wenn Sie sich allerdings in Gebieten bewegen, die nicht vom Tourismus überlaufen sind und in denen Menschen in einem etwas anachronistisch, urwüchsigen Lebensstil versuchen, das Land lebendig zu halten und ihre selbstgefertigten Produkte anbieten, dann gucken Sie bitte nicht auf jeden Centime. Preise überprüft man besser, wo man es mit Geschäftsleuten zu tun hat.

Porto

Ein normaler Brief kostet - noch - FF 2.20, auch eine Postkarte, wenn sie nicht Ewigkeiten unterwegs sein soll. Bei schweren Briefen - bis 50 g FF 3.70 - muß auf dem Umschlag groß 'Lettre' vermerkt sein. Während manchmal ein Brief Deutschland in zwei Tagen erreicht, gibt es rätselhafte Verzögerungen, die bis zu einer Woche dauern können, bei Päckchen mehrere Wochen.

Restaurants

Man ißt in Frankreich anders als bei uns, nämlich üblicherweise mehrere Gänge, was auch bedeutet, von jedem Gang kleinere Portionen. Bis auf wenige Ausnahmen bieten die Restaurants Menüs an, die wesentlich günstiger sind als à la carte. Trotzdem kann man sich selbstverständlich nach der Karte ein Essen zusammenstellen oder auch nur ein Gericht wählen.

Wenn man ein Restaurant betritt, wartet man darauf, daß einem ein Tisch zugewiesen wird. Handelt es sich um ein bekanntes Restaurant, sollte man vorher einen Tisch bestellen.

Mittags sollte man zwischen 12 und 13 Uhr erscheinen, denn manche Restaurants servieren bereits ab 13.30 nicht mehr. Abends wird zwischen 19.30 und 21 Uhr serviert, in Städten und an der Küste oft bis 22 Uhr. Bedienung ist wie bei uns in der Rechnung enthalten, trotzdem macht sich ein Trinkgeld gut.

In einfacheren Restaurants kann man offenen Wein bestellen, *un pichet*. Sind Sie allein, bestellen Sie *un quart*. Obwohl dieser Wein oft akzeptabel ist, sollten Sie nach ihm nicht die Weine der Gegend beurteilen. Wer guten Wein trinken möchte, sollte nicht den billigsten nehmen. Mit der Renaissance des Einfachen sind zwar auch die schlichten, offenen Weine in Mode gekommen, aber es stimmt eben nicht, daß der billigste - sicher oft trinkbare - 'Faßwein' auch der beste Wein ist. In den überlaufenen Küstenorten findet man viele Restaurants, die sich auf Massenbetrieb eingestellt haben. Dort wird man es schwer haben, kulinarisch auf seine Kosten zu kommen. Dies gilt besonders für die Badeorte des Roussillon.

Roussillon

Das Wort Roussillon wird in diesem Buch in verschiedener Weise verwendet. Die jeweilige Bedeutung ist aus dem Zusammenhang immer eindeutig, trotzdem möchte ich die Unterschiede aufzeigen:

1. geschichtlich als mittelalterliche Grafschaft - das gesamte Küstengebiet, die vorgelagerte Ebene und die unteren Flußtäler von Agly, Têt und Tech, nebst den dazwischenliegenden Hügeln.

2. geographisch als Name für die Ebene und die dazugehörenden Sandstrände.

3. als Oberbegriff für das ganze Département der Pyrénées Orientales, der Ostpyrenäen, und somit als Kurzform für *Pyrénées Roussillon*, den neuen touristischen Namen.

Süßwein

Vin Doux Naturel, natursüßer Wein, ist eine Spezialität des Roussillon. Die Süße stammt allein aus den Weinbeeren. Man trinkt ihn zum Aperitif, zu exotischen Gerichten, zu kräftigen Käsen wie Ziegenkäse oder Roquefort und zum Nachtisch.

Strand

Den Franzosen fehlt der den Deutschen angeborene Instinkt, Sandburgen zu bauen oder sich von Strandnachbarn abzusondern. Daran sollte man denken, wenn sich eine französische Familie nur Zentimeter entfernt von den eigenen Strandmatten installiert. Der Strand wäre oft breit genug, um sich besser zu verteilen, aber alles drängt zum Wasser - und zur Promenade hin toben die Ballspieler.

Table d'hôte

Hier ißt man privat etwa wie in einer Ferme-Auberge, nur kommen die verwendeten Produkte nicht aus eigenem Anbau.

Telefonieren

Von Frankreich aus 19 - Summton abwarten - 49 + deutsche Vorwahl ohne Null + Nummer des Teilnehmers. In Frankreich ist man stolz darauf, die Vorwahl (Ausnahme Paris) abgeschafft zu haben. Also wählen Sie von Deutschland 00 33 + angegebene achtstellige Nummer.

Im Normaltarif kostet 1 Minute (in Frankreich) zur Zeit FF 4.50. Von 21.30 bis 8 Uhr, samstags ab 14 Uhr und an Sonn- und Feiertagen gibt es Ermäßigung, dann kostet 1 Minute FF 3.00.

Verkehrsverbindungen

Ohne Umschweife, die Verbindungen in den Pyrenäen sind eine Katastrophe. Deshalb sollte man entweder mit dem Auto oder Motorrad kommen oder sich entschließen, die Pyrenäen zu Fuß oder mit dem Fahrrad zu durchqueren. Der Verkehrsknotenpunkt der Pyrenäen ist Toulouse.

Generell gilt: B u s verbindungen bestehen in allen Teilen der Pyrénées Orientales, vor allem auf den Nationalstraßen. Viele Dörfer können aber nur mit dem Schulbus erreicht werden, also entweder morgens früh oder spätnachmittags, aber nicht während der Ferienzeit.

Von Küste zu Küste: Wer mit öffentlichen Verkehrsmitteln zum Beispiel von Perpignan nach Hendaye möchte, kann über Narbonne, Carcasonne nach Toulouse fahren, oder er nimmt den kleinen Zug von Perpignan in die Cerdagne nach Entveig, wo er den Zug Barcelona-Toulouse erwischt. Von dort über Tarbes im Zickzack nach Lourdes, Bayonne und Hendaye - reizvoll aber umständlich.

Z u g verbindungen in den *Ostpyrenäen* bestehen zwischen Perpignan und der Côte Vermeille und zwischen Perpignan und dem unteren Tal der Têt bis Villefranche de Conflent. Von dort fährt der *kleine gelbe Zug*, eine lokale Berühmtheit, in die Cerdagne hinauf - im Sommer ohne Verdeck. Er braucht bis La Tour de Carol zwischen 2,5 und 3 Std., dafür zählt er zu den bleibenden Ferienerinnerungen und ist nicht einfach nur eine Verkehrsverbindung.

Der Nachteil aller Zug- und Busverbindungen besteht darin, daß man zwar in der Regel morgens recht früh abfahren kann - manchmal entschieden zu früh -, auf jeden Fall aber zu früh zurückfahren muß. Es bleibt also nie die Möglichkeit, wenn man sich in einem Dorf einquartiert hat, einen langen Abend in Perpignan zu verbringen. Meist muß man sich schon am späten Nachmittag auf den Heimweg machen.

Waldbrände

Leider brennt es in jedem Jahr auf der Mittelmeerseite mehr oder weniger heftig. Es vergeht kein Sommer, in dem nicht die *Canadair,* die Löschflugzeuge, über dem Roussillon kreisen. Es drohen empfindliche Strafen, wenn man offenes Feuer macht, und seit 1988 patrouillieren die Streifen regelmäßig. Da der Bergwind aus einem harmlosen Feuerchen leicht einen Riesenbrand entfachen kann, verzichten Sie bitte unbedingt darauf, Feuer zu machen.

Wasser

Was die Sauberkeit des Wassers an der Küste des Roussillon betrifft, gibt es eine Faustregel: bei *Tramontane* sauber, bei *Marin,* dem Wind, der vom Meer kommt, schmutzig. Leider ist man in den Küstenorten nicht so fortschrittlich wie in Saint-Jean-de-Luz, wo täglich ein neues Bulletin aushängt, dem man die Wasserreinheit entnehmen kann. Auskünfte im Roussillon: Direction Départementale des Affaires Sanitaires et Sociales DDASS, Tel. 68 35 87 00.

Weinkauf

Pro Person 60 Flaschen passieren ohne Schwierigkeiten, wenn Sie beim deutschen Zoll anhalten, anmelden und ein paar Mark Zoll bezahlen (ca. 5%) des Warenwertes, nach Abzug einer Freimenge.

Pyrénées Roussillon

Auf einen Blick

Baden - empfehlenswert am ehesten östlich Perpignan, zwischen Canet und St. Cyprien am fünf Kilometer langen 'wilden' Sandstrand.

Tauchen - an der Côte Vermeille, besonders in Collioure und Banyuls.

Kunst - Romanik überall, am beeindruckendsten im abgelegenen Serrabone; moderne Kunst im Museum in Céret.

Feste - in allen Dörfern abwechselnd im Juli und August, im Fenouillèdes nettester Dorfschwof.

Wandern - besonders im Conflent und Vallespir oder in vier Tagen um den Pic Carlit.

Ski - klassisch in Font Romeu; Langlauf in Formiguères.

Einsamkeit - überall im Hinterland, nur wenige Meter von den Dörfern entfernt.

Überblick - natürlich vom 2785 Meter hohen Canigou am besten oder von der Burg Queribus, bei Maury.

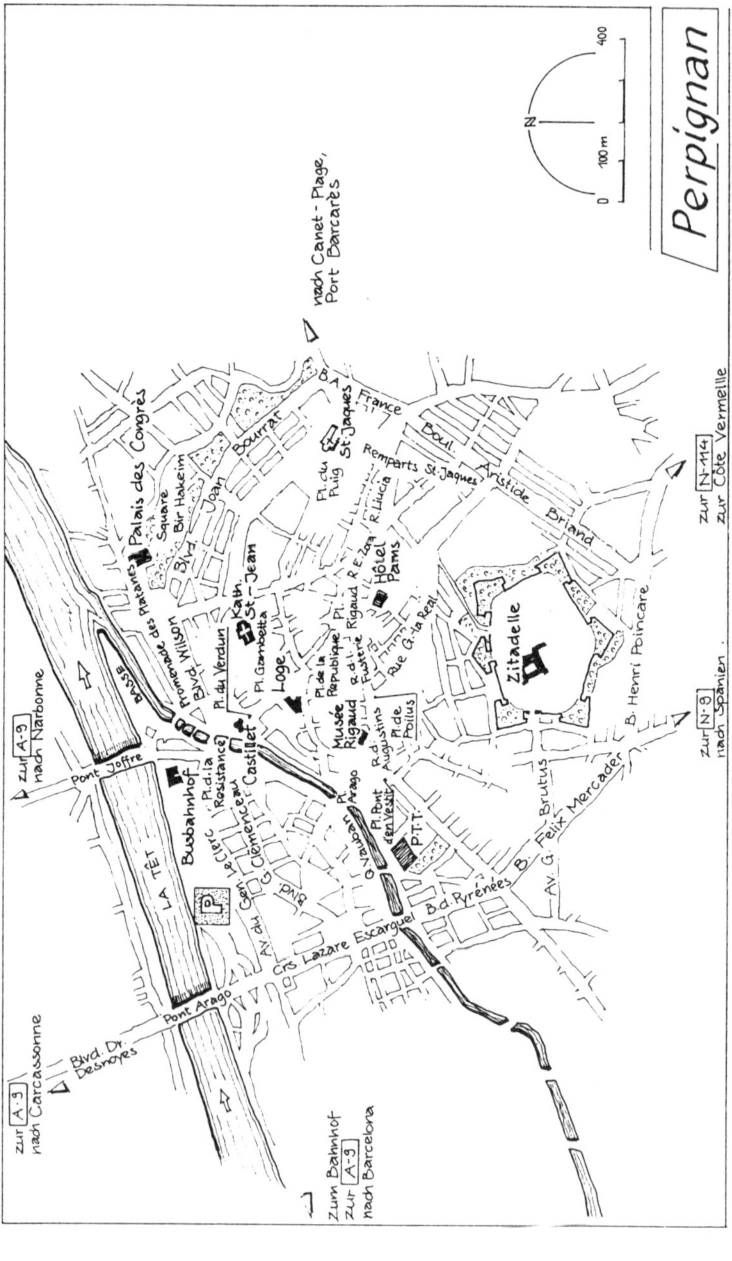
Perpignan
0
100 m
400
N
nach Canet-Plage, Port Barcarès
zur A-9 nach Narbonne
zur A-9 nach Carcassonne
Zum Bahnhof zur A-9 nach Barcelona
zur N-114 zur Côte Vermeille
zur N-9 nach Spanien
Palais des Congrès
Square Bir Hakeim
Blvd. Joan Bourrat
Promenade des Platanes
BASSE
Blvd. Wilson
Pl. du Verdun
Kath. St.-Jean
Pl. Gambetta
Loge
Castillet
Pl. d. la Résistance
Busbahnhof
Pont Joffre
LA TÊT
Pont Arago
Blvd. Dr. Desnoyes
Blvd. Gen. Le Clerc
Blvd. G. Clemenceau
Av. du
Crs. Lazare Escarguel
Q. Vauban
Pl. Arago
Pl. Pont d'en Vestit
P.T.T.
B. d. Pyrénées
B. G. Felix Mercader
Av. G. Brutus
B. Henri Poincaré
R. d. Augustins
Pl. de Poilus
Musée Rigaud
Pl. de la République
R. d. l. Fusterie
Pl. Rigaud
R. E. Zola
Hôtel Pams
Rue G. la Real
Pl. du Puig
St. Jaques
R. Llucia
Remparts St. Jaques
B. A. France
Boul. Aristide Briand
Zitadelle

Perpignan

O r i e n t i e r u n g: Von Norden kommt man auf der N 9 nach Perpignan (120 000 E.) hinein. Gleich an der ersten Ampel links einordnen und bei der dritten, an der Place de la Catalogne *links abbiegen. Geradeaus weiter gelangt man zur* Place Arago, *hinter der die Altstadt beginnt, die man in gut 20 Minuten von allen Seiten zu Fuß durchqueren kann. Nur wenige Gassen sind Fußgängerzone, aber alle sind so schmal, daß man das Auto besser vorher parkt. Findet man in der* Avenue Clémençeau *(vgl. Plan) keinen, sollte man gleich zum* Marché de Gros *fahren (vor dem Kaufhaus 'Nouvels Galeries' links und wieder links), statt unnötig Zeit zu verlieren. Dann kann man Perpignans Innen- und Altstadt durch das* Castillet *betreten, das alte Stadtor, markantestes Wahrzeichen der Stadt.*

Einer der Hauptgründe, Perpignan zu besuchen, besteht darin, sich in ein Café zu setzen, durch die Altstadt zu streifen und in den traditionellen Läden einzukaufen . . .

Treffpunkte

Links hinter dem Castillet stehen gleich die Tische und Stühle des Grand Café de la Poste. Auf der kleinen Place de Verdun herrscht zu allen Jahreszeiten reger Verkehr, und die Preise halten sich - für französische Verhältnisse und die zentrale Lage - in Grenzen. Das kann man von dem Grand Café de la Bourse an der *Place de la Loge* nicht behaupten. Ein kleiner Kaffee kostet DM 2, ein Perrier DM 4 und für ein großes Bier wurde ein ahnungsloser Freund um 16 Mark erleichtert. Trotzdem ist dieser Platz vor dem Gebäude des früheren Seegerichts beliebtester Treffpunkt der Perpigneser. Man hat den Eindruck, die Schönen und die Feschen müßten unweigerlich hier vorbeipromenieren. Leider ist das alte stimmungsvolle Bistro in der ehrwürdigen Loge selbst verschwunden. Es wich einem Fastfood-Imbiß, wo sich nun die Teenies scharen.

Der zweite Platz, der es den Einheimischen besonders angetan hat, ist die *Place Arago* mit ihren schönen Palmen. Auch hier sind die Lokale nicht viel preiswerter. Im Grand Café de la Paix sucht ein sehr gemischtes Publikum auch außerhalb der Saison ab mittags eine Portion Sonnenschein.

Über dem kleinen Têtzufluß, der Basse, den man durch die Stadt kanalisiert und mit Blumenrabatten verziert hat, steht das Palmarium - nun auch modernisiert und zum Schnellimbiß verwandelt. Abends trifft man hier manchmal Zigeuner, die in der Tradition von Django Reinhardt Musik machen.

In ist das Café de la Source - nur ein paar Schritte um die Ecke, an der *Place Pont d'en Vestit* - allein schon deswegen, weil es gegenüber der Kunstschule liegt. In der Veranda sitzt man auch zur kälteren Jahreszeit wie auf der Straße und unter einem bunten Völkchen.

In weniger verqualmter Luft kann man im 'Darjeeling' daneben Tee schlürfen, Kuchen und Eis essen.

Wem es weder darum geht, sich unter die Schickeria - die man auch im Vauban am gleichnamigen Quai trifft - noch unter Studenten und Künstler zu mischen, sondern wer lieber einen üblich kratzigen Kaffee zum Normalpreis nippt, sollte zur *Place Rigaud* gehen und vor der Bar de la Bourse (du Travail, dem Arbeitsamt) Platz nehmen, jedenfalls zur wärmeren Jahreszeit. Hier findet auch am Samstagmorgen das ganze Jahr über der Biomarkt statt.

Perpigneser Chic

Es gibt nur wenige Einkaufsstraßen, die in Perpignan als erste Adresse gelten. Die kleine *Rue L. Blanc*, die vom *Castillet* zur *Place de la Loge* führt, und ihre Verlängerung, die *Rue des Marchands* - mit einer Zeile alter Kaufmannshäuser - vereinen vor allem Schuhgeschäfte, Juwelierläden und Boutiquen. Wer als Geschäftsmann auf sich hält, hat seinen Laden sonst unter den Arkaden der *Rue de la Barre* und in der kurzen *Rue d'Alsace-Lorraine*, die zur *Place Arago* führt, in den Fußgängergassen *Rue Mailly, Rue de la Cloche d'Or* und *Rue de l'Ange* und vielleicht noch am *Boulevard Clemenceau.*

Die neuesten Schöpfungen bekannter Modemacher zeigen die Boutiquen in der schmalen *Rue des 3 Journées*. Sie stößt auf die *Rue de la Revolution Française*. Ein paar Schritte links hinunter die Kunstgalerie 'Galerie de la Main de Fer'. Sonst gibt es Kunsthandwerk-, Naturkost- und Antiquitätengeschäfte und Modeshops.

In der anderen Richtung gelangt man schnell auf die *Place Gambetta*. An der Ecke fabriziert ein Parfümier seine eigenen Duftkreationen.

Antiquitäten, Seifen und Santons

Geht man von dem Platz vor der Kunstschule die *Rue des Augustins* hinauf, stößt man gleich links auf ein Modernes Antiquariat. Spezialität der netten Buchhändlerin sind reduzierte Kunstbände. Parallel zu dieser Straße verläuft die enge *Rue de la Poisonnerie*. Gegenüber des Second-hand Ladens 'feeling', 'Les petites marmites' - ein beliebter Mittagstisch. Der Wirt sammelt Bilder und hat mit seinen Errungenschaften die Wände vollgepflastert. Man sitzt ziemlich beengt, und Singles werden an den großen runden Tisch dirigiert (Menüs zwischen 15 und 23 Mark). Beide Straßen führen auf die *Place des Poilus*, auf der täglich vor allem Obst- und Gemüsehändler ihre Stände aufbauen. In der winzigen *Rue Paratila*, zu linker Hand, verkaufen zwei urige Läden Trockenobst, Hülsenfrüchte, Gewürze, Konserven, Halva, den bei den Katalanen sehr beliebten eingesalzenen Stockfisch - *la morue* - und verschiedene Olivensorten.

In der *Rue de la Fusterie* werden in dem schönen alten Kräuterladen alle Sorten von Heiltees abgewogen. Darüber hinaus kann man sich hier mit Gewürzen, Parfüms, natürlichen Kosmetika und sehr guten Seifen versorgen.

Ein Stück weiter hinauf zur *Place Rigaud* verkauft das Geschäft 'Pelliser' nicht nur Plastikblumen und Friedhofsplaketten, sondern auch Santons. Diese Figuren kommen zwar aus der Provence, doch schätzt man sie in Perpignan nicht weniger. Sie stellen die verschiedenen mediterranen Berufe und Typen dar.

Araberviertel und Le Sud

Von der *Place Rigaud* die *Rue Emile Zola* hinauf kommt man zur Stadtbibliothek, dem Hotel Pams. Wer neckische Grazien und Prunkvillen aus der Jahrhundertwende mag, sollte nicht vorbeigehen. Die eigentliche Pracht entfaltet sich erst im Treppenhaus, der ersten Etage und dem Lichthof. Im Lesesaal der Bibliothek gibt es eine recht gute aktuelle Zeitschriftenauswahl und einen umfangreichen Katalog zum Roussillon und Katalanentum. Der mit Pflanzen und Bäumen dekorierte Innenhof im ersten Stock lädt zum Verweilen ein.

Am Ende der Rue Emile Zola spätestens fällt auf, daß man sich in einem anderen Teil der Altstadt befindet. Häuser, Leute und Gerüche sind anders geworden. Plötzlich glaubt man, Frankreich verlassen zu haben. Hier sind die Pyrenäen wirklich orientalisch. In dem Kleine-Leute-Viertel *Puig Saint-Jacques* bevölkern viele Araber, Zigeuner und Spanier die uralten, meist schmalen und steilen Häuser. In den engen Straßen wie der *Rue Llucia* bieten die Läden ihre Waren oft billiger als die Supermärkte an, besonders Obst und Gemüse.

Mittelpunkt dieses Viertels ist der tägliche M a r k t auf der *Place Cassanyes*, wo an den festinstallierten Ständen Nahrungsmittel und Blumen, auf der freien Fläche aber überwiegend Kleidung, oft mindestens aus zweiter Hand, verkauft werden.

Gekrönt wird der Hügel, auf dem das alte Viertel errichtet wurde, von der Kirche *St. Jacques*, deren östlicher Teil aus dem 14. Jahrhundert stammt. Diese Kirche ist seit damals Sitz der Bruderschaft des Heiligen Bluts, der Confrèrie de la Sanch. An jedem Karfreitag zieht von hier aus die Prozession mit den Passionsbildnissen durch die Altstadt. Die schweren Statuen, die *misteris*, werden von oft barfüßigen *caparuxtes*, Kapuzenträgern getragen. Wenn sich der lange Zug der vermummten Büßer durch die Gassen windet, von Handglocken und Trommeln angekündigt, erwacht das Mittelalter für einen Nachmittag.

Seitlich der Kirche liegt der kleine *Jardin de la Miranda* an und auf der alten Stadtmauer. Dort kann man sich - von typisch südlichen Pflanzen, Sträuchern und Bäumen umgeben - einen Augenblick besinnen und über diese alte Stadt nachdenken, die aus einer römischen Villa entstand, dann als Hauptstadt des Königreichs von Mallorca aufblühte und in ihrem Kern den iberischen Charakter bewahrte. Garten und Kirche werden mittags und abends abgeschlossen. An der *Place de Puig*, unterstreicht der kafkaeske alte Sozialwohnungsbau diesen Eindruck. Gleich rechts um die Ecke, in der Rue L. Bausil, findet man Perpignans zur Zeit beste Kneipe: le Sud, vgl. unten.

Sehenswert

▪ Das C a s t i l l e t : Die Backsteinfestung, deren ältester Teil im 14. Jahrhundert errichtet wurde, wirkt mit ihren Zinnen und dem Türmchen orientalisch und fast niedlich. Sie beherbergte lange Zeit Gefängnis und Folterkammern der Stadt. In einem der Kerker entdeckte man das eingemauerte Skelett eines angeketteten Kindes, von dem behauptet wurde, es handle sich um Ludwig XVII. Heute befindet sich die *Casa Pairal* in dem alten Gemäuer, das *Musée Catalan des Arts et Traditions Populaires*. Hier erhält man nicht nur einen Eindruck von den landwirtschaftlichen und handwerklichen Aktivitäten der Nordkatalanen, sondern auch davon, wie sie früher hausten. Öffnungszeiten: Vom 16. Juni bis 15. September von 9.30-12 Uhr und von 14.30-19 Uhr, vom 16. September bis zum 15. Juni von 9-12 Uhr und von 14-18 Uhr.

▪ Wer einen guten Kaffee mit einem Museumsbesuch verbinden möchte, ist in der Cafetière in der Rue de l'Ange, gegenüber dem M u s é e R i g a u , richtig, wenn auch etwas beengt, aufgehoben. Wie der Name des Museums verspricht, werden eine Reihe von Gemälden des in Perpignan geborenen Hofmalers Ludwigs XIV gezeigt, daneben vorwiegend katalanische Werke aus dem 14. bis 16. Jahrhundert und interessante Arbeiten und Studien von Aristide Maillol.

Das Musée Rigaud ist ganzjährig von 9.30-12 Uhr und von 14.30-19 Uhr geöffnet, aber dienstags geschlossen.

▪ Die K a t h e d r a l e *St. Jean*: Der imposante Bau an der *Place Gambetta* wurde im 14. Jahrhundert begonnen. Auf der linken Seite der Kathedrale - und innen durch eine Tür mit ihr verbunden - ist ein Teil der 1025 geweihten Kirche St. Jean-Le-Vieux erhalten, die aus Flußsteinen errichtet wurde. Ihr Schmuckstück ist das romanische Portal, das auf den kleinen Hof hinausgeht, wo das Restaurant 'Le Relais Saint-Jean' im Sommer Tische aufstellt (vgl. unten).

▪ F l o h m a r k t : Auf dem anderen Ufer der Têt, Route de Bompas, liegt das *Palais des Expositions*, in dem nicht nur Messen stattfinden, sondern auch alle größeren Rock- und Popkonzerte. Davor am Fluß ist jeden Sonntagmorgen Flohmarkt. Der *puce* unterscheidet sich von unseren Flohmärkten dadurch, daß ausschließlich gewerbsmäßige Händler zugelassen sind. Zwischen arrivierten Brocante-Ständen und aufgetischtem Schrott kann man sich trotzdem vergnüglich der Illusion hingeben, den großen Fund zu machen.

Eine Oase in der Stadt ist der *Square Bir Hakeim* und der Jardin d'enfants am Boulevard Jean Bourrat, der Verlängerung des Boulevard Wilson und der Promenade des Platanes, die zum Kongreßzentrum führt. Im Sommer spielen hier Pantomimen und Theatergruppen für kleine und große Kinder.

Gute Adressen

i *Quai de Lattre-de-Tassigny und Village Catalan an der Autoroute B 9. Tel. 68 34 29 94.*

▪ *Unterkommen und Essen: Perpignan hat rund 50 Hotels, 8 mit 3 Sternen, 20 mit 2 Sternen, 13 mit einem Stern. Einige Hotels liegen in der Altstadt und sind oft schwer oder gar nicht mit dem Auto zu erreichen. Dafür hat man dann viel Atmosphäre und kann in der Stadt alles zu Fuß erledigen. Die Preise dienen nur als Anhaltspunkte, da fast jedes Hotel verschiedene Abstufungen hat und sich jährlich dem Preisniveau anpaßt.*

*Hotel de la Loge***, 1, rue Fabriques Nabot, Tel. 68.34.54.84. Von den 3-Sterne-Hotels im Zentrum ist dieses das preisgünstigste. Etwas dunkel, aber behaglich. EZ ab DM 45, DZ ab DM 60.*

*Park Hotel***, 18, boulevard Jean Bourrat, Tel. 68.35.14.14. Gegenüber dem Square Bir Hakeim, ein modernes Gebäude. Die Zimmer sind mit Geschmack möbliert. Es gibt eine Bar, vor allem jedoch 'Le Chapon Fin', Perpignans bestes Restaurant, wo Claude Patry sich von katalanischen Rezepten ebenso wie von eigenen Einfällen inspirieren läßt. Menüs ab DM 55, Zimmer ab DM 65.*

*Hotel Christina**, 50, cours Lassus, Tel. 68.35.24.61. Auf der anderen Seite des Parks ruhig gelegen. Der klotzige Bau mag von außen* nicht sehr attraktiv aussehen, die Zimmer sind aber gut möbliert und haben zum Teil eine schöne Loggia, in der man behaglich frühstücken kann. Parkplatz und Garage. Zimmer ab DM 40, mit Loggia, Bad und Fernsehen DM 65.

Hotel de la Poste et de la Perdrix**, 6, rue Fabriques Nabot, Tel. 68 34 42 53. Gleich rechts hinter dem Castillet, doch parken muß man vor der Altstadt. Guter Frühstücksraum. Im 'Restaurant de la Perdrix' mit seinem schönen alten, doch hellen Eßsaal und dem netten Kellner erhält man viele katalanische Spezialitäten. Menüs DM 25 und DM 30. Die Zimmer sind zum Teil noch nicht renoviert. EZ ab DM 33, DZ DM 35-60.

Hotel Le Metropole, 3, rue des Cardeurs, Tel. 68.34.37.63. In einer Seitengasse der Rue des Marchand, wurde kürzlich renoviert, wobei die alten Backsteinwände innen freigelegt wurden. Zum Teil Kochmöglichkeit auf den Zimmern. Einfach, doch sympathisch. Zimmer zwischen 28 und 50 Mark.

Hotel Athena**, 1, rue Queya, Tel. 68 34 37 63. In einer Altstadtgasse, die von der Place de la Republique - Parkhaus und Markthalle - abgeht, ein traumhaftes Hotel in einem Haus aus dem 14. Jahrhundert. Schöner kleiner Innenhof, großzügige, gut möblierte Zimmer, wenn auch einige auf einen Schulhof hinausgehen. Geschmackvolle und sympathische Atmosphäre. Zimmer von DM 30-60.

Hotel du Centre**, 26, rue des Augustins, Tel. 68 34 39 69. Eingang in einer Seitengasse der lebhaften Rue des Augustins. Einfach, doch ordentliche Zimmer zwischen 22 und 50 Mark.

Hotel le Molins**, 26, avenue des Bompas, Tel. 68 61 11 70. Nicht weit vom Flohmarkt an der Têt in dem Viertel Vernet. In dem laubengangartig angelegten einfachen Hotel sehr saubere, modern möblierte Zimmer von DM 20-42. Das Restaurant 'Le Molins' bietet preiswerte, sehr typische Küche.

■ Einkehren: Wer nach einer einfachen Kneipe mit Atmosphäre sucht, hat es in Südfrankreich schwer (vgl. auch oben unter Treffpunkte/und Hotels). Dafür geben sich manchmal die Restaurants Mühe.

Zentral in der A l t s t a d t : Das Restaurant Le Relais Saint-Jean, bei der Kathedrale an der Place Gambetta, ist eine der besten Adressen für Feinschmecker in Perpignan. In einer gepflegten Atmosphäre wird eine feine und erfinderische Küche geboten. Die Menüs wechseln recht oft und passen sich dem Charakter und den Produkten der Jahreszeit an. Menüs u.a. für DM 60 und DM 85; gute Auswahl regionaler Weine.

Le Festin de Pierre, 7, rue du Théatre, Tel. 68.51.28.74. Einige Schritte von der Place de la Republique mitten in der Altstadt. In einem Haus aus dem 13. Jahrhundert, ein mit Geschmack restaurierter Saal, elegante Atmosphäre und eine gekonnte und verläßliche Küche, die sich regional orientiert. Menü um DM 45, gute Weinkarte.

P r e i s w e r t : In der schmalen Rue Fabrique d'en Nadal, eine der alten Handwerkergassen bei der Place de la Loge, bietet die Casa sansa, die sich 'Brasserie Barcelonaise' nennt, unter alten Fotos und Plakaten eine angenehme Ambiance. Preiswerte Tellergerichte.

La Mesa, 3, rue Petite la Monnaie, Tel. 68.35.03.85. In einer Seitenstraße der Rue des Augustins. Beliebtes und immer sehr volles Mittags restaurant, auf Fisch spezialisiert. Menüs ab DM 15.

Beim A r a b e r v i e r t e l , in der Rue L. Bausil, bei der Place de Puig, liegt eine der interessantesten Kneipen Perpignans: 'Le Sud'. Im schön hergerichteten Innenhof kann man zwischen Frühjahr und Herbst an vielen Mittagen und Abenden mediterrane Atmosphäre und einfache, leicht exotisch angehauchte Speisen genießen, Menü ca. 18 Mark. Den besonderen Reiz des Sud machen die häufige Lifemusik - von Jazz bis Flamenco -, Ausstellungen, Auftritte und das interessante Publikum aus.

In der Rue des Remparts St. Jacques, auf der anderen Seite der Place Cassanyes, serviert das Restaurant Bonet das billigste Menü Perpignans. Für drei Gänge und 0,2 Liter Wein bezahlt man FF 28,50, etwa 9 Mark. Handwerker und Arbeiter frequentieren das einfache Restaurant, in dem man schnell bedient wird, aber zerkochte Kartoffeln akzeptieren muß.

Im Z e n t r u m : Escale aux Antilles, 43, avenue Général Leclerc, Tel. 68.34.70.72. Gegenüber dem Parkplatz des Marché de Gros beim Busbahnhof gelegen. Antillaisisches Restaurant mit heller und leichter

Atmosphäre. Den typischen Pfiff verleihen Wirtin und Bedienung. Hausgemachte Punchs und Spezialitäten von Guadeloupe. Nur abends, Menüs ab DM 30.

L'Agrappe-Coeur, 1 bis, rue A. Simon, Tel. 68 35 33 12. Liegt beim großen Parkplatz in der Nähe des Pont Joffre. Moderne, sympathische und relaxte Atmosphäre und eine ideenreiche, schmackhafte Küche, zum Beispiel mit Ziegenkäse gefüllte Ravioli und Ragout von Lotte mit Morcheln. Kleine, interessante Weinkarte und gute regionale Weine auch glasweise. Menü ab DM 25.

La Bonne Auberge, 64, rue Maréchal Foch, Tel. 68 54 53 78. Praktisch an der Ecke der Nationalstraße gelegen, auf der man nach Perpignan hineinkommt, die hier Boulevard des Pyrénées heißt. Katalanisch bürgerliches Restaurant mit etwas brummigem Wirt und ordentlicher typischer Küche. Menü ab DM 20.

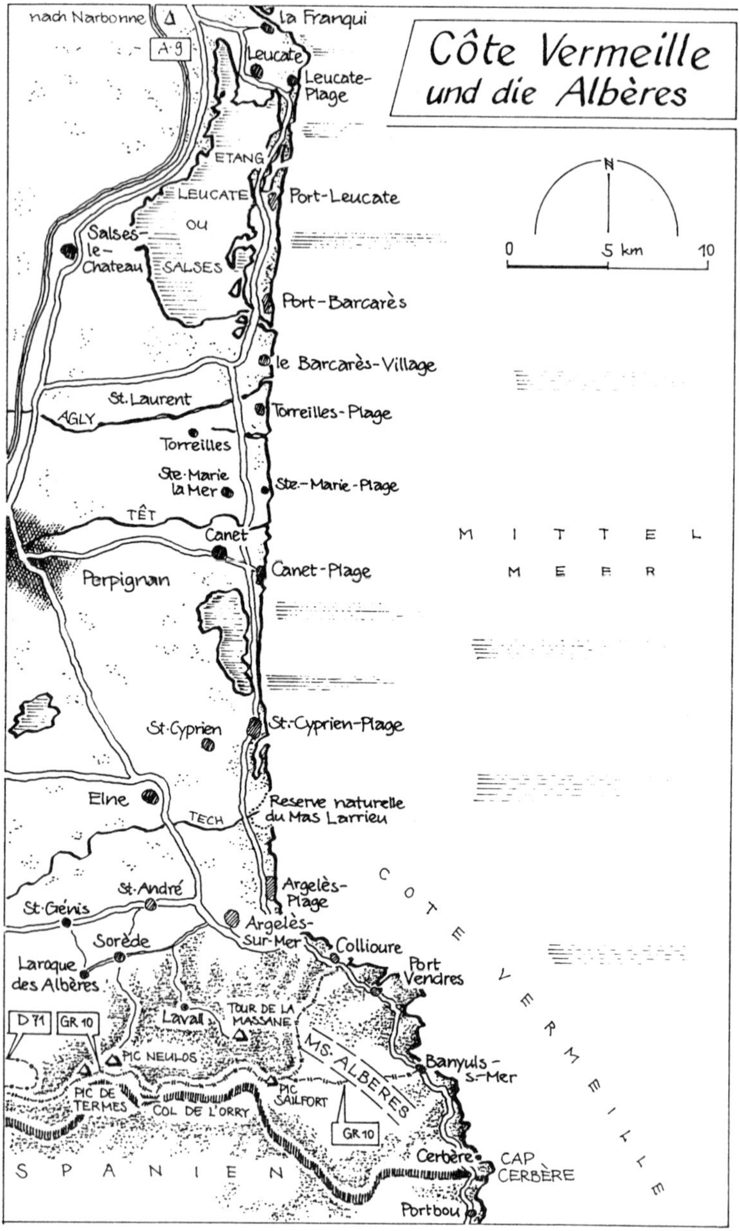
Côte Vermeille
und die Albères
nach Narbonne
A·9
la Franqui
Leucate
Leucate-Plage
ETANG
LEUCATE
OU
SALSES
Port-Leucate
Salses-le-Chateau
0
5 km
10
Port-Barcarès
le Barcarès-Village
St. Laurent
AGLY
Torreilles-Plage
Torreilles
Ste-Marie la Mer
Ste.-Marie-Plage
TÊT
Canet
Canet-Plage
Perpignan
MITTEL
MEER
St-Cyprien
St.-Cyprien-Plage
Elne
TECH
Reserve naturelle du Mas Larrieu
Argelès-Plage
COTE VERMEILLE
St-André
St-Génis
Argelès-Sur-Mer
Collioure
Sorède
Port Vendres
Laroque des Albères
Lavall
TOUR DE LA MASSANE
D 71
GR 10
PIC NEULOS
MS. ALBERES
Banyuls-s.-Mer
PIC DE TERMES
COL DE L'ORRY
PIC SAILFORT
GR 10
Cerbère
CAP CERBÈRE
SPANIEN
Portbou

Côte Radieuse

Strände und Badeorte um Perpignan

Es ist die alte, leidige Geschichte: Noch vor 25 Jahren war die Mittelmeerküste im allgemeinen - ausgenommen Teile der Côte d'Azur - und speziell der Streifen von Leucate bis Argelès unberührt vom Massentourismus. Neben den Fischer- und Winzernestern an der Felsküste direkt vor der spanischen Grenze gab es nur wenige kleine Orte, in denen sich zu den Häusern der Fischer bescheidene, selten spektakuläre Ferienvillen gesellten und einige wenige Hotels für Sommergäste. Meist hielt, wer beruflich oder aus Neigung nah ans Mittelmeer wollte, respektvollen Abstand und begnügte sich mit den uralten Dörfern und Städten, die einige Kilometer vom Wasser entfernt liegen. Selbst die Fischer wohnten meist dort. Schließlich bestand die Küste zum Teil nur aus einem schmalen Landband zwischen Meer und Binnenseen, den großen *Etangs*, oder der eigentliche Strand ging in morastiges Land über, das mit Gestrüpp überwuchert war: ein Paradies für Vögel - und für Mosquitos und andere Insekten. Die traditionellen Hütten der Fischer und Jäger waren aus Schilfrohr errichtet, das nach dem Zweiten Weltkrieg teilweise durch Wellblech ersetzt wurde, manchmal sogar durch Backsteine.

Einige letzte Exemplare dieser einfachsten Siedlungen kann man noch an den Etangs von St.-Nazaire und Salses bestaunen - Anfang der sechziger Jahre kam der französische Staat auf den Gedanken, die lange wilde Küste für den Tourismus zu nutzen. Seither wird gebaut. Mittlerweile ist das meiste zubetoniert, aber ganz offensichtlich wird man erst Ruhe geben, wenn der letzte natürliche Fleck gewichen ist. Fortschritt.

▪ *Kulinarisch* gesehen ist es - bis auf wenige Ausnahmen - mit den Badeorten nicht weit her. Nicht selten kann man hereinfallen und sich über Tiefkühlkost ärgern Bestellen Sie z.B. niemals Lotte vom Atlantik! Im Zweifelsfalle hält man sich an einfache Lokale, wo nicht so viel falsch gemacht werden kann.

Die Hauptorte besitzen heute alle einen Freizeithafen, *port de plaisance* genannt. In A r g e l è s wird er gerade gebaut. Man versucht, sich - was das Aktivitäts- und Ablenkungsangebot angeht - gegenseitig zu überbieten. Selbstverständlich sind alle Wassersportarten vertreten, aber Windsurfen ist eindeutig Favorit, denn schließlich gibt es an der nordkatalanischen Küste reichlich Wind. Jeder Ort hat möglichst viele Tennis- und andere Sportplätze. Zur Zeit wetteifert man auf dem Golfsektor, wobei S a i n t - C y p r i e n mit dem *Mas d'Huston* großen Vorsprung gewann. Auch Reiten kann man fast überall. Detaillierte Auskünfte erteilen die Syndicats d'Initiative.

Was man mit den aus der Retorte geschaffenen Ferienzentren nicht erreichen kann, ist echte Atmosphäre. So sind die Badeorte immer dann und dort sympathisch, wo etwas gewachsen ist. Die ersten Anfänge der Umgestaltung, als man es noch nicht verstand oder sich nicht traute, innerhalb von Monaten Blöcke mit Ferienwohnungen, die vornehm *Résidences* heißen, oder Dutzende von Einheitszweithäusern aus dem sandigen Boden zu stampfen, haben manchmal bereits etwas Nostalgisches. Mir geht es im folgenden deshalb mehr darum, auf die Punkte hinzuweisen, die der *Côte Radieuse*, der strahlenden Küste, eigenen Charakter geben.

Leucate

Von der Autobahnausfahrt 'Leucate' und von dem Kreisverkehr auf der N 9 kommt man auf die D 627, über die man ruckzuck Port-Leucate und Port-Barcarès erreicht - falls der Urlaubsverkehr es zuläßt. Damit hätte man die reizvolle ehemalige Insel verpaßt, die zum Département Aude gehört. Ihren Namen hat sie von den hellen, leuchtenden Klippen, die den alten Griechen als Orientierung dienten, denn *leukos* heißt auf griechisch 'weiß'.

Leucate-Village hat viel mediterranen Charme. Die Leute sind - sieht man von den touristischen Aktivitäten ab - Winzer und Austern- und Muschelzüchter, *conchyculteurs,* wozu ihnen die Hälfte des etwa 700 Hektar großen Etang de Leucate zur Verfügung steht, den die Roussillonaiser *Etang de Salses* nennen.

Auf dem kargen steinigen Boden wächst ein kräftiger charaktervoller Wein, der zum Qualitätsanbaugebiet *Fitou* gehört, aber auch natursüße Weine dürfen hier erzeugt werden.

▪ *Schöne Spaziergänge kann man zwischen den Rebstöcken machen: auf der einen Seite das Meer, auf der anderen die nahen zerfurchten Felsen der Corbières.*

▪ *Im Dorf gibt es nur wenige Unterkünfte in hergerichteten Wohnungen und Weinarbeiterhäusern (Auskünfte erteilt das Rathaus, Tel. 68 40 01 56). Kulinarisch hat es nicht viel zu bieten. Die meisten Lokale befinden sich in der Hauptstraße, der Avenue Jean-Jaurès, wo man in der Pizzeria 'Les Amandiers' noch am schönsten sitzt.*

La Franqui

Drei Badeorte gehören zum alten Dorf Leucate. La Franqui liegt geschützt am Fuße einer Klippe und eines hundertjährigen Pinienwäldchens am Zufluß des Etang de Lapalme. Da die Unterkunftsmöglichkeiten beschränkt sind, hat sich La Franqui seine Seele bewahrt, auch einen Hauch von Improvisation.

▪ *Unterkunft: Hotel de la Plage**, Boulevard du Front de Mer, Tel. 68 45 70 23. Das einzige Hotel am Orte, direkt am Sandstrand und im ursprünglichsten Teil gelegen. Das DZ kostet etwa DM 60, doch während der Saison vermietet man nur mit Vollpension, dann zum Preis von ca. DM 70 pro Person.*

*Campingplätze: Le Domino**, Boulevard du Front de Mer, Tel. 68 45 72 24. Er liegt am schönsten am äußersten Zipfel des Ortes, wo die Klippe ins Meer abfällt. Dafür muß man ein paar Schritte bis zum Strand zurücklegen. Camping Municipal 'Les Coussoules'*, Tel. 68 45 74 93 oder über das Rathaus, Tel. 68 40 01 56.*

Les Coussoules heißt ein 'Inselchen' im Etang de Lapalme, durch einen Damm mit der anderen Seite verbunden. Die knapp 300 Plätze bieten sich für Pferdefreunde und Segler an. Auf der einen Seite liegt die Ranch Crin Blanc, auf der andern die Bahn der Strandsegler. (Auskünfte: Speed Connection, M. Cabré, Tel. 68 54 34 38). Nur im Juli und August geöffnet.

Zwei weitere Campingplätze liegen in dem neueren Teil von La Franqui: La Sirène, 12, avenue du Languedoc, Tel. 68 45 73 56
Le Grazel*, 37, avenue du Languedoc, Tel. 68 45 70 12.*

Leucate-Plage

Wie La Franqui hat auch Leucate-Plage Tradition als kleiner familiärer Badeort. Sie hat sich erhalten. Hier geht es noch ruhig zu. Dabei ist der Strand schön und lang und der Sand etwas gröber als in La Franqui, was manche Leute vorziehen. Begrenzt wird der Strand durch die Klippen des Cap Leucate, ein interessantes Revier für Taucher. Abends kann man auf der kleinen Strandpromenade schlendern, an der auch die wichtigen Hotels und Treffpunkte liegen. Dieser Badeort mit seinen kleinen Ferienhäusern und Zweitvillen lädt zum Urlaub à la française ein, wozu natürlich Boulespielen gehört, also gibt es ein gut angelegtes Boulodrome in der Rue de la Redoulière.

▪ *Unterkommen und Essen: Am Boulevard du Front de Mer, direkt am Ufer steht das Gebäude, dessen eine Seite das Hotel-Restaurant des Arts*, Tel. 68 40 01 65 beherbergt und die andere das Hotel-Restaurant Jouve**, Tel. 68 40 02 77 (auch Dreibettzimmer). Das erste wirkt - dem Namen entsprechend - etwas bohemienhaft. Auf der großen Terrasse sieht man gut und wird man gut gesehen. Der Nachbar ist gepflegter und hat einen schönen kleinen Garten.*

Weitere Hotels: Hotel de la Côte Rêvée, boulevard du Front de Mer, Tel. 68 40 00 68, DZ ab DM 70, mit Meerblick ab DM 80.*

Am selben Boulevard ißt man im 'Le Gallion' gut Meeresfrüchte und Fisch (Menü, Wein inklusive ab DM 19).

*C a m p i n g Municipal 'Cap Leucate'**, chemin du Mouret, Tel. 68 40 01 37 oder 68 40 01 56 (Rathaus). Das ganze Jahr über geöffnet. 40 % Rabatt im Mai, Juni, September und Oktober. Etwas näher zum Strand liegt 'Mer Sable Soleil', wo man sich einen Wohnwagen mieten kann, Tel. 68 40 00 90.*

Port Leucate

Eine schmale Landzunge trennt den Etang de Leucate vom Mittelmeer. Sie wurde 1963 von den staatlichen Planern auserkoren, in diesem Teil der südfranzösischen Küste ein leuchtendes Beispiel für modernen Tourismus zu geben. Man engagierte den früheren Le Corbusier-Mitarbeiter Georges Candilis und ließ ihm freie Hand für zwei Projekte: *Port-Leucate* und das benachbarte *Port-Barcarès*, zunächst jedenfalls. "Praktisch, ohne Schnickschnack", hieß dessen Devise. Einziges Zugeständnis: hin und wieder mal ein Rundbogen, aus Beton vorgefertigt, versteht sich. Dann holte man Michel Duplay als Nachfolger, der dem Ganzen etwas Wärme - außer dem manchmal gnadenlosen Sonnenschein - geben sollte. Inzwischen ist viel von dem angepflanzten Grün angewachsen und es verleiht der Anlage - außerhalb der Hochsaison - eine Note von verschlafen, tristem Großstadtvorort, sieht man einmal von dem Hafen ab. Der bietet zur Zeit 1100 Liegeplätze.

i *Auskünfte, auch über Ferienwohnungen erteilt das Syndicat d'Initiative Port-Leucate, quai du Grazel F 11370 Port Leucate, Tel. 68 40 91 31. Bitte die Anfragen - wenn nicht auf Französisch - lieber auf Englisch statt auf Deutsch, obwohl man sich auch damit Mühe gibt, wenn's sein muß.*

Hafenmeister Tel. 68 40 91 24.
Wettervorhersage Tel. 68 61 03 92 Tag und Nacht.

▪ *S p o r t : Natürlich sind in Port-Leucate alle Wassersportarten vertreten. Man kann auf dem Etang windsurfen (Tel. 68 40 72 66), in der Tauchschule unter staatlicher Aufsicht tauchen (Tel. 68 40 91 24), auf dem See im Optimist - für Kinder - (Tel. 68 40 72 66) oder auf dem Meer segeln (Tel. 68 56 95 32) lernen. Motorboote (Tel. 68 40 94 84).*

▪ *F K K : Port-Leucate verfügt über ein separat liegendes Centre Naturaliste, in dem man alles findet, was man während eines Urlaubs braucht: viel Gesellschaft, Café, Restaurant, Sport etc. Camping Ulysse Tel. 68 40 93 94.*

Port Barcarès

Von demselben Architekten konzipiert und demselben Architekten verschönert, leidet Port-Barcarès unter den gleichen Nöten wie sein Nachbar. Trotzdem hat es eine Eigenart, die nicht nur aus dem nicht mehr allzu fernen Ziel besteht, 57 000 Betten zu besitzen. Sie besteht vielmehr darin, daß Port-Barcarès durch die Schnellstraße *Interplages*, die D 627, zerschnitten ist. Auf der dem Etang zugewandten Seite liegen *Cap de Front, la Couladère* und *La Presqu'île*, auf der Meerseite *la Grande Plage, Le Lido, Le Port* und das Dorf *Le Barcarès*. Aber alle diese Teile, abgesehen vom Hafen, der auf der einen Seite mit dem Lido, auf der anderen mit dem Dorf zusammengewachsen ist, sind voneinander durch Wasser oder freie Flächen getrennt. Letztere haben zwar eine Tendenz zu verschwinden, aber die große Frage von Port-Barcarès dürfte damit nicht beantwortet sein: Wo ist das Zentrum?

Am gedrängtesten geht es am Strand und im Viertel Grande Plage zu. Hier hat man sogar eine Fußgängerzone. Im *Centre Culturel Jean Cocteau, Jean-Marais* wird für Kultur jeglicher Schattierung gesorgt, nicht nur für solche, die Cocteau geschmeckt hätte. Vor der 'Lydia', einem hier absichtlich auf den Sand gesetzten abgetakelten Kreuzfahrtdampfer, der als Attraktion etwas überholt ist, aber eine von den beiden Diskotheken birgt - das 'Marina' ist peppiger - verläuft sich dieses Quartier buchstäblich im Sande. Aus dem erhebt sich erst ein ganzes Stück weiter das oben erwähnte Viertel 'Lido', ebenfalls Appartementblocks und Ferienhäuser, dann aber gleich der Hafen. Die Fischer von Saint-Laurent de la Salanque, Torreilles und Le Barcarès benutzen ihn nach wie vor. Dies gibt der Illusion von der Ferienstadt ein Stück mediterraner Wirklichkeit. Hier kann man frischgefangenen Fisch direkt vom Boot kaufen.

Durch den *Grau de l'Ange*, den Durchbruch zwischen See und Mittelmeer, gelangen Yachten durch das Hafenbecken mit seinen rund 300 Anlegeplätzen weiter in den Etang hinein. Bevor man die gelungenste Neuanlage, La Coudalère, erreicht, liegt links die relativ ruhige Presqu'île mit ihrem direkt ans Wasser grenzenden Campingplatz und Ferienhäusern.

Von holländischer Hand entworfen, haben in La Coudalère Wasser und Häuser zumindest auf ideenreiche Weise zueinandergefunden. Viele Häuser besitzen ihre eigene Wasserfront. Durch versetzte Wände und Dächer, verschachtelte Loggien und Innenhöfe, Treppen und Terrassen ist auf engstem Raum dennoch modernes mediterranes Flair entstanden. Wassersport wird hier groß geschrieben:

▪ *Im* Centre Nautique du Barcarès *(B.P. 17, F 66420 Port-Barcarès, Tel. 68 86 07 28) kann man segeln und windsurfen lernen, Boote, Bretter und sonstige Ausrüstung leihen.*

La Coudalère verfügt über mehrere Squash- und insgesamt 24 Tennisplätze. Trainerstunden kann man im Club nehmen. Auskünfte erteilt Jean-Luc Boyer, Club House, avenue de Coudalère, Tel. 68 86 01 98. Ferienwohnungen werden von einem Dutzend Agenturen vermittelt.

An der Spitze der Etanginsel der Coudalère steht die Ferienburg Cap Coudalère *mit 412 Appartements, eigenem Restaurant, 3 Schwimmbädern, Boutiquen und allein 9 Tennisplätzen.*

Le Barcarès-Village

Am Strand von Le Barcarès badeten die Nordkatalanen aus der Ebene der Salanque schon im letzten Jahrhundert. Erste Sommergäste stellten sich um 1930 ein. In den fünfziger Jahren begann man sich auf Tourismus auszurichten, aber auf eine eher beschauliche Art. Der große Parkplatz direkt am Strand lädt auch Tagesgäste ein. Dahinter liegt ein Garten mit einem Minigolf, ein Terrain, wo man Boule spielt und wo im Sommer die Feste stattfinden.

Gute Adressen

i *Office du Tourisme, B.P. 16, F 66420 Port-Barcarès, Tel. 68 86 16 56*

■ *Unterkunft: Aus der ersten bescheidenen Blütezeit stammt das Hotel Casa-Blanca**, das das ganze Jahr über geöffnet hat. Die Zimmer sind noch mit Stücken aus der schmucken Nierentischzeit möbliert, nicht sehr groß, aber sehr sauber und preislich für die Lage günstig. Nur der Parkplatz trennt das Hotel vom Strand. Auf dem Parkplatz findet in den Sommermonaten montags, mittwochs, freitags und sonntags der Markt statt. Ein weiterer Vorteil: zwar kann man in dem danebenliegenden Hotel-Restaurant Halb- oder Vollpension wählen, aber man muß nicht. Nachteil: es dürfte schwierig sein, zwischen Mitte Juni und Mitte September ein Zimmer zu bekommen. DZ ab DM 38, mit Dusche ab DM 53 (Tel. 68 86 13 18).*

*Im Hotel de la Plage** sind alle Zimmer mit Dusche und WC und kosten im Juli und August DM 75, außerhalb der Saison DM 55. Im Parterre befindet sich die Bar du Front de Mer, wo man Paella anbietet, Tel. 68 86 13 84.*

Weiter zum Hafen hin, wo der Boulevard de la Côte Vermeille nun nach dem Golf du Lion heißt, hat das Hotel Les Regates von April bis Oktober einschließlich geöffnet. DZ gibt es im Juli und August ab DM 50, mit Blick zum Meer, Dusche und Balkon DM 75. In dem kleinen Garten sitzt man schön von Maulbeerbäumen beschattet und ißt Fischspezialitäten wie Terrine de Moules, Bouillabaisse oder Meeresfrüchte, Tel. 68 86 11 81.

*Fast alle C a m p i n g p l ä t z e liegen an der Route nach Saint-Laurent de la Salanque. Insgesamt gibt es in Barcarès 13 Plätze. Paris-Camping****, Tel. 68 86 15 50, recht nahe zum Dorf und nah an der Agly gelegen, hat einen alten Baumbestand.*

*Im Camping Le Pré-Catala***, Tel. 68 86 12 60, geben der 3fache Europameister Jean-Paul Coche und Roger Vachon Judokurse.*

*Camping La Presqu'île** Bord de l'Etang, Tel. 68 86 12 80 : für Leute, die dem Wasser ganz nah sein wollen. Er hat von März bis Ende November geöffnet; die andern zwei von Ostern bis 30. September.*

Torreilles

Torreilles-Plage ist der Nachzügler unter den Badeorten des Roussillon. So gibt es wenigstens keine mehrstöckigen Gebäude und keine Uferpromenade, allerdings einen kleinen Supermarkt direkt am Strand und mehr und mehr schlichte Ferienhäuser im Do-it-Yourself-Stil. Das ganze erinnert irgendwie an den Wilden Westen. Daran ändert auch der große Campingplatz *Les Dunes* nichts, der sich seiner Separatklos rühmt. In Wirklichkeit bedeutet dies Hunderte von Betonsäulen, die unter den niedrigen Tamarisken und Olivenbäumen stehen. Auch die zum Strand hin eng aneinandergereihten Mobile Homes unterstreichen den Eindruck einer zerfledderten Ödnis.

Stolz ist man in Torreilles auf das *Village des sables*, in den Sand gestellte individuelle Betonferienburgen, die tatsächlich nicht sehr auffallen. Schließlich überwacht der *Conservatoire du Littoral* den vier Kilometer langen Küstenstreifen. So blieb ein natürlicher Strand bewahrt, an dessen Rand Gräser und Sträucher wachsen, was hier bereits als Düne gilt. Um ein einsameres Fleckchen zu finden, muß man dennoch ein ordentliches Stück laufen.

Das eigentliche Dorf liegt einige Kilometer von der Küste entfernt und ist sehr typisch für die Ebene der Salanque mit seinen aus rotem Backstein und abgerundeten Flußsteinen errichteten Häusern. Auf dem fruchtbaren Schwemmland im Umkreis betreibt man Intensivkultur von Gemüse, im Winter hauptsächlich Salat, im Frühjahr Melonen.

i *Auskunft von Mitte September bis Mitte Juni bei der Mairie, dem Bürgermeisteramt, Tel. 68 28 32 02, F 66440 Torreilles. In der Saison: Syndicat d'Initiative, Tel. 68 28 19 51.*

▪ *Unterkunft und Essen: Die Auberge du Pin** ist tatsächlich eine Herberge, noch dazu eine behagliche. Zimmer von DM 40 bis 80. Die Küche ist katalanisch inspiriert, sowohl was den Stil wie die Portionen betrifft: etwas deftiger und reichlich. Tel. 68 28 01 62.*

Torreilles hat insgesamt sechs Campingplätze.

▪ *Jeden Sonntagvormittag ist großer Markt in Saint-Laurent de la Salanque, wo man wirklich alles findet, auch delikate - vietnamesische Frühlingsrollen.*

In Saint-Laurent kann man gut im Commerce essen, das in seinem rustikal hergerichteten Restaurant und auf einer Terrasse vor allem Fischgerichte serviert. Menüs ab DM 22.-

▪ *Nicht weit ist es nach Claira, das gleich aus drei Gründen einen Abstecher lohnt. Der erste ist José Puig, der Präsident der Privatkellereien des Roussillon. Samstagnachmittags öffnet er seine Cave für Besucher. José ist ein Meister der Primeurweine, die es ohne weiteres mit den besten Beaujolais aufnehmen können. Der Grund dafür ist der Merlot, die Bordelaiser Rebsorte, die er vor zwei Jahrzehnten in die Salanque importierte. Aber auch im Eichenfaß ausgebaut überraschen José Puigs Merlotweine, die nicht ohne Grund zahlreiche Goldmedaillen einheimsten. Boulevard des Albères, Claira.*

▪ *Einkehren: Le Baroque, 41 bis, avenue de l'Agly, Tel. 68 28 23 17, bietet einen gediegenen, doch angenehmen Rahmen zwischen dezent beleuchteten Antiquitäten. Christian Izards Küche ist so gut, wie sein Bart lang ist - und das ist er. Ausgezeichneter und gekonnt zubereiteter Fisch. Schöner kleiner Garten, und im Sommer wird bis Mitternacht serviert!*

Zwischen Claira und dem gigantischen Supermarkt Euromarché liegt an einem Weg das Mas Rovira. Dort haben die Almadovals ihre Ferme Auberge. *Die 'Gastwirtschaft auf dem Bauernhof' präsentiert sich als ausgebauter Pferdestall: Das alte Tor wurde durch Glas ersetzt. Nun fällt der Blick in den Hof, eine dicke Platane wirft Schatten, einige betagte und zerbeulte Automobile dösen gemütlich vor sich hin, südfranzösische Idylle. In dem mit alten Tischen und Möbeln hergerichteten Raum kann man freitags, samstags und sonntag mittags und abends auf Anmeldung die katalanische Kochkunst der Wirtin genießen, die von Aalsuppe über Ente mit Steinpilzen bis zu einfallsreichen Nachtischen reicht. Dazu wird der eigene Wein ausgeschenkt und ein selbstgemachter Aperitif aus einem u.a. mit Lindenblüten aromatisierten Vin doux. Alles inklusive etwa DM 45. Tel. 68 28 38 17.*

Sainte-Marie la Mer

Dies ist nicht der Wallfahrtsort der Zigeuner, der in der Camargue liegt. Dennoch hat auch Sainte-Marie la Mer sein uraltes Zigeunerritual, denn im Roussillon leben viele Zigeuner. Am 15. August tragen sie während einer Prozession eine Statue der Heiligen Jungfrau ins Meer, damit ihnen Fruchtbarkeit beschert werde.

Sainte-Marie hat sich in den letzten Jahren sehr entwickelt. Zwar gibt es keine Appartementkästen, dafür wächst eine Ferienhaussiedlung nach der anderen heran, was an der Kleine-Leute-Atmosphäre nichts ändert. Im Dorf, dem Zentrum des roussillonaisischen Artischockenanbaus, hat man den Platz vor der Kirche und der Mairie mit viel Aufwand im Landesstil renoviert und ausgebaut und damit einen echten Treffpunkt geschaffen.

i *Auskünfte erteilt die Mairie, Tel. 68 80 47 50 und während der Saison das Syndicat d'Initiative, Tel. 68 80 67 35, F 66470 Sainte-Marie la Mer.*

▪ *An Unterkunftsmöglichkeiten gibt es außer einigen Gîtes nur Campingplätze. Der städtische Camping de la Plage** liegt zwar nahe am Strand und verfügt über viele Einrichtungen, nur an Schatten mangelt es etwas. Außerdem sind viele Wohnwagen fest installiert. Tel. 68 80 68 59 - das ganze Jahr über geöffnet.*

*Besser beschattet ist der Camping Les Tamarins**, der in einer Ferienhaussiedlung liegt und wesentlich kleiner ist.*

*Am besten gefällt mir La Pergola*** an der Route de la Plage mit seinen hohen Bäumen und - wie Les Tamarins - etwa 400 Meter vom Strand, Tel. 68 80 47 92.*

▪ *An derselben Straße, doch nicht weit vom Strand, werden in dem Restaurant Le Sable d'Or frische Fische und Schalentiere einfach zubereitet.*

Canet-Plage

Canet ist der beliebteste Badeort der Perpigneser und der nächstgelegenste. Die enge Verbindung zwischen den Orten hat auch geschichtliche Ursachen. Canet diente bereits Ruscino und den Römern als Anlegestelle. Zur Zeit der Könige von Mallorca verlud man hier Tuche. Auf seiner Burg überwachte der Graf von Canet das Geschehen und schlürfte eisgekühlte Getränke. In der Ruine, die man im Dorf Canet findet, wird der 'Eisbrunnen' gezeigt, in dem man die vom Canigou heruntergeschafften Eisblöcke verwahrte.

Als im späten 19. Jahrhundert allgemein die Sommerfrische am Meer in Mode kam, wählten die Perpigneser wieder den kürzesten Weg zum Meer. Daß man schon frühzeitig auf den Geschmack kam, hier Ferien zu verbringen, bezeugt die Art-Deco-Villa in der Avenue de la Méditerranée. Als dann später die lange Strandpromenade angelegt und Hotelkästen und Appartementblöcke gebaut wurden, standen die privaten Häuschen plötzlich im Schatten.

Inzwischen weiteten sich die Siedlungen mit den immer gleichen Variationen südfranzösischer Schachtelarchitektur enorm aus. Grund dafür sind weniger die zahlreichen Sommergäste, sondern die Mode, sich nah am Mittelmeer anzusiedeln. Auf diese Weise ist Canet-Plage, obwohl noch kilometerlang Weinberge die Zufahrtsstraße säumen, zu einer Art Vorort von Perpignan geworden. Wenn auch viele Läden und Lokale von Herbst bis Frühjahr schließen, ist

Canet-Plage als einziger der Badeorte der Côte Radieuse das ganze Jahr über belebt. An sonnigen Wintertagen trinken die Perpigneser auch im Winter vor den Cafés an der *Place de la Méditerranée* ihren Aperitif und führen Kinder und Hunde auf der Uferpromenade spazieren.

▪ B a d e n : Der breite Sandstrand von Canet wird regelmäßig gesäubert, was bei dem Andrang nottut. In größeren Abständen stehen meist schlecht funktionierende Duschen. Wer sich gerne drängelt, steuert am besten das Stück zwischen der Place de la Méditerranée und dem Hafen an, das deshalb bei der Jugend besonders beliebt ist. Auf der anderen Seite des zentralen Platzes beschlagnahmt die riesige Wasserrutschbahn den Strand. Richtung Canet Sud wird es etwas ruhiger, doch im Juli und August ist es auch hier dicht bevölkert.

Der feine Sand von Canet ist eher ein Nachteil, wenn der Wind aufbrist. Sollten Sie länger bleiben wollen, schaffen Sie sich einen Windschutz an. Wer es bequem mag, findet Sonnenschirme, Liegestühle, aber auch eine Extradusche in den Strandclubs: im Zentrum in 'La Bulle', am südlichen Strand in 'Tahiti Plage' und 'Le Boukarou'. Sie gehören nicht zu den Hotels und stehen jedem zahlenden Gast offen.

▪ U n t e r h a l t u n g : Ein großer Clou glückte Canet mit dem *Musée du Père Noël.* Einerseits signalisiert dieses als Werbegag den kinderfreundlichen Badeort, andererseits lohnt das Weihnachtsmuseum tatsächlich den Besuch. Im Zentrum gelegen zeigt es auf 800 qm eine umfangreiche Sammlung von Spielen und Kinderspielzeug, deren ältestes Stück ein 4000 Jahre altes sumerisches Wägelchen ist. Außer antiken Stücken brachte der fanatische Sammler Jean-Claude Baudot schöne und ulkige Sachen aus allen Jahrhunderten zusammen. Da kann man das Riesenpuppenhaus oder die phantastische Welt Jules Vernes bestaunen und sich obendrein in der Spielothek Spiele ausleihen.

Das Musée du Père Noël, Espace Méditerranéen, hat vom 15. Juni bis 15. September täglich von 11 bis 24 Uhr geöffnet, den Rest des Jahres nachmittags von 14.30 bis 19 Uhr, außerdem dienstags. Davor steht ein altes bezauberndes Kinderkarussell.

Außerdem gibt es ein Automuseum in Canet-Sud mit 60 Oldtimern und das Aquarium am Hafen mit 200 verschiedenen Fischarten. Beide haben während der Mittagszeit und außerhalb der Saison dienstags geschlossen.

Für manche Leute zählt das C a s i n o von Canet zu den Attraktionen, wo man Roulette, Black Jack und Baccara spielt oder sich von einarmigen Banditen ausnehmen lassen kann. Vorher stehen der Night-Club The Rose und ein Restaurant zur Wahl.

Gute Adressen

i *am Front de Mer, Tel. 68 72 25 20*

▪ *U n t e r k u n f t : Canet hat 21 Hotels und 10 Campingplätze, der Andrang im Sommer ist entsprechend groß.*

*Hotel Althaea***, 120, Promenade Côte Vermeille, Tel. 68 80 28 59. Modernes, komfortables Hotel am Strand von Canet-Sud. Zimmer mit Balkon und Meerblick. In der Hauptsaison DZ um DM 120, sonst Zimmer ab DM 70.*

*Hotel Font Le Patio**, Promenade Côte Vermeille, Tel. 68 80 31 04. Alle 70 Zimmer gehen zum Strand hin, sind recht modern und praktisch möbliert, sauber und hell, und zu jedem gehört ein Balkon. Mit Bad und separatem WC kosten sie DM 70, mit Dusche DM 42. Von März bis November.*

*Hotel Clair Soleil**, 26, avenue de Catalogne, Tel. 68 80 32 06. Familiäres Hotel im zentralen Teil Canets, einige Minuten vom Strand. Von April bis September geöffnet, Zimmer ab DM 40, mit Dusche DM 50 oder Vollpension DM 60 bis DM 70 pro Person.*

*Hotel du Port**, 21 boulevard de la Jetée, Tel. 68 80 62 44. Gepflegtes, modernes Hotel, Zimmer mit Balkon nicht weit vom Hafen ab DM 60. Von April bis Mitte Oktober*

*C a m p i n g Miami***, 3, rue Jouy d'Arnaud, Tel. 68 80 37 71. Ebenfalls nahe am Hafen gelegen, mitten in dem dicht mit Ferien- und Appartementhäusern bebauten Viertel. Kleiner Platz von Ostern bis Mitte Oktober geöffnet.*

*Camping Clos Isabelle***, rue des Cerisiers, Tel. 68 80 32 15. Zentral gelegen, 200 m vom Strand und Zentrum entfernt, ein kleiner, gutbeschatteter Platz. Von März bis Oktober.*

*Camping Domino***, rue des Palmiers, Tel. 68 80 27 25, im Winter 68 34 23 05. Mitten im Zentrum von Canet-Plage und 150 Meter vom Strand gelegen. Von Ostern bis September geöffnet.*

▪ *E s s e n : Kulinarisch sieht es in Canet - wie ja leider an vielen Küstenorten - nicht allzu üppig aus:*

Eine Institution ist 'El Catalano', der ehemalige Tenor der Toulouser Oper Juan Catalano, der in seiner südlichen Eßkneipe mit der überwucherten Terrasse seine prächtig behaarte Brust zur Schau stellt. Spezialitäten: Paella und Meeresfrüchte. Nicht gerade billig. 25, avenue du Canigou. Nur Juni, Juli und August geöffnet.

Das ganze Jahr über - außer im Januar - serviert man im 'L'Ecoute de Port' an der Mole des kleinen Hafens nicht nur gute Fischgerichte. Menüs ab DM 30.

Die Pizzeria Odyssée in der Avenue de la Méditerranée serviert eine gute Calzone, aber Wein in der Karaffe - le pichet - nur halbliterweise. Um die Ecke in der Pizzeria Rimini, 4, avenue de la Catalogne, ißt man etwas preiswerter.

▪ *Biologisches G e m ü s e und O b s t : An der D 11 liegt hinter Saint-Nazaire und hinter der kleinen Brücke, die das im Sommer meist trockene Bett des Réart überquert, das 'Mas Les Ripouilles'. An der Zufahrt verkündet ein Schild, daß man hier biologisch-dynamisch gezogenes Gemüse kaufen kann, jeden Dienstag- und Freitagnachmittag. Charly und Lily Payre sind die Pioniere der biologischen Landwirtschaft im Roussillon und Hauptinitiatoren des Biomarkts, der jeden Samstagmorgen auf Perpignans Place Rigaud stattfindet. Über das Jahr kultivieren sie 33 verschiedene Gemüsesorten, dazu sehr gute Aprikosen und Pfirsiche.*

▪ *W e i n : Das Château L'Esparrou ist ein Wahrzeichen Canet-Plages. Schließlich gehörte der größte Teil des Landes, auf dem der Badeort steht, einst zu dieser großen Domaine. In einem Vorraum des Kellergebäudes, in dem der Wein in Flaschen und Fässern heranreift, kann man verschiedene Sorten verkosten, die von Landwein bis zu al-*

tem Rivesaltes, dem typischen Süßwein, reichen. Besonders gelungen ist der im Eichenfaß ausgebaute Côtes du Roussillon.

Auch das Château de Rey, rechts von der D 11 vor Saint-Nazaire, lohnt den Besuch. Neben den traditionellen Appellationen keltert man auf einer bei Thuir gelegenen Domaine einen interessanten sortenreinen Cabernet-Sauvignon.

Nimmt man die Straße von Perpignan nach Canet, weist ein Schild auf der Höhe des Einkaufszentrums Château Roussillon links zur Domaine von Raymond Laporte. Der junge Winzer macht moderne Weine, bei denen er durch genaue Temperaturkontrolle während der Gärung ein Optimum an Fruchtigkeit bewahrt. Kühl getrunken sind sie ideal für den Sommer. Herausragend: der sehr intensiv duftende, frische und lebendige Syrah-Rosé.

Saint-Cyprien

Zwischen Canet-Plage und Saint-Cyprien-Plage erstreckt sich rechts der große Binnensee, der *Etang de Saint-Nazaire* mit seinem Vogelreservat und links ein schmaler kilometerlanger Küstenstreifen, der nur aus Sand und niedrigen Dünen besteht. In der Mitte braust der Verkehr über die Schnellstraße. Wenn auch im Sommer sehr belebt, verteilen sich Sonnenanbeter und Wasserhungrige hier besser als in den beiden Badeorten, die ihn von beiden Seiten bedrängen. Gerade wird an seinem Canet-Ende ein neuer gigantischer Betonkomplex hochgezogen. Dennoch kann man hier vor allem außerhalb der Hauptsaison Abstand zum Strandnachbarn wahren.

Von der römischen Villa Salix, aus der Saint-Cyprien hervorging, mögen es nur wenige Schritte bis zum Ufer gewesen sein. Aber das Dorf teilte das Schicksal vieler Ortschaften an der mediterranen Küste. Noch zu Anfang dieses Jahrhunderts trennten es bald drei Kilometer morastigen Landes vom Meer.

Die ersten Anfänge von Saint-Cyprien-Plage gehen auf das Jahr 1947 zurück, als eine kleine Siedlung für Fischer errichtet wurde. Sechs Jahre später begann man an die Entwicklung eines Badeortes zu denken und die ersten Ferienhäuser zu konzipieren. Der große

Schritt in die Zukunft, der heute fast verwirklicht ist, begann 1960, als man sich zum Bau eines Yacht- und Fischereihafens entschloß, für den Ferienort 430 Hektar Fläche absteckte und 40 000 Betten plante.

Heute hat das älteste Viertel des Badeortes, das nach dem katalanischen Bildhauer Maillol heißt und dessen Statue einer katalanischen Schönen dem Mittelmeer entgegenblickt, am meisten Charme. An dem breiten Boulevard Maillol, in der Mitte von einem mit Bäumen bewachsenen Streifen unterteilt, findet man Geschäfte, Agenturen, Restaurants und Bars.

Das Herz von Saint-Cyp, wie man es gerne nennt, ist der Hafen. Mehr als 2000 Yachten und Segelboote können dort festmachen. Das vordere Becken ist den Fischern vorbehalten. In den ersten Jahren liefen täglich noch sechzehn Schleppnetzkutter aus. Gerade drei sind noch übriggeblieben. Farbe verleiht das *petit métier* dem Hafen, die kleinen unabhängigen Fischer, von denen viele bereits pensioniert sind. Sie fahren mit ihren Booten auf eigene Rechnung hinaus und verkaufen den Fang im Sommer direkt am Kai.

Asylanten

Die abgelegenen Strände von Saint-Cyprien, Argelès und Le Barcarès, nutzte die Pariser Zentralregierung, um die 1939 vor Franco fliehenden republikanischen Spanier in Lagern aufzufangen und zu bewachen. Mehr als 100 000 Menschen mußten bis 1941 unter katastrophalen Bedingungen in diesen sogenannten 'camps de concentration' aushalten, bevor sie sich zu Arbeitskolonnen melden konnten und entlassen wurden. Ihren Platz in den Internierungslagern nahmen nun vor den Nazis fliehende Intellektuelle und Künstler ein. Eingehender hat Madeleine Claus dieses Thema in ihrem interessanten Reise- und Essayband 'Roussillon - Das französische Katalonien' behandelt und auf die Bedeutung der Pyrenäen als rettende Grenze hingewiesen (s. auch 'Literatur').

FILET
59F

ALE

Auch Joseph Martinez zählt heute zum 'petit métier', dabei gehörte er zu den ersten, die 1967 mit einem gerade erworbenen Schleppnetzkutter den nagelneuen Hafen ansteuerte. Zwölf Jahre hielt er das Schiff, dann verkaufte er es und erstand sein jetziges Boot. Der in Saint-Laurent de la Salanque geborene Fischer, der sieben Jahre lang auf dem Atlantik - "Achtung, Achtung, war die Arbeit hart!" - fuhr, läßt es jetzt ruhig angehen. "Das Netz auslegen, das ist keine Kunst", sagt er. "Das ist immer die gleiche Arbeit. Man muß die Strömungen kennen. Man muß wissen, wohin man fährt. Das Netz ist ein Band, an dessen unterer Kante das Blei hängt und auf dessen Oberkante der Kork schwimmt, so daß es sich im Wasser aufrecht hält. Dieses Band setzt man in einer geraden Linie aus. Es hat ungefähr eine Länge von eineinhalb Kilometern. Die Höhe beträgt zwischen fünf und zehn Metern."

Je nachdem, welchen Fisch er fangen will, fährt Joseph Martinez mit seinem zwölf Meter langen Boot bis zu vierzig Seemeilen hinaus. Morgens gegen vier Uhr wirft er das Netz aus, nachdem er die Fische mit einem Detektor geortet hat. "Damit findet man den Fisch leicht", sagt er, "aber das bedeutet noch nicht, daß man ihn fängt. Wenn man den Fisch ortet, setzt man das Netz darauf, oft ohne aufzupassen, was darunter ist. Gibt es eine schlechte Strömung, zerreißt es an Steinen."

Der Fang ist von vielen Faktoren abhängig. Das Wasser spielt eine große Rolle. Wenn es kalt und unfreundlich ist, haben auch die Fische keine Lust zu schwimmen. "Aber selbst bei schlechtem Wetter arbeiten wir. Zwar nicht so gut, aber das ist in Ordnung. Mir gefällt mein Metier. Man ist frei. Alleine mache ich, was ich will. Wenn man Matrosen hat, wie ich früher, dann muß man auch für die mitdenken."

"Heute gibt es weniger Fisch", meint er. Einerseits hält er dafür die moderne Fangtechnik für verantwortlich, zum anderen die Umweltverschmutzung. "Das Mittelmeer ist immerhin ein Meer, das geschlossen ist, und alle Leute werfen ihren Dreck hinein . . . ."

Nachts allein hinauszufahren, macht ihm nichts aus, im Gegenteil, "das Unangenehmste ist der Morgen, wenn man die Strecke zum Hafen zurücklegen muß", sagt er, "denn dabei darf man nicht einschlafen." Wenn ihr Mann nach einer einsamen Nacht auf dem Meer einläuft, wartet Frau Martinez am Kai, wo sie an einem kleinen Stand den frischen Fang verkauft.

i *Auskünfte erteilt das sehr rührige Syndicat d'Initiative, das am Fischerhafen am großen Parkplatz steht und wo man auch deutsch spricht. Tel. 68 21 01 33.*

▪ *Unterkunft: Saint-Cyprien-Plage verfolgt mit unermüdlicher Energie die Totalbebauung. Zwar läßt man hin und wieder größere Flächen frei, aber direkt am Strand ist bald jeder Fleck mit Appartementblocks vollgepropft. Etwas weiter zurück liegen zum Teil recht schön konzipierte Siedlungen mit Zweitwohnungen und -häusern. 16 Vermittlungsagenturen bieten die Unterkünfte an. Es gibt auch luxuriösere Quartiere.*

*Hotel Les Glycines**, rue Eugène Delacroix, Tel. 68 21 00 11. Direkt an der Ecke des Boulevard Maillol und der Strandpromenade gelegen, recht modern. Je nach Ausstattung kosten die DZ außerhalb der Saison zwischen DM 30 und 60, in der Saison zwischen DM 45 und 95. Halbpension ab etwa DM 55 pro Person. Menüs ab DM 25. Die Terrasse des Hotels, auf der Maulbeerbäume Schatten spenden, ist im Sommer einer der angenehmsten Treffpunkte von Saint-Cyp.*

Hotel Le Saint-Cyprien, 9, boulevard Maillol, Tel. 68 21 00 09. Das kleine Hotel mit dem Bistro-Restaurant hat nur wenige Zimmer, ab DM 40. Vollpension unter DM 60, Menüs ab DM 15. Geöffnet von April bis Mitte Oktober.*

Hotel l'Oasis, 12, rue Th.-Chassériau, Tel. 68 21 03 11. In dem Viertel Maillol, doch abseits der sehr frequentierten Hauptstraßen, eine Adresse für Individualisten, die familiäre Atmosphäre mögen. Die acht Zimmer sind klein und einfach möbliert, doch hell und sauber. Ein kleiner schöner mediterraner Garten am Rand eines Pinienhains steht zur Verfügung. Wirtin Simone kocht und Ehemann Roger Durand bedient in dem freundlichen Speisesaal, in dem nur Hausgäste bewirtet werden. Zwischen Mitte Juni und Mitte September kostet die Halbpension für 2 Personen pro Tag DM 105, die übrige Zeit des Jahres wird das DZ mit knapp DM 50 berechnet.

Von den Campingplätzen Saint-Cypriens liegt 'Cala Gogo' am schönsten, nämlich im Süden des Ortes direkt am Meer - ohne durch eine Straße davon getrennt zu sein - und an dem auch für Saint-

*Cyp typischen feinen Sandstrand. Der nur in den vier Monaten von Juni bis September geöffnete Platz ist mit Abstand am besten ausgestattet: eigener Laden, Restaurant und Tanzbar, zwei Schwimmbecken, 2 Tennisplätze, Spielplatz etc., relativ große Stellplätze - und natürlich viel Remmidemmi: Camping Cala Gogo****, 66750 Saint-Cyprien-Plage (Anzahlung bei Reservierung DM 120 per Euroscheck).*

Von den vier städtischen Campingplätzen liegen 'Laurent Baudru' und 'Al Fourty' im Badeort, 'Bosc d'en Bourg' und 'Sud Sports' beim Dorf. Alle haben 2 Sterne. Ihr Vorteil liegt vor allem darin, daß sie keine Reservierungen annehmen. Man hat also die Chance, dort selbst im Hochsommer mit Glück noch ein mehr oder minder schattiges Plätzchen zu finden. Nur 'Laurent Baudru', gleich rechts, wenn man von Canet kommt, hat das ganze Jahr geöffnet. Tel. 68 21 00 20.

▪ *E s s e n : Saint-Cyprien hat fast 50 Restaurants zu bieten, von denen allerdings keins dem Golfclub (vgl. unten) auch nur annähernd Konkurrenz machen könnte. Im Sommer sitzt man schön auf der Terrasse des 'Plaisance' und kann die Fischerboote und Yachten bestaunen. Man ißt natürlich Fisch und Meeresfrüchte und bekommt Menüs für etwa DM 30 und DM 45, bis auf Januar das ganze Jahr geöffnet. Im Dorf ist 'L'Etrier' zu empfehlen.*

▪ *S p o r t : Saint-Cyprien-Plage hat sich werbewirksam sportlich in Szene gesetzt. Es gewann den französischen Fußballstar Michel Platini dafür, Kindern und Jugendlichen von 8 bis 16 Jahren Kurse zu geben. Für Tennis holte man Bernard Fritz ins Roussillon. Beide gemeinsam sind die Stars des Komplex 'Grand Stade'. Ein 5-Tage-Fußballkurs kostet bei Vollpension weniger als DM 600, Tennis für das gleiche Alter etwa DM 700, bei 5 Stunden Training pro Tag.*

Tennisstunden gibt es auch für Erwachsene auf 17 Außen- und 7 Hallenplätzen. Für einen 5tägigen Intensivkurs ohne Unterbringung zahlt man rund DM 600. In der großzügigen Anlage beim Mas des Capellans kann man auch Tennisplätze stundenweise mieten, Squash spielen oder die Sauna besuchen. Adresse: Grand Stade B.P. 21 Saint-Cyprien-Plage, Tel. 68 21 24 21.

Eine andere Attraktion von Saint-Cyp ist sein G o l f p l a t z 'Mas d'Huston', der internationalem Standard entspricht, 18 und 9 Löcher hat. Golfkurse kosten pro Woche rund DM 800. Außer zwei Swim-

mingpools, vier Tennisplätzen und der Möglichkeit, auf dem kleinen harmlosen Etang Windsurfen zu lernen, hat das - natürlich in englischem Stil möblierte - 3-Sterne-Hotel durch sein Restaurant Renommée erworben. Michel Guillaumou kocht im leichten Stil Guérards, frisch und mit Finesse. Menüs DM 42 und 58. EZ ab DM 85, DZ ab DM 130, Halbpension pro Person ab etwa DM 140. Adresse: Le Mas d'Huston 66750 Saint-Cyprien, Tel. 68 21 01 71.

Elne - Romanische Pflichtkür

Von der Küste ist es ein Katzensprung nach Elne, der ältesten Stadt des Roussillon. Den Abstecher lohnt vor allem die Kathedrale mit ihrem Kreuzgang. Elne wurde bereits 587 von den Westgoten zum Bischofssitz erhoben, was die Einwohner etwas dafür entschädigte, daß die Römer Ruscino als Hauptstadt auserkoren hatten.

Montags, mittwochs und freitags gibt es auf der *Place de la République* und in einigen Seitenstraßen einen M a r k t , an dessen Rande Kleingärtner ihren oft preiswerten Überschuß feilbieten.

▪ Die der Heiligen Eulalie geweihte K a t h e d r a l e wurde im 11. Jahrhundert gebaut. Sie macht von außen fast den Eindruck einer Festung und hielt tatsächlich manchen Angriffen stand. Die Eigenheit des vollständig erhalten gebliebenen Kreuzgangs - ein Wunder, daß die Amerikaner ihn nicht aufkauften - besteht darin, daß zwei Jahrhunderte an ihm gebaut wurde, so daß er romanischen und gotischen Stil miteinander vereint. Das älteste Stück aus dem 12. Jahrhundert liegt am nächsten zur Kathedrale. Seine Fabelwesen veranschaulichen die romanische Phantasie, deren menschliche Gestalten durch Einfachheit beeindrucken. Die gotischen Säulen und Kapitelle mit ihren Blumen- und Blättermotiven sind eleganter, aber weniger magisch, belegen jedoch die hohe Handwerkskunst des Königreiches von Mallorca. In einer romanischen Kapelle zeigt ein kleines Museum Fundstücke aus Elnes 2500jähriger Geschichte.

Kreuzgang und Museum sind täglich, außer dienstags, von 9-12 Uhr und von 14-18 Uhr geöffnet. In der Sommersaison gibt es stündlich Führungen.

■ Elne ist ein Zentrum der Obst- und Gemüseproduktion, aber keins der Gastronomie, abgesehen von ein paar urigen Bistros. Aber schon ein paar Kilometer weiter lohnt einen Halt: Auf der N 114 Richtung Argelès sieht man rechts hinter einer Wiese das Restaurant *'La Campagne'*. Dort wird nur mittags gekocht, aber so wie Katalanen es lieben: viel, gut, einfach und preiswert. Menü ab DM 20.

■ Von der D 81 zweigt ein Sträßchen zum *Bocal du Tech* ab. An seinem Ende stößt man auf das Naturschutzgebiet des *Mas Larrieu*, das sich an der Mündung des Tech erstreckt. Hier erhält man einen Eindruck, wie es früher überall an der Küste ausgesehen hat.

Argelès

Argelès hat Charme. Das soll schon Herkules empfunden haben, dessen Favoritin sie war. Fischer fanden die Schönheit am Strande, pflegten und benannten sie, die später dem Ort den Namen gab. Auch der hat das gewisse Etwas, wozu nicht nur der drei Kilometer lange Strand gehört. Mehr verantwortlich sind dafür die Pinienbäume, die den Strand teilweise säumen und in der Mitte des Badeortes den *Bois des Pins* bilden.

Charme hat auch das hinter der Plage des Pins gelegene Viertel mit seinen älteren, von Bäumen und Büschen beschatteten Ferienhäusern, kleineren Hotels und Blocks. Charme hat die zur Fußgängerzone erklärte *Allée Jules Aroles* und ihre Verlängerung, die *Allée du Racou*, wo man neben Boutiquen, Restaurants, Cafés und Discos findet und viel Volk promeniert, das man von der Veranda des *Glaciers l'Equise* prima beäugen kann.

Gute Adressen

i *Place des Arènes, 66700 Argelès-sur-Mer, Tel. 68 81 15 85.*

■ *U n t e r k o m m e n : Wer im Hotel absteigen möchte, hat im 'Maritime' eine gepflegte moderne Atmosphäre und nur 150 m bis zum*

*Strand. DZ ab etwa DM 75. Auch Appartements werden vermietet. Le Maritime**, boulevard des Albères, Tel. 68 81 50 00.*

*Hotel Al Pescadou**, rue des Aloés, Tel. 68 81 13 21. Nur 50 m vom Strand entfernt kleines, modernes Hotel, Zimmer mit Balkon von DM 50 bis 75. Vorteil: kein eigenes Restaurant, also keine obligatorische Halbpension.*

*Argelès ist die C a m p i n g hauptstadt Frankreichs. Es gibt rund 70 Plätze!! Z.B. Le Soleil****, Plage Nord, Argelès sur Mer, Tel. 68 81 14 48. Schöner, sehr großer, luxuriöser Campingplatz direkt am nördlichen Strand mit gutem Restaurant.*

*Camping L'Equinoxe***, Route du Littoral, Tel. 68 81 10 38. Liegt vor Le Soleil. Sehr gepflegt, das ganze Jahr geöffnet, wesentlich kleiner mit nettem Restaurant. 400 Meter bis zum Meer.*

*Camping La Marende***, Mme Surjus, 105, ave. de la Libération, Argelès, Tel. 68 81 12 09. Näher am Strand und näher zum Ort, gegenüber vom großen Parkplatz. Schöner Baumbestand.*

Le Racou

In den beiden Hauptsaisonmonaten im Sommer platzt Argelès-Plage aus allen Nähten. Auch das Dörfchen Le Racou, der schlichte Ableger des Badeortes, ist da nicht ausgenommen. Schließlich besitzt es einen schönen Strand, der so sachte ins Meer abfällt, daß hier ängstliche Schwimmer sorglos plantschen können, da sie noch nach -zig Metern Boden unter den Füßen haben. In Le Racou ist alles noch etwas familiärer.

▪ *Unterkunft: Hotel L'Oasis*, avenue Principale, Le Racou, Tel. 68 81 13 37. Nur wenige Schritte vom Strand und mit einladender Terrasse. Typisches südliches, recht gepflegtes Strandhotel mit Restaurant. DZ um DM 60, Halbpension um DM 65 pro Person.*

Hotel Le Galion, avenue Principale, Le Racou, Tel. 68 81 08 64. Gleiche Lage wie Oasis, hundert Meter weiter, weniger gepflegt. DZ etwa DM 45 bis 65.*

Beide Hotels öffnen am 1. April und schließen Ende September, bzw. Oktober.

Argelès-Village

Argelès-sur-Mer mit seinen knapp 6000 Einwohnern ist ein lebendiges Kleinstädtchen. In der Hauptstraße, der *Avenue de la Libération,* verkauft L'Arc en Ciel biologische Produkte, Gemüse und Weine. Schräg gegenüber beginnt die schmale *Rue de la République,* in der die klotzige katalanische Kirche aus dem 14. Jahrhundert steht. Der kleine Buchladen 'Nature, Science, Mystère' bietet eine gute Auswahl französischer Bücher über die Katharer, Yoga und Buddhismus.

▪ *Essen und Wohnen: Das Hotel-Restaurant 'Le Hostalet', ebenfalls in der Rue de la République, gefällt mir persönlich am besten im Ort, obwohl es sich um das einfachste handelt. Hier herrscht eine persönliche und nette Atmosphäre, die von der Wirtin, Frau Alexander, ausgeht. Die deutschsprechende Belgierin ist obendrein ihre eigene Küchenchefin und bekocht in dem winzigen Restaurant nur 20 Gäste. Ihre Spezialitäten sind 'Fondue vigneronne' und Bouillabaisse. Sie läßt sich von der regionalen Küche inspirieren, geht aber mit Knoblauch und Olivenöl etwas sparsamer, mit Butter und Crème fraîche großzügiger um.*

Die sieben Zimmer sind klein, das Mobiliar ist zusammengewürfelt, zum Teil recht gemütlich. Dusche auf der Etage. DZ gibt es ab DM 35. Im Juli und August nur Halbpension, mindestens 3 Tage ab 45 pro Person. Adresse: Hotel L'Hostalet, 32, rue de la République, 66700 Argelès/Mer, Tel. 68 81 06 62.

Wer einmal richtig marokkanisch essen möchte, wozu natürlich nur Wasser oder Pfefferminztee gehören, sollte ins 'Franco-Marocais' in der Rue du Repos gehen; Menüs von DM 18 bis 45.

▪ *In Argelès findet in jedem Juni ein kleines Jazzfestival beim Château Valmy statt. Bekanntester Gast der letzten Jahre: Stephane Grappelli.*

▪ *Ausflüge: Von Argelès ist man schnell in den Albères. Wanderungen werden unter Collioure und Albères beschrieben.*

Felsküste Côte Vermeille

Die *Albères,* die letzten Ausläufer der Pyrenäen, stürzen postkartenschön ins Mittelmeer. In der untergehenden Sonne leuchten die nackten, Eisenoxide enthaltenden Felsen karminrot: ein idyllisches Schauspiel, das der *Côte Vermeille* ihren Namen gab. Nur eine einzige Straße windet sich an der Küste entlang bis zur spanischen Grenze, wo sich dann die Costa Brava mit den Badeorten Llansa, Puerto de la Selva und Cadaquès nach Süden zieht.

Auf dem gerade 25 Kilometer langen französischen Abschnitt dieser dramatischen Steilküste liegen vier alte Hafenstädtchen, die mehr Atmosphäre haben als die erst kürzlich aufgepäppelten Badeorte der benachbarten Côte Radieuse.

Natürlich ist die Felsküste schon lange kein verträumter Flecken mehr, der Ansturm der Autos in den Monaten Juli und August ist für die doch recht kleinen Orte kaum mehr zu verkraften. Man muß sich darauf gefaßt machen, in der Blechkiste zu schmoren, während sich die endlose Schlange schrittweise voranquält. Was für den ganzen Süden Frankreichs gilt, daß nämlich die beiden Hauptsommermonate am ungeeignetsten für Ferien an der Küste sind, muß für die Côte Vermeille ganz dick unterstrichen werden. Anders sieht es außerhalb der Hochsaison aus, besonders schön die warmen Herbstmonate, oft mit Badewetter bis in den November hinein.

Collioure

Der reizvollste der vier kleinen Häfen ist zweifellos Collioure. Während das alte Viertel des *Moure* links vom Hafenbecken, das zum Bummeln einlädt, recht unverfälscht erhalten blieb, und sich die Vorstadt, *le faubourg*, wo Winzer und ehemalige Fischer wohnen, typischen Charakter bewahrte, sind auf den Hängen darüber, überall, wo es ging, die üblichen einfallslosen Siedlungen entstanden. Collioure hat keine 3000 Einwohner, aber schon mehr als 2000 Zweithäuser und -wohnungen. Touristen werden 400 Ferienwohnungen, 350 Hotelzimmer und 1200 Campingstellplätze angeboten.

Die sechs kleinen Strände liegen, was die Launen des Meeres betrifft, geschützt, im Hinblick auf die Flut der Schaulustigen - mit Ausnahme der Plage La Balette und der Plage de l'Ouille - auf dem Präsentierteller. In der Bucht von Collioure kann man unbedenklich Windsurfen oder - auch mit Kindern - Segeln lernen. Die steil ins Meer abfallenden Felsen sind hier wie an der Costa Brava ein Eldorado für Taucher. Ein aktiver, kommerzieller Tauchclub kümmert sich um Unterricht und Ausrüstung (1, rue du Puits Saint-Dominique, Tel. 68 82 07 16).

G e s c h i c h t e : Unter den Grafen des Roussillon und ihren Erben, den Grafen von Barcelona, nahm der Handel um Collioure neuen Aufschwung. Im 13. Jahrhundert begann Jakob der Eroberer den Bau des *Château Royal*, das irrtümlich auch Château des Templiers genannt wird. Die Könige von Mallorca wählten es zu ihrem Sommersitz. Noch immer trägt das Bauwerk zu Collioures romantischer Kulisse bei.

Damals erlebten das Roussillon und sein Haupthafen Collioure eine Blüte. Man importierte vor allem Wolle aus arabischen Ländern, die in Perpignan zu feinem Tuch verarbeitet wurde. Andere gefragte Güter waren Eisen aus den Minen und Schmieden des Canigou, die besonderen Weine der Küste - von denen noch zu berichten ist - und eingesalzene Fische.

Der reizvolle, wirtschaftlich wie militärisch bedeutsame Hafen wechselte in seiner Geschichte elfmal die Herren und wurde sechsmal belagert. Spätere Besitzer verstärkten die königliche Burg und sicherten ihre Macht durch drei weitere Festungen, die Forts Saint Elme, Miradou und Carré.

Nachdem unter Ludwig XVI Port-Vendres zum größeren Hafen ausgebaut wurde, verlor Collioure als Handelsplatz schnell an Bedeutung. Nun bestimmten die Fischer, die meist gleichzeitig Winzer waren, das Leben in der Bucht - schon im 15. Jahrhundert wurden die berühmten Anchovis de Collioure angeboten. Der Fischfang wurde vor 25 Jahren eingestellt, doch das Handwerk des Einsalzens überlebte mit vier Betrieben.

In den meisten Bars und Restaurants erhält man auch heute noch die *Anchovis auf Colliourer Art*, ein bis zwei schöne, etwas entsalzene Fische, dekorativ mit Tomatenscheiben und hartgekochtem Ei umlegt und mit einer Mischung aus Knoblauch und Petersilie bestreut. Mit Essig und Olivenöl sind sie ein typisches Zwischengericht oder eine Vorspeise der Côte Vermeille. Delikater schmecken sie frisch gebeizt mit gebackenen roten Papriakschoten als Beilage.

▪ Das Château Royal kann täglich zwischen 10 und 13 Uhr und von 14.30 bis 19.30 Uhr besichtigt werden. Neben einer Ausstellung von traditionellem Handwerk werden zwischen Ende Juni und Anfang September auch Kunstausstellungen und Konzerte organisiert. Tel. 68 82 06 43.

Künstler und Möchtegerne

Außerhalb der Hauptsaison gewinnt Collioure seine lässige sympathische Atmosphäre zurück. Dann macht es Spaß, durch die engen Gassen des alten Viertels zu schlendern, in denen wieder die Einheimischen dominieren. Im Licht von Frühling und Herbst begreift man, warum sich die *Fauves*, jene Gruppe von Malern, die sich um Henri Matisse scharte und wegen ihrer grellen Farbgebung 1905 'die Wilden' genannt wurde, ausgerechnet hier trafen. Matisse, Dufy und Juan Gris lebten zeitweilig hier. Picasso, Braque, Chagall und viele andere kamen zu Besuch. In der 'Hostellerie des Templiers' trank, diskutierte und aß man. Der Besitzer René Pous war mit vie-

HOTEL
GRILL

len Malern befreundet und half manchem aus der Patsche. Davon zeugen alle Wände. Er und sein Sohn Jo sammelten Tausende von Bildern.

Die Bar der *Hostellerie des Templiers* ist die urigste Kneipe der ganzen Gegend. Unter den Werken von berühmten und vergessenen Malern hocken alte Colliourençs und dreschen Belote, eine Art Skat. Während man sich im Hochsommer draußen drängt, ist es drinnen angenehm kühl und leer.

An der Strandpromenade des Boramar reihen sich zur Saison die Staffeleien der Künstler. Neben raren Talenten und zahlreicheren Möchtegernen sieht man die Routiniers der Palette, die zum xten Mal das Hafenbecken und die Wehrkirche mit ihrem seltsam maurisch anmutenden Glockenturm verewigen. Die Kirche strotzt vor üppigen Barockaltären, die den Reichtum der alten Seefahrer demonstrieren.

Wer im Sommer gerne unterhalten werden möchte, kann sich an und in Collioure begeistern. Im Juli und August sorgt ein volles Program dafür, daß man non-stop animiert wird und ja nicht auf irgendwelche tieferen Gedanken kommt. Trotz der äußerlich hervorgekehrten Individualität sind sich alle Collioure-Fans darin einig, daß man sich amüsieren will.

Kultur in Collioure

Mehr und mehr geht man an der ganzen französischen Mittelmeerküste dazu über, Kultur als sommerliche Touristenattraktion zu verpacken - mit erstaunlichem Erfolg. Auch Collioure bietet Aufführungen, Ausstellungen, Konzerte, die im Château Royal einen hinreißenden Rahmen finden. Abends kann man oft auf einem der Plätze tanzen, irgendeine Lokalband spielt vom Pasodoble zu heavy metal alles was die Stimmung anheizt, bevorzugt natürlich die aktuellen französischen Sommerhits. Das Ganze gipfelt dann in den 'Grandes Fêtes' vom 14. bis 18. August. Absoluter Höhepunkt ist am 15. die Festa Major de Collioure, für die einige Stiere ihr Leben in der kleinen Arena lassen müssen.

Ausflüge und Wanderungen

Zu Fuß zur Einsiedelei und zum alten Signalturm: An der Hauptkreuzung von Collioure, dem *Carrefour du Christ*, nimmt man die *Rue du Temple*, die unter der Eisenbahnunterführung hindurch, nun als *Rue de la Galère*, den *Chemin de Consolation* erreicht, der bald dem Flußbett des Douy folgt. Diesen Weg zogen die Colliourençs in Prozessionen, wenn sie in Trockenzeiten Wasser erbitten wollten, und noch immer nehmen sie ihn an den Tagen des *aplec*, der Wallfahrt am 18. August und am 8. September. Nach einer Dreiviertelstunde gelangt man zur ehemaligen Einsiedelei *Notre Dame de Consolation*. Von außen könnte man sie für einen katalanischen Bauernhof halten, wäre nicht der Glockenaufsatz. Im dunklen Inneren verraten die Ex Votos, welche Bedeutung dieser Ort für Fischer und Winzer und ihre Familien besitzt. Der schattige Platz vor der Kirche ist für Picknicks beliebt, für die man einen Obolus entrichten muß. Noch immer murmeln die Quellen, die einst Neptun geweiht waren. Es gibt ein Ausflugslokal und die Möglichkeit, Zimmer zu mieten, wenn man den Reiz des Ortes länger auf sich wirken lassen möchte.

Zum ehemaligen Kloster Valbonne: Man kann von der Einsiedelei weiter zum Col d'en Calbo gehen, den man sonst über die D 86, die Route des Crêtes erreicht. Statt der Straße zu folgen, nimmt man den Weg rechts zu dem Winzerflecken *Rimbaut* und zum *Mas Pilou*. Dort überquert eine Brücke den Ravanner. Nach etwa zwei Stunden von der Einsiedelei aus steht man vor Valbonne, in dem heute ein Farmgebäude und Kirchenruinen stehen.

Vallbona erwies sich für die Augustinermönche, die es im 13. Jarhhundert gründeten, nie als gutes Tal. Im 16. Jahrhundert gaben sie das Kloster auf. Den Weg hierher kann man auch mit dem Auto oder Fahrrad zurücklegen.

Zum berühmten Tour de la Massane und ein Stück auf dem GR 10: Von dem alten mittelalterlichen Signalturm, von dem aus Küste und Land bewacht wurde, hat man einen weiten Blick über das Roussillon. Man benutzt den gekennzeichneten Wanderweg, der rechts vor Valbonne abbiegt. Es geht nun etwa 1,5 Kilometer ziemlich steil hinauf, bis man sich auf dem Col de la Place d'Armes nach rechts wendet. Von hier aus sind es noch rund 600 m bis zum Turm.

Geht man auf dem Paß nach links, kommt man unterhalb des 800 m hohen *Puig Rodon* weiter zum *Col d'en Banderol* und stößt nach knapp zwei Kilometern auf das letzte Stück des berühmten großen Pyrenäenwanderwegs GR 10, der vom Atlantik zum Mittelmeer reicht und in Banyuls endet.

Um nach Collioure zurückzukehren, folgt man ihm nur rund 500 m. Dann zweigt bei einer gefaßten Quelle, dem *Font d'en Cassagnes*, links ein Pfad nach *Valbonne* ab. Eine andere Möglichkeit besteht darin, knapp vier Kilometer auf dem GR 10 zu laufen, wobei man an zwei weiteren Quellen, darunter der des Ravanner vorbeigeht. Beim *Col d'en Sauvres* führt ein Pfad hinab zum *Mas Torrenoulous*, von dem man auf einem breiten Weg 5 Kilometer bis zum *Mas Pilou* vor sich hat.

Hat man den Wagen bei Valbonne gelassen, nimmt man den Weg, der die beiden Mas verbindet (links halten).

Andere beliebte Ziele sind Fort Saint-Elme, das im 16. Jahrhundert erbaut wurde und das Picasso gern als Wohnsitz erworben hätte, und der Tour de Madeloc, den man über die Route des Crêtes erreicht.

Gute Adressen

i *Syndicat d'Initiative, avenue C. Pelletan, 66190 Collioure, Tel. 68 82 15 47.*

▪ *Unterkommen: Hotel Les Templiers**, quai de l'Amirauté, Tel. 68 82 05 58. Nicht nur das alte Bistro mit seinem Eßsaal ist vollgepflastert mit Gemälden, sondern Flure, Treppenaufgänge und Zimmer ebenso. DZ von etwa DM 40 bis 90 mit entsprechend unterschiedlichem Komfort. Hier hat man selbst im Hochsommer die Chance, ein Zimmer zu finden. Von April bis Mitte Dezember.*

*Hotel Casa Pairal***, Impasse des Palmiers, Tel. 68 82 05 81. Ein Traum mitten in Collioure! Alte katalanische Villa mit wunderschönem Garten, Swimmingpool, großen und geschmackvollen Zimmern,* *sehr schöne Atmosphäre. Von April bis Oktober. EZ ab DM 75, DZ von DM 90 bis 140.*

Hotel Bona Casa, 20, avenue de la République, Tel. 68 82 06 62. Über dem immer besser werdenden Restaurant, ein kleines Hotel mit einfachen, ordentlichen Zimmern ab etwa DM 40.*

Mas des Crêtes, route des Crêtes, Tel. 68 82 08 68. Wunderschön oberhalb Collioure an der Straße zum Madelon gelegen, bietet dieses katalanische Mas (Landgut) kleine Studios mit Küche, die je nach Jahreszeit zwischen DM 380 und 500 pro Woche (Rabatt bei 2 Wochen) kosten, oder es gibt DZ ab DM 40.

*C a m p i n g : Camping Les Criques des Porteils***, route de Collioure, 66700 Argelès-sur-Mer, Tel. 68 81 14 69. Die Zufahrt zu allen Campingplätzen geht von der N 114 ab, die von Perpignan nach Collioure führt. Wie der Name sagt, liegt dieser Platz an kleinen Buchten der Felsküste, direkt über dem Meer. Die Stellplätze sind teilweise auf Terrassen angelegt, von denen man auf das Mittelmeer und die Côte Radieuse blickt. Ideal für Taucher. Gepflegt.*

*Camping Les Amandiers**, Collioure, Tel. 68 81 14 69. Ein Stück näher an Collioure, doch weiter vom Strand und nah der Eisenbahnlinie, doch ziemlich gepflegt und gut beschattet.*

*Camping Guinguette de la Calanque de l'Ouille**, Argelès, Tel. 68 81 12 49. An dem schönen kleinen Strand der Ouille gelegen mit einer kleinen Gartenwirtschaft, die man auch über den Weg an der Felsküste von Collioure aus - übrigens ein schöner Spaziergang! - erreicht.*

*Camping La Girelle**, plage de l'Ouille, Tel. 68 81 25 56. Bevor man in den Ort hinabfährt, links am Pla de les Forques abbiegen, dann über einen Sandweg. Liegt direkt am Strand der Ouille.*

▪ *E s s e n / T r e f f p u n k t e : Um die vorbeidefilierenden Schönen zu sehen und selbst gesehen zu werden, läßt man sich auf dem Quai de l'Amirauté nieder. Das beste Eis serviert die Patisserie Rose Thé. (Nebenbei: Eisbecher sind an der ganzen französischen Küste - und der Spaniens - unverschämt teuer.)*

Am selben Quai liegt auch 'La Fregatte', das noch immer beste Restaurant am Ort. Yves Costas Meeresfrüchte sind zu Recht berühmt, Menüs DM 30, 48 und 60.

Weniger bürgerlich ist die Atmosphäre im 'Bona Casa', rue de la République, wo Fisch, Muscheln und Langusten mit Finesse zubereitet werden, Menüs ab DM 35.

'La Balette' an der Route de Port-Vendres ist teurer und - abgesehen vom herrlichen Blick auf Collioure und das Meer und das luxuriöse Dekor - nicht unbedingt besser.

Draußen sitzt man gut in der Pizzeria La Catalane, die nur zwischen Mai und September existiert und sich auf der Place Paul Reig im alten Viertel breitmacht.

Im Faubourg trifft man sich auf der Place Jean-Jaurès, wo man bei Laurent Martrette im 'Petit Faubourg' Paella oder Bouillabaisse auf Bestellung relativ preiswert essen kann.

Die Colliourer Szene gibt sich im Café Sola an der Place de la République ein Stelldichein oder nachts im Zim Zam in der Rue Michelet.

Port-Vendres

Port-Vendres (5 330 Ew.) hat den Charme eines lebendigen Hafens. Der eine oder andere große Frachter löscht hier seine Ladung. Dazu kommen die Segel- und Motorboote, die hier einen der 250 Liegeplätze gefunden haben.

Aber es sind die Fischerboote, die dem Städtchen den besonderen Reiz geben. Dutzende von Kuttern und Barkassen wiegen sich auf dem Wasser und spiegeln sich darin. Auf den Kais türmen sich Netze und Schwimmkörper. An anderen Stellen breitet man das Netzband aus. Männer sitzen am Boden und arbeiten am Fangzeug. Neben einem Kahn diskutieren Fischer. Ein, zwei Maler haben ihre Staffelei aufgestellt. Der Hafen döst in der Sonne des frühen Nachmittags. Gegen halb fünf beginnt es lebendig zu werden. Lieferwagen und Kühllaster fahren zur Fischhalle. Der Verkehr von Mopeds und PKWs nimmt zu. Mehr und mehr Menschen schlendern auf der

Uferstraße zum Anlegeplatz. Gut eine halbe Stunde später macht der erste Kutter fest. Was nicht direkt vom Schiff an Wiederverkäufer, Restaurants oder Freunde geht, kommt in die Halle, *à la criée*, wo der Fang ausgerufen und versteigert wird. Wer großes Geschrei und sich überschlagende Stimmen erwartet, wird enttäuscht. Nur der Ausrufer brüllt. Die Gebote finden per Knopfdruck statt. Am Fischstand neben der Halle kann jeder frische Fische kaufen - die Idylle lebt, Südfrankreich wie aus dem Hochglanzprospekt.

Aber, die Fischerei ist schwierig geworden. In Port-Vendres gibt es noch etwa ein Dutzend Kutter, die mit Schleppnetzen ausgerüstet sind und ebenso viele, die mit Lampen arbeiten, die *lamparos*. Man fängt nicht genug, um Großeinkäufer anzuziehen. Der Fischfang hat somit nur regionale Bedeutung und Kundschaft. Was die Rentabilität betrifft, arbeiten Schiffseigner hart an der Grenze und teilen sich mit ihren Matrosen oft die Dieselkosten, während der Fang prozentual aufgeteilt wird.

Karriere eines Hafens

Hafen der Venus nannten die Römer die Bucht von Port Vendres, doch die von Collioure war ihnen lieber. Jakob der Eroberer, König von Aragón, Vater des Königreichs von Mallorca, nutzte sie als Marinehafen für zweihundert Galeeren. In den folgenden Jahrhunderten verschlammte das natürliche Becken immer mehr und bot immer weniger Schiffen Platz. Überdies war das benachbarte Collioure en vogue. Erst nach dem Pyrenäenvertrag und mit den Franzosen gewann der Hafen der Venus wieder Bedeutung.

Marschall Vauban veranlaßte 1679 erste Ausschachtungs- und Befestigungsarbeiten. Ein Jahrhundert später nahm Marschall de Mailly die begonnenen Pläne wieder auf und baute Hafen und Festungen aus. Ludwig XVI ließ, um die Fertigstellung zu würdigen, einen 25 m hohen Obelisken aufstellen. An seinem Fuß verherrlichen vier Bronzereliefs Taten des Sonnenkönigs.

Von dieser Zeit an bis zum Verlust der französischen Kolonien in Nordafrika herrschte reger Betrieb im Hafen. Ein großer Teil des Personen- und Güterverkehrs von und nach Algerien wurde über Port-Vendres abgewickelt. Noch heute werden Gemüse, Obst,

Wein, Kork, exotische Hölzer und Papiermasse importiert, aber die glorreichen Zeiten sind dahin.

Auf der Place de l'Obelisque, die mit den aus dem Hafenbecken ausgehobenen Erd- und Gesteinsmassen aufgeschüttet wurde, steht Aristide Maillols Mahnmal für die Toten des Ersten Weltkriegs: eine ernst-entrückte Venus, die den Toten einen Palmzweig reicht. Im Widerspruch zu ihr halten Militärs und Veteranen Jahr für Jahr zu ihren Füßen reaktionär-patriotische Reden, auch dies eine Facette der Großen Nation ...

▪ Baden gehn: In der Bucht von Port-Vendres gibt es mehrere Bademöglichkeiten. Die Plage des Tamarins ist davon sicher die beste, denn dort gibt es Sand am Strand. Die drei kleineren Buchten *Béar, Christine* und *Mailly* sind steinig. Alle erreicht man über die Straße, die zur Mole führt, die *Chaussee de la Jetée.*

Die schöneren und weniger vom Schiffsverkehr beeinträchtigten Buchten liegen Richtung Banyuls jenseits des Leuchtturms des Cap Béar. Dort gibt es die *Plage Balanti*, die *Plage de Bernardi*, die Bucht von *Paullilles*. Dort kann man in der Pizzeria Sole Mio in einer improvisiert sympathischen Atmosphäre Pizzas und Meeresfrüchte vor oder nach dem Bad speisen. Ein Stück weiter schließt sich die *Plage d'El Forat* an.

▪ Süßwein: Richtung Banyuls, noch vor dem Strand Bernardi liegt die *Domaine Valcros,* die für ihren Süßwein, der zu der - nach dem Gebiet benannten - Appellation Banyuls gehört, bekannt ist. Hervorragend sind die Jahrgangsweine, auf den Namen des Kellermeisters 'Robert Doutres' getauft. Sie werden nur in guten Jahren abgefüllt und können mit Vintage Portweinen konkurrieren. Doch darauf kommen wir gleich noch zu sprechen.

Gute Adressen

i *Port Plaisance, Tel. 68 82 07 54*

▪ *Unterkommen: Hostellerie du Chalut**, 29, route de Banyuls, Tel. 68 82 01 05. Dies ist das am schönsten gelegene Hotel von*

Port-Vendres, das ehemalige La Résidence, ein Stück außerhalb des Hafenortes an der Nationalstraße, mit schönem Baumbestand und Park, Swimmingpool und behaglicher Atmosphäre. Je nach Komfort reichen die Preise je DZ von DM 40 bis 90.

*Hotel Le Saint-Elme**, 2, Quai Pierre Forgas, Tel. 68 82 01 07. Direkt an dem Kai, über den die Nationalstraße geht und an dem Yachten und Motorboote festmachen. DZ von DM 35 bis 80.*

*Hotel des Tamarins**, Plage des Tamarins, Tel. 68 82 01 24. Am kleinen Strand der Tamarisken gelegen, mit Blick auf den gegenüberliegenden Anlegeplatz der Schleppnetzkutter und die Fischereihallen. Kleineres Strandhotel mit Restaurant. DZ ab etwa DM 60 bis 85. Von Ostern bis September.*

Hotel Costa Brava, Route de Collioure, Tel. 68 82 03 04. An der N 114, aus Richtung Collioure rechts, bevor sie in den Ort hinabführt. Ein einfaches Hotel mit typischem, preiswertem Restaurant. DZ etwa DM 40. Von Ostern bis Dezember.

*Camping La Presqu'île**, Tel. 68 82 11 40. Städtischer Campingplatz, der hinter dem gleichnamigen Kai liegt und nicht weit von der Plage des Tamarins. Recht gut beschattet.*

■ *Essen: Restaurant Le Chalut, 8, Quai François Joly, Tel. 68 82 00 91. Die beste Adresse am Hafen für Fisch oder Meeresfrüchte, Menüs gibt es von DM 20 bis 50. Die Bouillabaisse ist sehr zu empfehlen.*

Banyuls

Von den Orten der Côte Vermeille hat Banyuls am ehesten ein - fast - mondänes Flair. Dabei bietet die Bucht nur einen grauen Kieselstrand, der eigentlich für die zahlreichen Urlaubsgäste viel zu klein ist. Weiter südlich gibt es die winzige *Plage du Troc* und - schwer zu erreichen, doch sehr romantisch - die *Plage de Taillelauque* beim *Cap de l'Abeille*. Woher kommt der besondere Reiz von Banyuls de la Marenda?

Vielleicht ist es der schöne, von Bäumen bestandene Platz in der Mitte des Ortes an der Uferpromenade, an dem die Cafés Tische und Stühle hinausstellen, der für einen mondänen Hauch sorgt. Am bequemsten sitzt man in den Ratansesseln von 'La Marenda', wo mittags ein einfaches Strandmenü serviert wird.

Der Ort schmiegt sich harmonisch in seine Bucht, von der ein Teil als kleiner Yachthafen abgeteilt ist. Die alten Häuser und engen Gassen ziehen sich die steinigen Hänge hinauf, die hier sanft ins Meer abfallen und dem Städtchen genügend Platz lassen, umrahmt von alten Weinterrassen und dahinter aufsteigenden wilden Hängen der Albères. Trotz einiger Appartementsilos stimmt das Gesamtbild noch, und die neuen Siedlungen knüpfen wenigstens etwas harmonischer an den alten Ortsteil an als in Collioure, wo sie den alten Kern mehr und mehr zu erdrücken scheinen.

Es läßt sich gut in Banyuls flanieren, ob in der schattigen *Avenue du Général de Gaulle*, in der Fußgängerstraße *Rue Saint-Pierre* oder in der lebhaften *Avenue du Puig del Mas*.

Was tun?

■ Aquarium: Banyuls beherbergt das 'Laboratoire Arago', ein meeresbiologisches Institut der Pariser Sorbonne. Im Aquarium sind die für die Gegend typischen Pflanzen und Seetiere versammelt. Täglich von 9 bis 12 Uhr und von 14 bis 18.30 Uhr, im Juli und August bis 22 Uhr.

Dank des Instituts wurde ein Naturreservat entlang der Küste bis

Cerbère geschaffen, wo man peinlich auf Wasserreinheit achtet. Die Felsküste ist für Taucher ein Paradies. Der Réderis Club führt verschiedene Kurse für Anfänger, Fortgeschrittene und Kinder durch, auch einen Unterwasser-Fotokurs, Réderis Club B.P. 34, Tel. 68 88 31 66 oder 68 92 02 01.

▪ Wandern: Das wilde Hinterland von Banyuls eignet sich gut für Wanderungen. Plan und Auskünfte erhält man im Office du Tourisme, vgl. **i**.

Maillol

Banyuls ist die Heimat von Aristide Maillol, der hier 1861 geboren wurde. Beim Rathaus, am Beginn der Avenue du Général de Gaulle steht seit 1984 sein Kriegerdenkmal. Ursprünglich hatte Maillol es auf die Ile Grosse gesetzt, doch die Banyulencs fürchteten, Meer und Unwetter könnten dem Werk Schaden zufügen. Rolf Legler beschrieb es in seinem Kunstreiseführer mit folgenden Worten: "Der Verzicht auf die Vollfigur, die Einbindung des Reliefs in den altartischähnlichen Sockel weisen jegliches falsches Pathos von sich und erinnern in Würde und Fassung an das größte Menschheitsübel, den Krieg. Es bedurfte der inneren Größe eines Maillols, um aus dem emotionsgeladenen Thema eines Kriegerdenkmals ein Mahnmal des Friedens entstehen zu lassen." Obwohl nun mehr Menschen duran vorbeigehen, entspricht der neue harmlose Standort nicht Maillols Intentionen. Am ursprünglichen Standort steht eine Bronzereplik.

Mehr erfährt man über den großen Bildhauer, dem man übelnahm, daß auch Nazis zu seinen Bewunderern zählten, wenn man Banyuls auf dem Sträßchen verläßt, das dem Tal der Balllaury folgt. Nach zwei Kilometern kann man das Flüßchen auf einer Brücke überqueren. Nach weiteren zehn Minuten zu Fuß erreicht man die Métairie Maillol, in deren Garten Aristide Maillol unter der Skulptur 'La Méditerranée' ruht. (Ein anderes Exemplar befindet sich im Innenhof des Rathauses von Perpignan.) Hierhin hatte er sich während seiner letzten Lebensjahre zurückgezogen.

Maillol blieb sein Leben lang seiner mediterranen Heimat treu, auch wenn er schon im Alter von 20 Jahren nach Paris zog. Als er zwölf Jah-

re später nach Banyuls zurückkehrte, brachte er als wichtigsten Eindruck aus der Hauptstadt die Inspirationen mit, die ihm die Wandteppiche des Museums von Cluny gegeben hatten.

Seine eigenen Arbeiten wurden von Gauguin entdeckt, und schnell fand Maillol Anschluß an Künstler von der Größe eines Bonnard, Vuillard oder Matisse, den er für die Côte Rocheuse begeisterte. Er selbst wendete sich erst jetzt der Skulptur zu, seiner kongenialen Ausdrucksform. Die Ausstellungen in New York und im Basler Museum brachten ihm 1933 Weltruhm. Seine letzten zehn Jahre lebte er mit Dina Vierny, seinem nun einzigen Modell, in Banyuls, ehe er 1944 an den Folgen eines Autounfalls starb.

▪ *Von der Métairie kann man durch die Weinberge und über Puig del Mas, der Keimzelle des heutigen Banyuls, zum Ort zurückgehen (Rundweg von knapp 10 km).*

Gute Adressen

i *an der Uferpromenade Front de Mer, 66650 Banyuls-sur-Mer, Tel. 68 88 31 58.*

▪ *U n t e r k u n f t : Villa Miramar**, Rue Lacaze Duthiers, Tel. 68 88 33 85. Kleine Pension nah am Yachthafen. Alle Zimmer mit Balkon, moderner klotziger Bau, doch komfortabel. DZ DM 80, inklusive Frühstück. Von Ostern bis September.*

Le Manoir, 20, Avenue Maréchal Joffre, Tel. 68 88 32 98. Mitten im Ort gelegen, Zimmer je nach Komfort von DM 34 bis 60, Halbpension DM 60. Das ganze Jahr geöffnet.*

Hotel Canal, Rue Dugommier, Tel. 68 88 00 75. Nahe am zentralen Platz Paul Reig. Unterschiedlich hergerichtete Zimmer von etwa DM 30 bis 70, Nachlaß in Vor- und Nachsaison. Von Mitte März bis Ende September.*

▪ *Weit außerhalb des Badeortes in den Weinbergen liegt das Centre Yoga et Créativité, das jedes Jahr von Juni bis September Yoga-, Tai Chi und Entspannungskurse anbietet. Einfache Unterkunft, vegetari-*

sche Ernährung, selbst im Hochsommer jenseits des Trubels. Anweisungen auf Wunsch in deutscher Sprache. Gemeinsame Wanderungen und Ausflüge an die Küste. Alles inklusive 8 Tage DM 780, 12 Tage DM 990. Centre Yoga et Créativité, Chemin de la Coume del Mas, 66650 Banyuls, Tel. 68 88 33 44.

*Camping: Mit Campingplätzen sieht es in Banyuls dürftig aus. Der Camping Municipal La Pinède** in der Nähe der Cave des Templiers, und von Pinienbäumen beschattet, ist der größte. Route du Mas Reig, Tel. 68 88 32 13.*

Ferienwohnungen: In Banyuls gibt es eine lange Liste von Ferienwohnungen, die man vom Office du Tourisme erhält.

▪ *Essen: Le Sardinal, Place Paul Reig, Tel. 68 88 30 07. Schöne überdachte Terrasse an Banyuls Hauptplatz, drinnen langer rustikaler Saal. Bei Ex-Bandleader und Saxophonist Ely Buxéda geben Mittelmeerfische den Ton an, a la carte und beim Menü. Spezialitäten: Foie gras au vinaigre de Banyuls, Bullinade des pêcheurs u.a. Menüs von DM 25 bis 90.*

Chez Rosa, 22, Rue Saint-Pierre, Tel. 68 88 31 89. In der Fußgängerpassage gelegen mit einem Seiteneingang und -trakt um die Ecke. Zur Zeit beliebtestes Eßlokal der Banyulencs. Rustikale Atmosphäre mit Natursteinwänden und alten Fotos aus Banyuls. Familienbetrieb mit einer Küche so richtig nach dem Geschmack der Katalanen: gute Grundzutaten, reichlich, einfache Zubereitung, durchaus schmackhaft. Das Couscous ist sehr zu empfehlen. Menü ca. DM 20.

Le Raspare, Rue Saint-Pierre. Auch in der Fußgängerstraße. Winziges sympathisches Imbiß-Restaurant, wo man drinnen oder draußen Pizzas, Quiches und Salate zu vernünftigen Preisen essen kann.

Le Fanal, Avenue du Fontaulé, Tel. 68 88 00 81. Gegenüber des Hafens an der Uferstraße. Katalanische Küche und Fischgerichte. Genug Platz für Gruppen.

A ta santé touriste.
Banyuls

Banyuls Weine - das leckere Erbe

Obwohl Collioure, Port-Vendres und Cerbère ebenfalls Winzerorte sind, wurde das ganze Weingebiet zu Recht nach Banyuls benannt. Zum Trotz heißt der kräftige trockene Rotwein 'Collioure', aber die eigentliche Spezialität ist der natursüße Wein, der Vin Doux Naturel, der hier seit etwa 2000 Jahren erzeugt wird.

Auf den Schieferterrassen nahe am Meer erreicht die Hauptrebsorte, der *Grenache,* eine hohe Konzentration an natürlichem Traubenzucker. Seit dem Mittelalter wendet man ein Verfahren an, das Arnau de Vilanova, der spätere Rektor der Universität von Montpellier, 1285 im Sitz der Tempelritter, dem Mas Déu bei Trouillas, entdeckte. Während der Gärung wird dem Wein reiner Weingeist zugefügt. Dieses - 'mutage' genannte - Verfahren stabilisiert den Wein und erhält einen Teil des Traubenzuckers, so daß ein auf natürliche Weise süßer Wein entsteht.

Nur auf den trockensten und heißesten Terrassen und Hängen des Roussillon darf dieser Wein gelesen werden, vorausgesetzt, er hat mindestens 252 Gramm Traubenzucker pro Liter, was einem potentiellen Alkoholgehalt von 14,4 % entspricht. Der Ertrag ist auf 30 Hektoliter pro Hektar begrenzt. Die besten Weine werden dort erzeugt, wo die Rebstöcke extrem harte Bedingungen vorfinden und dieser Höchstertrag nicht erreicht wird. Außerdem verleihen die Schieferböden dem Wein den ausgeprägtesten Charakter. So kommt es, daß sich innerhalb des 'Rivesaltes' getauften Weingebiets (nach der Weinstadt bei Perpignan) zwei kleinere Bereiche nach ihrem jeweiligen Hauptort nennen dürfen. Der eine ist 'Maury', das wir im Kapitel über das Fenchelland streifen werden, der andere ist 'Banyuls'.

Die schmalen Terrassen am Mittelmeer eignen sich nicht für Maschinen. Sie müssen per Hand bearbeitet werden. Da durch die seltenen, doch heftigen Regengüsse die dünne Erdschicht weggerissen wird, gehört es zu den Aufgaben der Winzer, die abgeschwemmte Erde zurück zu den Rebstöcken zu bringen. Noch immer kommt es vor, daß eine Terrasse mit einem Maultier gepflügt wird, bevor man sie neu bepflanzt, oder daß im Herbst ein Maultier die Lese zur Kellerei trägt, wenn die Weinberge gar zu unzugänglich sind. Leider ist die besondere Qualität dieser Weine, die über ein außerordentliches, sich mit dem Alter veränderndes Spektrum von Aromen und Geschmacksnoten verfügen, bei uns zu wenig bekannt. - Ausführlicher bin ich darauf in meinem Weinführer 'Trunken vom Roussillon' und in 'Die Kunst des Aperitif' eingegangen. Jedenfalls sollte man die Gelegenheit nutzen und Vins Doux Naturels als Mitbringsel einpacken.

Quellen

Der größte Erzeuger von Banyulsweinen ist das G.I.C.B., ein Zusammenschluß von fünf Genossenschaften, deren 'Cellier des Templiers' an der Route des Crêtes liegt. Dort zeigt man einen Film über den Weinbau der Region.

Die eigentliche Schatzkammer befindet sich höher am Hang im Mas Reig. Hier stand einst die Burg der Tempelritter, die den auf höhergelegenen Weinbergen gekelterten Most durch ein Tonröhrensystem in ihren Hauptkeller rinnen ließen. In der jetzigen Cave schlummern die Banyuls Grand Cru ihrer Finesse entgegen. Im Hof, von dem man einen schönen Blick über den Ort auf die Bucht hat, lagern junge Weine in Eichenfässern unter freiem Himmel, eine spezielle, nur für Südweine geeignete, Alterungsmethode. Man kann den Keller besichtigen und im Vorraum die Weine verkosten. Neben den Prestige-Abfüllungen Cuvée Président Henri Vidal und Cuvée Amiral Vilarem sind auch günstigere Weine zu empfehlen.

Die 'Terre Rocheuse' hat einen ausgeprägten Duft nach Obstkompott und Backpflaume und im Geschmack eine Note von Kakao. 'Garance' riecht nach sehr reifen und eingemachten Früchten und schmeckt nach Feigen. Der in Vintage-Art vinifizierte 'Rimatge 1985' erinnert an Kirschkonfitüre und ist am Gaumen kräftig, rund und lang.

Den hier entwickelten Banyuls 'Grand Cru Christian Reynal 1975', der in seiner Komplexität ein gutes Beispiel für einen alten natursüßen Wein gibt, findet man im Weinladen Reynals 'Les Vins du Pays' in der Rue Jules Pams in Port-Vendres.

Die Genossenschaft Les Vignerons am Bahnhof von Banyuls bietet eine begrenztere Auswahl, doch Weine in allen Geschmackskategorien von trocken über halbtrocken und halbsüß bis zu süß. Mir gefällt der preiswerte '7 ans d'âge' besonders, der einen männlichen Charakter hat.

Großes Renommée genießen Dr. André Parcé und sein Sohn, deren Domaine du Mas blanc in der Avenue du Général de Gaulle liegt. Im Sommer bilden die Platanen einen Tunnel über der belebten Straße, in der man nur mit Glück einen der begehrten schattigen Parkplätze ergattert. Die Weine der Domaine sind personalisiert und werden von der höheren Gastronomie geschätzt. Der Rimatge 1985 ist ein gelungener Jahrgangsbanyuls, der sich bei weiterem Alter noch mehr verfeinern wird.

Die älteste Winzergenossenschaft von Banyuls ist L'Etoile in der Avenue du Puig del Mas. Neben dem Doux Paillé, von dem ein Teil in Glasflaschen auf dem Vordach beschleunigt altert, sagt mir die Sélection Vieux, das Beispiel eines edlen alten Banyuls, in dessen Geschmack sich Anklänge von Trockenobst und Nüssen mit einer feinen Note von 'rancio' verbinden, am meisten zu.

▪ Die Champions des Jahrgangbanyuls sind für mich die Brüder Parcé, deren kleine Cave und Laden gleich neben L'Etoile liegen. Sie bearbeiten alte Weinterrassen auf traditionelle Weise und mit geringem Ertrag und suchen bei ihrem Wein, der frühzeitig auf Flaschen gezogen wird, ein Maximum an Fruchtigkeit einzufangen. Der Vintage besticht durch verblüffend intensive Aromen von Wildkirsche und eine ausgezeichnete Struktur. Er läßt sich gut jung trinken, hat aber auch das Zeug dazu, Jahrzehnte zu altern. Da Marc und Thierry Parcé experimentierfreudig sind, entdeckt man bei ihnen außer einem guten Collioure immer auch andere überraschende Weine, die die Vielseitigkeit der Rebsorte Grenache belegen.

Adresse: Domaine de la Rectorie, 28, avenue du Puig del mas, Tel. 68 88 07 78.

▪ Am individuellsten sind aber die Weine der Domaine de Villa Rose, einem nur wenige Hektar großen Weingut. Jules Campadieu hat in Burgund Önologie studiert, und Petra, seine deutsche Frau, kümmert sich mit Leidenschaft um Wein und Weinbau. Im Juli und August verkauft sie in ihrem Weinkeller in der Rue Dugommier Nr. 10, nur wenige Schritte von Banyuls Hauptplatz entfernt, die eigenen Tropfen (sonst telefonisch verabreden: Tel. 68 88 33 44). Ihr Banyuls 1985 beweist mit seinem komplexen Duft und dem langanhaltenden eleganten Geschmack, worin die Eigenart dieser Weinregion besteht. Der Vintage 1986 ist fruchtig und intensiv, ungewöhnlich auch der Steinwein, ein durchgegorener, bernsteinfarbener Wein von 16 % Alkohol, der an beste Sherries erinnert, von dem es leider aber nur sehr wenig gibt.

Wozu Banyuls?

Wann und wo trinkt man die Vins Doux Naturels von Banyuls, Maury und Rivesaltes? Zum Aperitif eignen sich die jungen, also die Vintages leicht gekühlt mit etwa 14 Grad C oder die trockenen und halbtrockenen Typen etwas chambrierter. Zum Essen empfehlen sie sich als Begleiter von exotischer Küche. Nicht ohne Grund exportiert man nach Japan. Aber die eigentliche Domäne der natursüßen Weine beginnt beim Käse, wo sie prädestiniert sind, besonders aromatische Sorten wie z.B. Edelschimmelkäse zu begleiten. Exzellent passen sie zu Ziegenkäse. Aufgrund der vielfältigen Aromen, die von Früchten bis zu Schokolade und Kaffee reichen, harmonieren sie mit allen Nachspeisen und Kuchen. Übrigens bekommt man von ihnen keinen schweren Kopf.

Cerbère

Cerbère ist das letzte Hafenstädtchen der karminroten Küste, Grenzort und Internationaler Bahnhof. Die breitere Spur der spanischen Eisenbahn (die demnächst der europäischen Norm angepaßt werden soll) machte früher ein Umladen der Züge, zum Beispiel des Hispania Expresses aus Hamburg, notwendig und brachte viele Arbeitsplätze und die herbe, geschäftige Atmosphäre eines Grenzortes. Noch immer ist das zwischen felsige Pyrenäenausläufer eingekeilte Städtchen von der Bahnhofsatmosphäre bestimmt, doch man hat sich auf Tourismus ausgerichtet, soweit es geht. Viel Platz ist dafür nicht vorhanden. In der kleinen Bucht gibt es einen Yachthafen und zwei Strände.

Reizvoll ist die *Plage du Minerai* jenseits des *Cap Cerbère*, aber schwer zu erreichen. Hauptstrand der Gemeinde ist die *Plage de Peyrefite*. Dort gibt es auch einen Komplex mit Ferienwohnungen und -häusern.

Gute Adressen

i *Alle Auskünfte erteilen außerhalb der Saison die Services Municipaux 68 88 41 85, sonst das Syndicat d'Initiative, Tel. 68 88 42 36, 66290 Cerbère.*

▪ *Unterkommen: Hotel de la Dorade**, Avenue Général de Gaulle, Tel. 68 88 41 93. Beste Adresse am Platze, beim Hafen an der N 114 gelegen. DZ ab DM 40.*

Camping: Auf dem Plateau über dem kleinen Hauptstrand der Camping Municipal - erbarmungslos in der Sonne (Tel. 68 88 41 85).

Ein Tip dagegen ist 'Casa Pepe', der kleine Campingplatz, der sich am nördlichen Rand des Strandes an den Hang schmiegt. Unter Pinien bietet er nur 30 Zelten Platz. Hierher kommen zwischen Ostern und Oktober viele regelmäßige Gäste, so daß es nicht einfach ist, einen Platz zu bekommen. Alles ist recht improvisiert, aber sympathisch. Gute Tauchmöglichkeiten. Adresse: Camping Casa Pepe, plage de Peyrefite, Tel. 68 88 47 04.

Die Albères

Die Küste zwischen Le Racou und Cerbère verdankt - wie auch der nördliche Teil der Costa Brava - ihren Reiz den Pyrenäen. Im Gegensatz zur Atlantikseite reicht das aus der ältesten Zeit des Gebirges stammende kristalline und metamorphe Gestein bis ans und ins Mittelmeer. Der höchste Gipfel der Albères, der 1256 m hohe *Pic Neulos*, ist - in Luftlinie - nur 11 km vom Meer entfernt.

Obwohl sich die Bergkette der *Montes Albères* im Westen eigentlich bis nach Saint-Laurent-de-Cerdans erstreckt, sieht man meist den *Col de Perthus* als ihre Grenze an. Diese Stelle markiert den traditionellen Übergang über die Ostpyrenäen, den alle Volksstämme und alle Heerscharen nahmen. Heute ist hier der Autobahnübergang nach Spanien, mit der bekannt berüchtigten Blechlawine nordischer Touristen, die sich jeden Sommer gen iberische Halbinsel wälzt.

Die Pyramide des großen zeitgenössischen Architekten Ricardo Bofill kennzeichnet diese Nahtstelle zwischen den beiden Teilen Kataloniens.

Wer sich für Festungen interessiert, kann auf der anderen Seite des Passes, oberhalb des Grenzdorfes *Le Perthus*, das von Vauban verstärkte *Fort de Bellegarde* besichtigen: im Juli, August und September von 10 bis 18 Uhr, sonst muß man in der Mairie nachfragen. Le Perthus, dessen eine Hälfte französisch, die andere spanisch ist, wird als billiger Einkaufsort geschätzt, obwohl sich die Preise immer mehr angleichen: große Auswahl an spanischen Spirituosen und Konserven, französische Parfüms etc, typische, triste Grenzatmosphäre.

Beliebt sind die Hänge der Albères als Wohnsitz, nicht zuletzt von Rentnern. Dies trug wesentlich zur Zersiedelung der niedrigeren Lagen bei. Trotzdem gibt es fast in jedem der Dörfer zu ihren Füßen Campingplätze. Hotels sind selten.

i *Auskünfte über die Albères, einschließlich der Unterbringungsmöglichkeiten in Hotels, Gîtes oder auf Campingplätzen, erteilen die Mairies, die Bürgermeisterämter:*

66690 Sorède, Tel. 68 92 10 12.
66740 Laroque-des-Albères, Tel. 68 89 21 13.
66690 Saint-André-de-Sorède, Tel. 68 89 02 80, von Mai bis September das Syndicat d'Initiative, Tel. 68 89 09 43.
66740 Saint-Genis des Fontaines, Tel. 68 89 60 20.

▪ *W a n d e r n : Wanderführer und Karten über die Albères findet man in den Tabakgeschäften von Sorède, Laroque und Saint-André.*

Sorède

Macht man an dem südlichen Teil der Roussillon-Küste Urlaub, bieten sich die Albères besonders an, auch einen anderen Aspekt des Landes kennenzulernen, nämlich die wilden bewaldeten Bergregionen. Ein idealer Ausgangspunkt für Wanderungen ist das kleine Dorf Sorède, 9 km westlich von Argelés-sur-Mer am Fuß der Albères. (Vgl. auch die Ausflüge um Collioure).

Sorède kommt von dem katalanischen Wort für Korkeichen, *sureda*, die hier ebenso wachsen wie Olivenbäume und *Micocouliers*, eine Ulmenart.

▪ *E s s e n und U n t e r k o m m e n : An der Place de la République, innerhalb des winzigen Ortskerns, findet man das Hotel Les Albères, Tel. 68 89 20 03. Hinter dem typischen Dorfbistro erhält man in dem einfachen Restaurant auch preiswerte Menüs. Die 5 Zimmer werden gerade renoviert. WC und Dusche auf der Etage. DZ etwa DM 33.*

Rechts um die Ecke liegt das schöne kleine Restaurant La Salamandre, Tel. 68 89 26 67, das von Mitte März bis Ende Dezember geöffnet hat. Zu empfehlen sind die hausgemachten Geflügelleberterrine, das Confit de Canard oder das Hasenfilet. Menüs gibt es ab DM 25.

Mir gefällt das Hotel Saint-Jacques, 45, Rue Saint-Jacques, 66700 Sorède; Tel. 68 89 00 60. Familiäre Atmosphäre, schöner Garten und am Dorfrand gelegen. Leider hat es nur von Mai bis Oktober geöffnet. DZ etwa DM 40 und 50. 66700 Sorède.

Ausflüge und Wanderungen um Sorède

Zu den Ruinen der Burg Ultrera: Man nimmt zunächst den Weg zur *Vallée Heureuse*. Hinter der Brücke, dem *Pont de la Rasclose*, biegt man nach etwa 200 m in einen breiten Forstweg ein, der bis zur Einsiedelei *Notre-Dame-du-Château* führt. Der Ursprung der Geierfeste, die Ende des 17. Jahrhunderts zerstört wurde, geht vermutlich auf die Westgoten zurück. Im Portal der Einsiedelei, die ein Mönch für die alte Madonnenfigur der Schloßkapelle errichten ließ, entdeckte man ein Geierkapitell, denn die Maurer benutzten die Steine, wie sie sie fanden.

Zum Tour de la Massane: Um zu dem Turm im Südosten zu kommen, folgt man zunächst dem Sträßchen durch den *Gorges de Lavall*, das den gleichnamigen Bach begleitet, bis nach *Lavall*. Einen Kilometer nach dem Flecken zweigt ein beschilderter Weg links ab, von hier sind es noch etwa eineinhalb Stunden.

Ins Vallée Heureuse: Das Glückliche Tal, nur wenig westlich Sorède, ist Hauptziel für Spaziergänge und Wanderungen von Sorède aus. In seinem oberen Teil schließt sich ein vielbefahrener ausgebauter Forstweg an, der zur *Font de l'Orry* (s.u.) hinaufgeht. Fünfzig Meter vorher biegt er rechts zur *Refuge de la Tagnarède,* einer Station auf dem Großen Pyrenäenweg GR 10, ab. Um den *Pic Neulos* herum trifft er beim *Pic des Trois Termes* auf die schmale D71, die dann am *Col de Perthus* endet.

Zur Font de l'Orry: Ein strammer Tagesausflug führt von Sorède zur *Quelle des l'Orry* hinauf, wobei man nur auf kurzen Stücken dem Forstweg folgen muß. Danach geht es links knapp zwei Kilometer auf dem breiten Weg weiter, bis man beim *Col de l'Estaque* auf den GR 10 stößt, der markiert ist. Auf diesem nach Osten passiert man zunächst den *Pic des Pradets*, den - vielsagenden - *Col des Emigrants* und den *Pic des Quatre Termes*. Nun hält man sich jedoch links, um nach gut zwei Kilometern die *Baraques Couloumates* zu erreichen. Statt einen Bogen zu machen, kann man hier eine Abkürzung nehmen (links vom Weg, doch rechts halten), die durch den *Forst von*

Argelès auf den Weg zum Turm der *Massane* trifft (zwischen dem Puig Rodon und dem Col de la Place d'Armes, die unter Collioure erwähnt wurden). Von dem Turm führt ein gekennzeichneter Weg in das Tal von Lavall hinab und von dort nach Sorède zurück.

Albères flüssig

Weine aus dem Tal des Roussillon kann man in der großen Winzergenossenschaft von Saint-André probieren, wobei die älteren Jahrgänge - wie z.B. die Cuvée Alberia - interessant und dabei preiswert sind.

Individuelle Weine findet man im Mas Rancoure, an der Straße von Laroque-des-Albères nach Villelongue-dels-Monts. Der pensionierte Tierarzt Dr. Ernest Pardineille und seine Gattin engagieren sich sehr für die Weinqualität im Roussillon und liefern auf ihrem 400 Jahre alten Gut ausgezeichnete Beispiele, sowohl mit dem Côtes du Roussillon wie dem nur aus Grenache noir gekelterten natursüßen Rivesaltes.

Berühmte Türstürze

Natürlich darf man die Albères nicht verlassen, ohne einen Blick auf zwei besondere Kunstwerke aus romanischer Zeit geworfen zu haben: die Türstürze der Kirchenportale von *Saint-André-de-Sorède* und *Saint-Génis-des-Fontaines*. Beides sind Klostergründungen aus dem 9. Jahrhundert, doch von Klostergebäuden und Kreuzgängen ist nichts geblieben. Der von Saint-Genis befindet sich im Museum von Philadelphia.

Die berühmten Türstürze zeigen sehr ähnliche Motive. Auf beiden sitzt Christus in der Mitte mit erhobener Hand, zu den Seiten von Engeln und Aposteln umgeben. Jeder Sturz hat eine eigene kunstgeschichtliche Bedeutung. Auf dem von Saint-Genis wurde die Jahreszahl 1020 vermerkt. So ist er das einzige genau datierte

Kunstwerk dieser frühromanischen Epoche. Offensichtlich entstand der Türsturz von Saint-André nur wenige Jahre später, vielleicht sogar von der Hand desselben Meisters, doch hier arbeitete der Künstler nicht so extrem flach wie im Nachbarort, sondern ließ die Figuren im Relief plastischer hervortreten: ein wesentlicher Schritt in der Bildhauerkunst. Bemerkenswert sind die Fenster über dem Portal und der Altar der Kirche, die im 12. Jahrhundert innen durch ein Steingewölbe verstärkt wurde. Von außen kann man am Mauerwerk leicht die verschiedenen Zeitabschnitte im Bau der Kirche ablesen.

Das Vallespir

Das Vallespir (zwischen Prats-de Mollo und Céret) blieb bis in unser Jahrhundert hinein das verschlossenste und unzugänglichste der drei großen Täler des Roussillon. Es liegt ganz im Süden, an der Grenze nach Spanien, und wird vom *Tech* gebildet, der am *Roc Colom* entspringt. Sieht man im Sommer den wasserarmen Fluß, wundert man sich über das gigantische Flußbett, das er sich in die Berge grub. Doch die Geschichte des Vallespir erzählt von einigen Katastrophen - die letzte und schlimmste war 1940 -, als das Tal die Wassermassen nicht mehr fassen konnte, die von den Hängen der Ostpyrenäen zu Tal stürzten.

Das Vallespir hat sich Wildheit und Wälder bewahrt, und in seinem oberen Teil sind die Bewohner trotz des Tourismus nicht gerade zugänglich. Verschwunden ist vieles aus dem Tal, das Jahrhunderte lang sein Leben bestimmte: die Schmieden, die Webereien, die Faßmacher, die Sandalenhersteller, das Schmuggeln. Anderes ist in Gefahr: die Viehzucht, die sich kaum noch rentiert, und die wilden Eßkastanien, die den größten Teil der Wälder bilden. Eine vor 50 Jahren in Italien aufgetretene Baumkrankheit, der Schanker, ein Pilz, der sich in der Baumspitze festsetzt und von dort herabklettert,

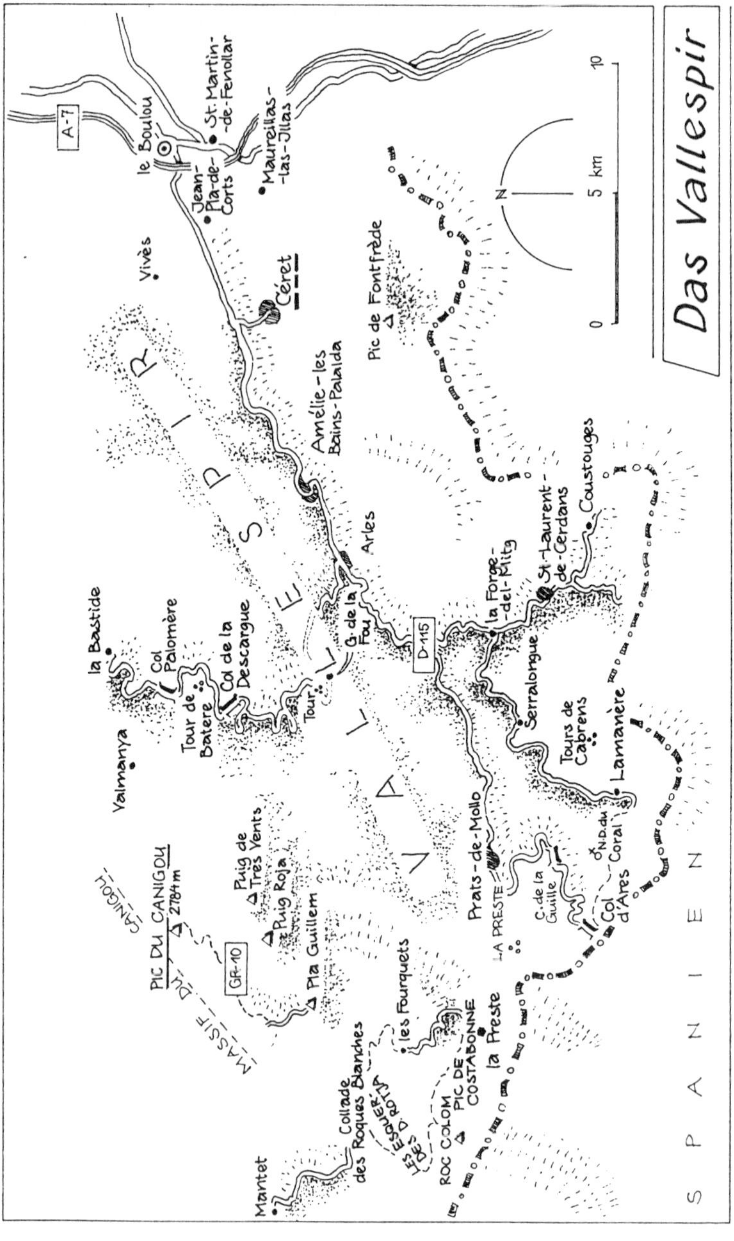
Das Vallespir
VALLESPIR
le Boulou
A-7
St. Martin-de-Fenollar
Maureillas-las-Illas
Jean-Pla-de-Corts
Vivès
Céret
Amélie-les-Bains-Palalda
Pic de Fontfrède
Arles
la Bastide
Col Palomère
Col de la Descargue
Tour de Batere
Tour
G. de la Fou
D-115
la Forge-del-Mitg
St-Laurent-de-Cerdans
Coustouges
Serralongue
Tours de Cabrens
Lamanère
Valmanya
Prats-de-Mollo
N.D. du Coral
Col d'Ares
C. de la Guille
LA PRESTE
Puig de Tres Vents
Puig Roja
Pla Guillem
PIC DU CANIGOU
2784 m
MASSIF DU CANIGOU
GR-10
les Fourquets
la Preste
PIC DE COSTABONNE
ROC COLOM
LES ESQUERDES D'ROTJA
Collade des Roques Blanches
Mantet
SPANIEN
N
0
5 km
10

befällt die Kastanien des Tales. Oft stirbt zunächst der Hauptast ab, während der Baum von unten neue Äste bildet, aber auf die Dauer geht er doch ein.

Um sich auf das Vallespir einzustimmen, sollte man die kleine Kirche von *Saint-Martin-de-Fenollar* besuchen, die nicht weit südlich von Le Boulou liegt (erste Abzweigung rechts von der N 9 nach den Bains de Boulou). Im Chor des Kirchleins sind romanische Fresken vom Anfang des 12. Jahrhunderts erhalten. Die Darstellung Christi beherrscht das Gewölbe. Interessant sind die beiden darunter gemalten Register, von denen das eine die 24 Ältesten der Apokalypse, das andere Szenen aus dem Leben Jesu zeigt. Die Malerei ist gut erhalten, die Gestalten beeindruckend in ihrer kräftigen Linienführung, und die Farben sind von hinreißender Intensität und Wärme.

Mas Parrot - der Traum von Bauernhof

Auf der reizvollen, kleinen Provinzstraße D 13 kommt man südlich *Maureillas las Illas* im idyllischen Tal zunächst zum großen FKK-Campingplatz La Clapère**, Tel. 68 83 36 04, 66400 Maureillas.

Die schmale Straße windet sich am Fuße von dichtbewaldeten Hängen nach *Las Illas*, in dessen Nähe sich viele Auslandsfranzosen sonnige Domizile errichtet haben. Kurz vor dem Flecken führt links ein asphaltierter Weg steil den Hang hinauf. Nach 800 Metern kommt die Einfahrt zum Mas Parrot, das man auf einer Anhöhe unter großen Bäumen stehen sieht.

"Es existiert ein Dokument, aus dem hervorgeht, daß das Mas im Jahre 1300 so baufällig war, daß es kostenlos weitergegeben wurde", erzählt Martin Quentana. Schon Jahrhunderte zuvor müssen Menschen dort gelebt haben. Auf Zeiten der Blüte folgten die des Verfalls und umgekehrt. Das letzte Mal wurde das Mas 1940 instandgesetzt. Martin Quentana übernahm es 1980.

Das Mas Parrot ist ein Bauernhof wie Kinder ihn sich erträumen, ein Hof, auf dem es alles gibt: Hühner, Enten, Gänse, Kaninchen, Schafe, Ziegen, Schweine, Kühe und Pferde. In dem großen Garten sprießen alle erdenklichen Gemüse. Am Hang liegt ein Kartoffelfeld. Sieben Hektar veredelte Eßkastanienbäume gehören auch dazu.

Im Gegensatz zu den meisten Bauern des Roussillon setzen die Quentanas auf Vielseitigkeit. "Mein Traum ist es, einen Hof zu haben, auf dem es alles gibt, was man zum Leben braucht", sagt Martin. "Wenn für das Wesentlichste gesorgt ist, ist es nicht mehr schwer, den Rest zu erwirtschaften". Der Überschuß wird verkauft, am liebsten direkt. Mancher Nordkatalane, Feriengast oder Wanderer deckt sich auf dem Mas Parrot mit Ziegenkäse, Honig, manchmal Gemüse, im Herbst mit Maronen oder auch mit einem guten Braten ein.

Die Straße führt weiter in einer schönen Spazierfahrt, vielleicht mit Abstecher zum Pic de Fontfrède, nach *Céret*, vgl. dort.

Lauschig & rustikal

Nimmt man die D 13, wo sie von der D 115 bei *Saint-Jean-Pla-de-Corts* abzweigt, und folgt ihr an dem alten Dorfkern vorbei in Richtung Maureillas, weist nach einem Wäldchen ein Schild zur Domaine Villargeil und zum *Restaurant Les Vieux Futs*. Beides liegt lauschig unter alten Bäumen.

Das Restaurant ist urig mit ländlich-einfacher Küche und Menüs in mittlerer Preislage, Spezialität: Magret de canard. In dem Garten des etwas vom Zahn der Zeit angenagten Herrschaftshauses kann man zelten. Der Besitzer betreibt auch den weniger romantischen Campingplatz Les Bruyères an der D 618, Tel. 68 83 26 64.

Auf der anderen, nördlichen Seite der D 115 kommt man auf der D 13 nach Vives, einem kleinen katalanischen Dorf, das nun leider durch Neubauten verschandelt wird.

Das Hostalet de Vives, ein alter Natursteinbau neben der Mairie, lohnt den Besuch. Alles ist sehr katalanisch rustikal: von der Atmosphäre bis zum Essen. Natürlich gibt es Schnecken, Grillade und Crème catalan. Tagesmenü DM 20, sonst à la carte etwa DM 40.

Céret

Obwohl Céret - das Zentrum des Vallespir - mehr als 6000 Einwohner hat, schlägt sein Herz nach wie vor in dem kleinen alten Teil, den man von der Place de la République durch die Porte de France betritt. Abgesehen von der *Place des Neuf Jets* trifft man sich auf der *Place Picasso* vor der Bar Le Pablo.

Nur einige Schritte weiter am Boulevard Lafayette ist rechts das Kunsthandwerkerzentrum *Saint Roch* und die *Casa Catalana de la Cultura*, in der prähistorische Funde, altes Handwerk, Botanik, Mineralien und Fossile ausgestellt werden (von Juni bis September außer sonntags von 14 bis 18 Uhr). Biegt man rechts um die Ecke, führt der Boulevard Arago auf die Place de la Liberté, wo das von Maillol geschaffene Kriegerdenkmal steht.

Geschichte: Céret wurde nach Cérès getauft, der Göttin der Nahrung, die die Griechen Demeter nannten. In dem mythischen Reich der Ceretanie, das das Vallespir einschloß, ließen sich die Menschen zur Erntezeit von der Muse des Tanzes inspirieren, um der Göttin zu huldigen. Gerührt von der Hingabe ihres Volkes, ließ Cérès zur Erfrischung der Tänzer Baume sprießen, die rote Früchte trugen, die *ceresas*. Den Tanz nannte man La Ceretane, woraus Sardane wurde, der Nationaltanz der Katalanen diesseits und jenseits der Pyrenäen.

Heute wird die Sardane an Feiertagen getanzt und während der Ferienzeit in vielen Dörfern Nordkataloniens aufgeführt, wozu die Musik der Coblas gespielt wird. Wenn man Männern und Frauen in typischer Tracht mit rotem Barett und weißer Haube und den bis über die Waden verschnürten Espadrilles zuschaut, glaubt man, diese Tradition hätte sich ungebrochen erhalten.

In Wirklichkeit taten die Franzosen nach dem Pyrenäenvertrag von 1659 - und mit besonderer Verve nach der Französischen Revolution - alles, um die alten katalanischen Bräuche und die Sprache zu unterdrücken. Die Sardane zog sich in ihre Heimat, in die schwer zugänglichen Dörfer des Hohen Vallespir zurück. Erst nach dem Zweiten Weltkrieg gab es eine katalanische Renaissance, und es gelang Henry Prépratx-Saisset, die Sardane wieder populär zu machen.

Auf einem Platz im alten Céret steht der Brunnen der Neun Strahlen, die *Fontaine des Neuf Jets*. Seine Säule ist mit Karyatiden verziert, die sich an den Händen halten wie bei einem Rundtanz, so daß manche darin ein Denkmal für die Sardane erkennen.

Auf diesem schönen Platz mit seiner sympathischen Buchhandlung *Das Pferd im Baum*, die eine gute Auswahl regionaler Literatur und französischer Belletristik bietet, und der Bar des Artistes, wo man genüßlich Aperitifs schlürft, befindet man sich im Herzen Cérets. Hier spürt man die Atmosphäre, die im Winter 1909 den Komponisten Déodat de Sévérac, den Bildhauer Manolo Hugué und den Maler Franck Burty Haviland faszinierte. Eigentlich wollte das Kleeblatt nach Banyuls zu Maillol, aber der Tramontane, der eisig von den Bergen fegte, schreckte sie ab. Céret und das Vallespir liegen durch das Massiv des Canigou im Windschatten.

Aus Céret schickten die Freunde begeisterte Briefe zum Montmartre, die ihre Freundesclique herbeilockten. Da führende Maler des gerade florierenden Kubismus darunter waren, nannte man das Städtchen "Mekka des Kubismus". Es kamen Picasso, Braque, Juan

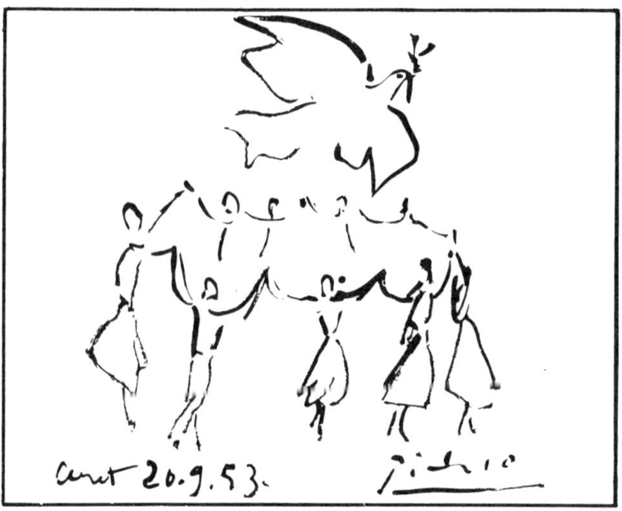

Gris, Chagall, Kisling und andere. Auf einen Schlag war Céret in Künstlerkreisen ein Begriff. Haviland und Chagall kehrten später zurück. André Lhote, Bernard Dufy, Chapiro, Klein pilgerten in die Hauptstadt des Vallespir, die bis heute Künstler und Schriftsteller anzieht.

■ 1950 wurde im ehemaligen Gefängnis das *Museum für Moderne Kunst* eröffnet. Neben einer wechselnden aktuellen Ausstellung besitzt es rund 700 Arbeiten moderner Künstler, von denen ihm viele bedeutende geschenkt wurden. Die Beziehung der Künstler zu der Stadt verleiht dem Museum einen intimen Charakter. Herrlich ist Chagalls Gouache von 1942 'Die Kuh unter dem Regenschirm'. Genial sind die 28 rot-braun-gelben Schalen, auf denen Picasso den Stierkampf skizzierte und seine Zeichnung 'La Sardane à la Colombe'. In einem abgeschlossenen Raum, zu dem man auf Nachfrage Zutritt erhält, hängen Collioure-Zeichnungen von Matisse, Bilder von Juan Gris und Skizzen von Maillol. Unbedingt sehenswert.

Le Musée d'Art Moderne, Rue Joseph Parayre, 66400 Céret, geöffnet von 10 bis 12 Uhr und von 14 bis 18 Uhr, Di geschlossen.

Stierkampf, Sardane und Kirschen

Im Juli und August feiert man in Céret katalanisch. La Sardane wird auf den Boulevards und beim Internationalen Festival der Sardane in der Arena getanzt, in der sonst Stierkämpfe stattfinden, denn auf die ist man so versessen wie die Brüder im Prinzipat. In den einzelnen Vierteln des Städtchens werden öffentliche Bälle und Aufführungen organisiert, bei denen man auf den Plätzen riesige Paellas zubereitet. Jeden Samstag, das ganze Jahr über, ist M a r k t, auf den Erzeuger aus dem ganzen Vallespir kommen und ihre Produkte anbieten, besonders gut Ziegen- und Schafskäse und das Biobrot.

Céret rühmt sich, Hauptstadt der Kirschen zu sein. Meist kommt der erste Korb Kirschen des Jahres, der dem Präsidenten geschickt wird, aus Céret. Man hat hier in geschützter Lage gut eine Woche Vorsprung vor der Provence, und der macht sich bezahlt. Wegen der gestiegenen Lohnkosten stellte die Mehrzahl der Obstbauern dennoch inzwischen auf Pfirsiche um.

i *Auskünfte vom sehr rührigen Syndicat d'Initiative, Avenue Clémenceau, 66400 Céret, 68 87 00 53.*

▪ *Unterkunft: Hotel Vidal*, 4, Place du 4 Septembre, Tel. 68 87 00 85. Dort, wo einst die Stadtmauer stand und nah ihren letzten Überbleibseln, doch mit Eingang und Terrasse der Altstadt zugewandt. Ein katalanisches Hotel mit entsprechendem Dekor und Küche, Menüs ab DM 15, und Zimmerpreisen, die von DM 23 EZ bis zu DM 40 und 56 für DZ reichen. Teurere Zimmer mit Extra-WC ausgestattet. Im November geschlossen.*

*Pyrénées Hotel**, 7, Rue de la République, Tel. 68 87 03 19. Nur wenige Schritte von der Place de la République und dem alten Stadttor entfernt, an der Ecke gibt es den guten Bioladen 'La Mandragore'. Ein in einem alten Stadthaus untergebrachtes charmantes Hotel mit individuell möblierten und dekorierten Zimmern - einige sind sehr schön -, einem Restaurant und einem Garten. DZ mit Waschbecken DM 35, mit Dusche oder Bad und WC ab DM 60, Halbpension für 2 Personen von DM 80 bis 115. Sympathische Atmosphäre. Ganzjährig geöffnet.*

Oberhalb von Céret (2 km östlich von Céret) das noble Hotel/Restaurant La Châtaignerie. Sehr schön gelegen, mit großem Garten, und Swimmingpool. Sehr gute Küche, 8 komfortable Zimmer, zwischen 80 und 140 Mark, Route de Fontfrède, 66400 Céret, Tel. 68 87 03 19. Von 11. Oktober - 10. Mai geschl. Keine Hunde.

*Camping Municipal Bosquet de Nogarède**, Tel. 68 87 26 72. An der D 618, die nach Maureillas führt. Schattiger Platz, recht nah am Stadtkern.*

Camping Mas d'en Mas, Chemin du Château d'Aubéry, Tel. 68 83 32 67. Rechts von der D 115, an der Zufahrt zu dem unübersehbaren Zuckerbäckerschloß, dem größten des Roussillon, früherer Sitz des JOB-Zigarettenpapierfabrikanten Bardou. Pierre Mas hat unter seinen Kirschbäumen einen Campingplatz eingerichtet. Außer Kirschen gibt es bei ihm Pfirsiche und einen empfehlenswerten trockenen Muscatwein. Auch Gästezimmer.

■ *E s s e n : Au Gourmet, 6, Avenue Clémenceau, Tel. 68 87 04 75. Bestes Restaurant im Ort mit rustikaler Atmosphäre. Während der Sommermonate wird auch draußen serviert. Besonders gut sind die Fischgerichte. Menüs DM 24 (nur mittags) und 55. Mittwochs geschlossen.*

A Can Fouste, Pont de Reynès, Tel. 68 87 17 62. Einige Kilometer weiter das Tal hinauf, in dem nach der Brücke benannten Weiler, steht die alte katalanische Gastwirtschaft an der Nationalstraße. Sie ist wegen ihrer typischen Küche und der schattigen Terrasse bekannt und ein beliebtes Ausflugslokal der Perpigneser. Man kann auch übernachten.

Auf der anderen Seite des Tech fährt man auf der schmalen D 63 durch Korkeichenwälder hinauf nach O m s , das zum Gebiet der Aspres gehört, wo man hervorragend Wildschwein essen kann (siehe weiter unten).

Amélie-les-Bains

Amélie-les-Bains ist die Perle unter den roussillonaisischen Thermalbädern. Das ganze Jahr über herrscht Betrieb, denn zu den Heilung oder Linderung suchenden Badegästen kommen noch die Pensionäre, die sich in dem milden, geschützten Klima niederließen, in dem Palmen, Mimosen, Oleander und Kakteen gedeihen. Die Wasser der fünfzehn Quellen sprudeln mit Temperaturen zwischen 44° und 63°C aus den Felsen. Schon die Römer, solchen Annehmlichkeiten immer auf der Spur, richteten die ersten Bäder ein. Die Überbleibsel sind noch zu bewundern.

Amélie, nach der Gemahlin Louis-Philippes umbenannt und erst in den letzten hundert Jahren großgeworden, verfügt über 19 Hotels, 2000 möblierte Zimmer und Wohnungen und 7 Campingplätze - und die eigentümliche Stimmung eines etwas skurrilen Heilbades, von der man trotz der Schönheit der Umgebung nicht sonderlich angezogen wird, wenn man sich fit fühlt. Eher kann man dann noch den kränkelnden Gesundheitsstationen wie Rennes-les Bains nostalgischen Geschmack abgewinnen. Pardon.

Arles-sur-Tech

Arles-sur-Tech liegt in der Mitte des Vallespir am Zusammenfluß von Tech und Riuferrer. Wie das vier Kilometer entfernte ehemalige Arles-les-Bains schützt ein Halbkreis von Bergen, unter denen der Canigou der imposanteste ist, das Städtchen gegen die Winde aus dem Norden. Obwohl die früher blühende Tuch- und Eisenindustrie ihre Bedeutung einbüßte, bzw. ganz einging, hat die Bevölkerung mit knapp 3000 Einwohnern leicht zugenommen, denn auch hier genießt mancher seinen Lebensabend - das Städtchen selbst macht den Eindruck, als sei es im Ruhestand.

Arles Bedeutung stieg und fiel mit seinem Kloster, der ältesten, noch von Karl dem Großen angeregten Gründung im Roussillon. Der früheste Teil der Kirche mit der Ostfassade geht auf das 11. Jahrhundert zurück. Gut zwei Jahrhunderte später begann man mit dem Kreuzgang, dessen Galerien jeweils dreizehn Doppelsäulen erhielten. Ihre Kapitelle sind kaum verziert. Gerade diese Schlichtheit verleiht ihm Würde und Eleganz. 1464 wurde der Abt Pierre II de Montreux als Gregor II zum letzten französischen Papst gewählt. Diesem Höhepunkt folgte schnell der Niedergang, als das Kloster der fernen Abtei von Cluny unterstellt wurde.

In einer Seitenkapelle fällt der geschnitzte und vergoldete Altar der Schutzheiligen von Arles auf, der persischen Prinzen Abdon und Sennen, die als Märtyrer starben. Ihre in zwei silbernen Büsten verwahrten Reliquien wurden von dem Abt Arnulf auf abenteuerlichen Wegen im 10. Jahrhundert ins Vallespir geholt. Sie dienten als Mittel gegen seltsame Bestien, die als Mischung zwischen Hund und Affe dargestellt und Semioten genannt wurden und denen Kinder und Erwachsene zum Opfer fielen. Mangels eines geeigneten Schreins verwahrte man die Reliquien zunächst in dem aus dem 4. Jht. stammenden christlichen Sarkophag, den man aus den Ruinen des ersten, von Normannen zerstörten Klosters geborgen hatte. Später begann Wasser aus dem Sarkophag auszutreten, dem bald Heilkräfte nachgesagt wurden. Jedes Jahr, während der letzten drei Tage des Juli, wenn die Arlésienser ihre Schutzpatrone feiern, wird das Wasser des Heiligen Grabes verteilt.

■ Ausflug zur G o r g e d e l a F o u : : Zwei Kilometer westlich Arles zweigt ein gutausgeschilderter Weg zu dieser Schlucht ab. Auf einer knapp einen Meter breiten Rampe kann man - gegen Eintrittsgeld - über dem Grund des Canyons spazierengehen. Die Felswände erheben sich bis zu 300 m Höhe, während die Breite an der engsten Stelle nur 70 cm beträgt.

Gute Adressen

i *Avenue de la Gare, Tel. 68 39 11 99, 66150 Arles-sur-Tech.*

■ *U n t e r k u n f t : Hotel Les Glycines**, Rue Joc de Pilote, Tel. 68 39 10 09, ein bürgerliches Haus mit Garten und Terrasse. EZ ab DM 40, DZ ab DM 50 und Menüs ab DM 24.*

■ *Katalanische Spezereien : Arles ist für seine katalanischen Schleckereien berühmt, besonders für die 'Rosquilles Fondantes'. Der Meister dieser Törtchen mit dem weißen Zuckerguß ist Jean Touron. Seine Konditorei liegt am Beginn des ersten Platzes, der Placette d'Avall. Im Laden waltet Madame Touron über die Köstlichkeiten, die auf kleinen Tellern dargeboten werden. An drei Tischen kann man sich zu einer gepflegten Tasse Kaffee niederlassen und in Ruhe probieren, wenn man sich von dem Anblick allein nicht hinreißen lassen will.*

Meister Touron und sein Sohn Guy werken in der unteren Etage, die an eine Alchemistenstube erinnert, so ruhig und bedächtig geht man vor. Das Rezept für die Rousquilles wurde in langen Jahren immer mehr verfeinert. Sie werden aus einem reichhaltigen, doch leichten Teig hergestellt, der in kleine Portionen aufgeteilt und mit Meringue und Zuckerguß versehen wird. Während Jean Touron die verschiedenen Sorten von Tourrons, die er aus Pinienkernen, Haselnüssen oder mit Marzipan macht, als katalanische Zuckerbäckerroutine ansieht - man sollte sie trotzdem probieren! - ist er stolz auf seine 'Délices de la Fou'. Dies ist ein von ihm kreierter Praliné, der mit gerösteten Pinienkernen umhüllt und dann mit weißer Schokolade übergossen wird. Köstlich. Benannt wurde die Köstlichkeit nach der Gorge de la Fou (s.o.)

Das alt-ehrwürdige 'Café du Commerce' verdient Denkmalschutz. Man findet es im Zentrum von Arles, in der Rue Jean Vilar Nr. 1.

 Das Café du Commerce in Arles-sur-Tech

Abstecher zum Turm von Batère

Gleich westlich Arles nimmt man rechts die D 43 nach Corsavy. Wenig westlich der Straße verläuft der schon oben genannte Canyon *Gorge de la Fou*. Die Straße senkt sich nach dem Paß herab zu dem mittelalterlichen Dorf, das von einem alten Wachturm überragt wird und steigt auf der anderen Seite wieder an. Sie windet sich bis zu den ehemaligen Eisenminen von Batère hinauf, die als letzte der einst so berühmten Minen des Canigou schlossen. Dank der Initiative des Bürgermeisters von Corsavy ging man daran, die fürchterliche Mietskaserne der Bergarbeiter umzugestalten. Sicher wird es noch lange dauern, bis man das Äußere kaschiert hat, dafür gibt es innen symphatische Veränderungen: eine Unterkunft für Wanderer, denn hier steigt der GR 10 vom Canigou hinab ins Techtal, und eine Herberge (s.u.).

Vom *Col de la Descargue* (1393 m) erreicht man nach etwa zwei Kilometern den Tour de Batère. Er gehört zum alten Wachsystem, das die Grafen des Conflent und des Fenouillèdes errichteten, um rechtzeitig vor anrückenden Feinden gewarnt zu werden: am Tag durch Rauch-, nachts durch Feuerzeichen. Von dem Turm aus reicht der Blick weit über Ebene und Küste des Roussillon. Der Weg führt weiter zum *Col Palomère* und von dort links nach *Valmanya*, rechts nach *La Bastide*.

▪ Auskünfte über die Wanderunterkunft in der Mietskaserne von Corsavy erteilt die Mairie von Corsavy. Übrigens darf man auf dem Gemeindegebiet zelten, wenn man sich vorher die Erlaubnis einholt: Tel. 68 39 26 51.

Saint-Laurent de Cerdans

Das grüne Tal des Quéra, einem südlichen Nebenflüßchen der Tech, bietet einen anderen Aspekt der Pyrénées Orientales: ausgedehnte Wälder. Man befindet sich plötzlich im grünen Mittelgebirge. Saint-Laurent liegt immerhin auf 700 m.

Ende des 17. Jahrhunderts, als man die Eisenvorkommen im Tal intensiver auszubeuten begann, erlebte der Ort seinen Aufschwung. Um 1840 zählte man 40 Eisenhersteller, 80 Nagelschmiede und 100 Köhler. Zwei Lehrer - immerhin leistete man sich bereits eine Schule! - unterrichteten etwa 100 Schüler. Nebenbei florierte der Schmuggel. Es gab allein zwölf Tuchgeschäfte, über die hochwertige Stoffe aus Nordfrankreich ihren Weg nach Barcelona fanden. Wohl nicht nur Stoffe . . .

Die Arbeiter nahmen die Vorteile der Industrie auf dem Lande wahr. In ihrer Freizeit bestellten sie Gärten, hielten Hühner, Kaninchen und Schweine. Im südlichen Gebirgsklima trockneten Schinken und Würste gut, und die Schlachtwaren des Ortes waren renommiert.

Rechtzeitig, um die Eisenverarbeitung abzulösen, kam eine neue Industrie nach Saint-Laurent und ins obere Vallespir: die *Espadrilles*. Diese traditionelle Fußbekleidung aus Tuch und Hanf- bzw. Jutesohlen wurde ursprünglich aus Vich importiert, weshalb man die Sandalen auch *vigatanes* nannte. Besorgte man zunächst das notwendige Material aus Spanien, entstanden bald kleine Tuchfabriken, und Seiler stellten die verschiedenen Bänder her. Mit wachsender Nachfrage zog die Mechanisierung ein. Heute wird eine größere Auswahl an Schuhmodellen und katalanisches Tuch in den klassischen Farben Rot und Gelb hergestellt, aber die Industrie hat ihre Bedeutung verloren.

▪ Im Handwerker-Museum von Saint-Laurent-de-Cerdans erhält man durch die komplette Espadrilles-Werkstatt und die rekonstruierte katalanische Schmiede einen Eindruck, wovon die Menschen des Vallespir früher lebten. Verkauf von Erzeugnissen der Gegend. Centre de l'Espadrille. Von Mai bis September täglich bis auf dienstags von 9 bis 12 Uhr und von 15 bis 19 Uhr geöffnet.

▪ Pilze: Etwas zum Leidwesen der Einheimischen ist die Umgebung von Saint-Laurent als Pilzparadies bekannt. In den ausgedehnten Wäldern findet man fast alle Pilzgattungen. Die Katalanen sind vorsichtige Pilzsucher. Sie sammeln meist nur Steinpilze, Pfifferlinge und einen schmackhaften Milchling, den *lactaire catalan*. Am beliebtesten sind die 'Negerköpfe' genannten jungen Steinpilze.

Fachkundigere halten nach Totentrompeten, Lacktrichterling, Orange-Ellerling und Perlpilz Ausschau. Leider richten Pilzsucher, denen es an den nötigen Kenntnissen mangelt, viel Schaden an. Man nimmt an, daß der Pilzreichtum mit der natürlichen Radioaktivität zu tun hat.

Gute Adressen

i *trotz der Bemühungen eines aktiven Syndicat d'Initiative, 5, Rue Joseph Nivet, 66260 Saint-Laurent-de-Cerdans, Tel. 68 39 55 75, das über Wanderwege und Feste oder das - Landarbeit und Handwerk - gewidmete kleine Filmfestival Anfang Juli informiert, sind die Katalanen hier nicht sehr gastfreundlich, und man hat etwas Schwierigkeit, Unterkunft zu finden.*

▪ *Unterkunft: An der Place de la République das Hotel du Midi*, Tel. 68 39 57 03. Im Restaurant katalanische Gerichte - natürlich auch Steinpilze.*

Es gibt einen städtischen Campingplatz auf dem Pla de l'Ille, auf der anderen Seite des Quéra, Tel. 68 39 54 64.

Hier steht auch das Château de l'Ille mit einem 4 ha großen Park, privatem Tennisplatz und drei Ferienwohnungen. In einem Pavillon befindet sich eine weitere. Preise pro Woche im Juni und September von DM 250 bis 340. Tel. 68 56 68 33 oder 68 39 50 43.

Coustouges

Ca. 4 km südöstlich St. Laurent liegt auf 826 m Coustouges, einer der ältesten Orte des Vallespir. Sein Name geht auf die römische Garnison zurück, die hier *custodia*, Wache hielt. Man vermutet, daß bereits die Römer eine Kirche errichteten. 936 erwarb Ada, Gräfin der Cerdagne und von Besalu, das Gebiet, zu dem damals Saint-Laurent gehörte. Ihr Nachkomme Graf Oliba Cabreta schenkte den Besitz dem Kloster in Arles. 1142 weihte Udalgar, Bischof von Elne, die jetzige Kirche der Heiligen Maria.

Man ist erstaunt, in diesem abgelegenen Dorf eine so große Kirche zu finden. Sie wurde aus Granit und rotem Sandstein errichtet. Durch ein erstes Tor mit typischen mittelalterlichen Beschlägen betritt man einen Vorraum, von dem man durch das eigentliche Portal in das hohe Kirchenschiff gelangt. Während die Architektur ein Beispiel für die ausgewogene Raumgestaltung darstellt, zeigen die Bögen des Portals die Vielschichtigkeit der Phantasie der romanischen Epoche.

Im Dorf kann man den in der Gemeinde hergestellten ausgezeichneten Schafskäse kaufen. Wollen Sie ein Stück mitnehmen, kaufen Sie aber besser den *tome*. Er hält sich wesentlich besser als der *lactaire*.

▪ *Unterkunft auf ländliche Weise in vier einfachen Zimmern bietet die etwas verstaubte Familienpension Barnabas. Vollpension für etwas mehr als DM 50, Tel. 68 39 51 04. Die Grenze ist nah. In einem bequemen Spaziergang kann man die spanische Grenzwirtschaft 'El Coral' erreichen.*

Serralongue und Lamanère

Bei der Forge-del-Mitg, einst berühmte Schmiede, biegt die D 64 nach Westen von der D 3 nach Serralongue ab, das wegen seines *conjuradors* bekannt ist. In dem Turm, der nach den Haupthimmelsrichtungen offen ist, versuchten die Priester bei heraufziehenden Gewittern oder Hagelunwettern die Dämonen zu verschrecken.

Auf der schmalen D 44 erreicht man dann das Nest *Lamanère*, das für sich beansprucht, der südlichste Ort Frankreichs zu sein. Die Gemeinde hat in einem alten Dorfhaus fünf Gîtes eingerichtet. Auskünfte über die Mairie, Tel. 68 39 62 52.

Der Weg überquert den gleichnamigen Bach und zieht sich auf der anderen, westlichen Seite den bewaldeten Hang hinauf. Nach etwa 2,5 Kilometern kommt man zur Kapelle der *Notre Dame du Co-*

ral. Während man geradeaus beim Col de la Guilla wieder auf die Hauptstraße D 115 gelangt, zweigt links ein Weg ab, der über den Col de Bernadeille weiter zum Col d'Ares, der Grenzstation, führt.

▪ W a n d e r n : In einem gemächlichen Tagesausflug kann man von Lamanère aus die geheimnisvollen *Tours de Cabrenç* ersteigen, indem man den Weg vom Dorf an der Kapelle Sainte Christine vorbei zum Col des Falguères nimmt. Links folgt der Weg der Bergkette, die die Grenze nach Spanien bildet. Hinter dem Col del Boix muß man sich links halten. Nun wendet man sich den Türmen zu, die auf 1326 m Höhe liegen. Der Weg an ihrem Fuß führt hinunter auf die D 44 und von dort zurück nach Lamanère.

Der finstre Herr von Cabrenç

Auf der ehemaligen Burg von Cabrenç residierten früher die Barone von Serralonga, Vasallen der Grafen von Besalu, Wächter über das Obere Vallespir, Sympathisanten der Katharer und überzeugte Katalanen.

Einmal soll es einen finsteren Burgherrn gegeben haben, der viel von Gefechten und Jagd, aber wenig vom Glauben hielt. Er hatte zwei Knappen. Der eine, Ramon, ähnelte dem Baron, war grob und ruppig und folgte seinem Herrn auf die Jagd, wenn alle anderen zur Messe gingen. Dalmau hingegen, der andere, war ein guterzogener, intelligenter und frommer junger Mann. Die Herrin von Cabrenç schätzte ihn sehr, doch ihrem Gemahl war er ein Dorn im Auge. Er ärgerte sich so sehr über Dalmau, daß er beschloß, ihn umzubringen.

Der Baron ritt nach Lamanère hinab und weiter an der Kapelle Notre-Dame du Coral, die er keines Blicks würdigte, vorbei zum Col de Bernadeille, wo einige wilde Gesellen hausten, die für ihn als Bergleute und Schmiede in den Eisenminen arbeiteten. Gegen reichlichen Lohn sollten sie den Knappen, den er zu ihnen schicken würde, packen und in den Schmelzofen werfen. Sie gelobten Gehorsam und Schweigen.

Zurück auf der Burg, ließ der Baron Dalmau rufen und erteilte ihm lächelnd den Auftrag, zur Mine zu gehen. Der Knappe brach sofort auf und freute sich auf den langen Spaziergang. Als er zu der Kapelle Unserer Lieben Frau des Coral kam, zelebrierte dort der Priester eine Messe.

Selbstverständlich nahm Dalmau mit den versammelten Bauern daran teil, zumal ihm sein Auftrag nicht dringlich erschien. Als er endlich zum Col gelangte, starrten ihn die Bergleute finster an. Eifrig schürten sie das Feuer in ihrem Schmelzofen, aus dem übler Gestank drang. Auf seine Frage erwiderten sie, daß alles genauso gemacht worden sei wie der Herr Baron es angeordnet hätte.

Zwei Stunden nach Dalmaus Aufbruch hatte den grausamen Herrn von Cabrenç Unruhe ergriffen. Begierig zu hören, daß der Plan gelungen sei, trug er seinem Lieblingsknappen Ramon auf, herauszufinden, ob die Minenarbeiter seine Befehle ausgeführt hätten. Ohne irgendwo Zeit zu verlieren, lief Ramon, bis er den Berg erreichte. "Mein Herr schickt mich, um zu fragen ...", wendete er sich an die düstren Gesellen. Doch schon packten sie ihn. In seiner Überraschung hatte er nicht einmal zu schreien vermocht.

Vermutlich handelte es sich bei dem frommen Knappen um Dalmau de Rocabert, der nach dem Tod des Baron die Tochter heiratete und einen neuen Zweig im Stammbaum der Herren von Cabrenç begründete.

Prats-de-Mollo und La Preste

Was haben Prats-de-Mollo und Sevilla gemeinsam? Die Schutzheiligen Justus und Ruffinus, deren Leben und Leiden auf dem prächtigen Barockaltar der Kirche von Prats dargestellt werden. Mönche aus Andalusien, die vor den Mauren flohen, gründeten das Kloster von Arles und bauten an dem alten Pyrenäenweg, der über den Col d'Ares führt, eine Herberge und Kapelle. Zeugnis aus dem Mittelalter ist der romanische Glockenturm, während die Festung Lagarde erst im Auftrag Vaubans nach dem Pyrenäenvertrag errichtet wurde. Über den Paß ist das Vallespir mit den Hochburgen katalanischer Kunst Ripoll und Vic verbunden.

Das Leben in **Prats** wird von den Thermalquellen im acht Kilometer westlich gelegenen **La Preste** bestimmt. Entsprechend viele Hotels und Privatunterkünfte gibt es.

▪ **Wandern:** Gute Ausgangspunkte sind La Preste oder der Campingplatz in St. Sauveur (vgl. oben), wo sich Touren nach Nor-

 Prats-de-Mollo

den in die wasserreichen - nach Süden geöffneten - Täler von Gués und Parcigoule anbieten.

Gute Adressen

i *Auskünfte, auch über Wanderungen und Skilaufen vom Syndicat d'Initiative, Place Le Floiral, 66230 Prats-de-Mollo, Tel. 68 39 70 83.*

▪ *Unterkommen: Am besten gefällt mir in Prats die Hostellerie Le Relais*, Place de la Mairie, Tel. 68 39 71 30, eine frühere Postkutschenstation, mit ihren einfachen Zimmern im Zentrum von Prats in der Fußgängerzone.*

Sonst ist der Campingplatz des Deux Vallées zu empfehlen, der zwischen Prats und La Preste in Saint-Sauveur am Fluß liegt. Tel. 68 39 72 83.

Zu den Gipfeln

Auf den Pic de Costabonne: Von La Preste ist es nicht weit zum 2465 m hohen Pic de Costabonne, aber dafür geht es steil hinauf.

Auf den Col de Rocas Blancas: Inzwischen verbinden befahrbare Routen das Obere Vallespir mit dem Oberen Conflent, z.B. über den Col de Rocas Blancas. Von La Preste in nördlicher Richtung gelangt man so zunächst nach *Les Fourquets*, wo es Skipisten gibt, und dann zum *Col de Rocas Blancas*, dem mit 2252 m höchsten Pyrenäenpaß auf der französischen Seite.

Auf dem Paß zweigt die - natürlich nicht das ganze Jahr über befahrbare - Route nach Norden ab, die über den *Pla Guilhem* führt und auf die Hauptwege (u.a. GR 10) stößt, die zum *Canigou* (2785 m), dem Gipfel der sieben Männer (2661 m), dem *Puig Roja* (2774 m) und dem Berg der Drei Winde (2731 m) gehen.

Zur Quelle des Tech: Über die *Collade de Roques Blances* zu dem Bergnest Mantet (liegt am GR 10-36). Kurz nach dem Col de Mantet, in der zweiten Haarnadelkurve östlich der Siedlung, beginnt links ein Weg, der über die *Esquerdes de Rotja*, die Quelle des Tech, am Fuß des Roc Colom erreicht.

▪ W a n d e r n : Das Massiv des *Canigou* und die Gipfel des *Hohen Conflents* sind ein grandioses Wandergebiet. Eine zünftigere Basis für Wanderungen zum Canigou oder im Massif de Carança als die bürgerlichen Hotels in La Preste ist die Ferme-Auberge von Angeline und Richard Cazenove in M a n t e t, dem am weitesten in die Berge vorgeschobenen Weiler. Bei den Cazenoves, die auch ein Gîte d'Etape unterhalten, kann man gut und preiswert essen. Dort natürlich auch Auskunft über verschiedene Tourenmöglichkeiten. Übernachtung DM 11, Tageszuschlag DM 5.

Adresse: 66360 Mantet, Tel. 68 05 60 99.

Die Aspres

T h u i r (7 000 Ew., ca. 11 km südwestl. Perpignan), das Tor zu den 'herben Hügeln', die zwischen der Ebene des Roussillons und dem Massiv des Canigou aufsteigen, ist eine der wenigen Kleinstädte der Region. Das Leben läuft gemächlicher ab als wir es gewohnt sind. Ein Grund dafür ist das Fehlen der Industrie. So spielt die Landwirtschaft nach wie vor die Hauptrolle, in Thuir der Weinbau. Zwar sind die goldenen Zeiten dahin, als der Byrrh einer der beliebtesten Aperitifs der Franzosen war, aber die riesige Kellerei aus der Jahrhundertwende ist noch immer Haupterzeuger der *apéritifs à base de vin*. Hier werden Dubonnet, Ambassadeur, Cinzano und andere Marken hergestellt.

▪ Die auf Most basierenden, mit Kräutern, Wurzeln und Rinden aromatisierten Aperitifgetränke gibt es bei uns so nicht zu kaufen. Qualitativer Spitzenreiter blieb der *Byrrh*, für den das größte - 1 Million Liter fassende - Eichenfaß der Welt gebaut wurde. Man bekommt es zu sehen, wenn man sich unter die zahlreichen Touristen reiht, die durch das Etablissement Cusénier geschleust werden. Das ganze Jahr über täglich von 10 bis 12.30 und von 14 bis 18 Uhr geöffnet, sonntags geschlossen. Eintritt frei.

Bei Touristen nicht weniger beliebt ist C a s t e l n o u (5 km südwestlich Thuir), einst Sitz der mächtigen Vicomtes, Lehnsmänner der Grafen von Besalù. Das gut erhaltene mittelalterliche Dorf betritt man durch ein altes Tor, um - ungestört von Autos - in den Gassen zu flanieren, in denen sich allerlei Kunsthandwerker niedergelassen haben. Über den Ziegeldächern thront die - im letzten Jahrhundert restaurierte - Burg, die demnächst 1000jähriges Bestehen feiert.

▪ *In der alten Gastwirtschaft 'L'Hostal' sitzt, ißt und trinkt man typisch katalanisch, Menüs zwischen DM 25 und 50.*

Einsiedelei und Schlemmerauberge

Ein anderes schönes, etwas weniger malerisches, aber auch weniger frequentiertes Dorf ist C a m é l a s , das man von Castelnou auch zu Fuß erreichen kann, sonst mit dem Auto über die D 615 westlich Thuir, dann auf der D 58 nach Süden. Über dem Dorf liegt auf 522 m Höhe die Einsiedelei *Saint-Martin de la Roca*, von der man einen herrlichen Blick über die gesamte Küste hat. Bekannt wurde sie durch den Priester Honoré Ciuro, der im 17. Jahrhundert dort lebte und der Nachwelt in seinen Memoiren von den Freuden und Leiden des Eremitendaseins berichtete.

Auf ihn geht das Sprichwort "tenir ne mes als caps que als peus" zurück, mit dem er seinen Neffen bedachte, der trunken zur eigenen Hochzeit taumelte, als wäre der Kopf zu schwer für die Füße. Honorat gab ein Beispiel, wie man Arbeit und Meditation miteinander verbinden konnte. In der Einsamkeit baute er eigenhändig die alte Kapelle wieder auf und vergrößerte sie. Er ernährte sich aus einem kleinen Garten und bestellte seinen Weinberg. Immer bewahrte er jedoch ein offenes Ohr für die Dorfleute und nahm Anteil an ihrem Leben.

▪ *M a s d e s E s t e l l o s e s : Auch Pierre und Christiane Duval haben eigene Weinberge, einen großen Garten und viel Geflügel. In ih-*

rer Ferme-Auberge verwöhnen sie von Donnerstag- bis Sonntagmittag Gäste. Man sitzt bei den Duvals wie zuhause, wird von ihr mit überschwenglicher Herzlichkeit bedient, während man in dem alten Brotbackofen ausgesprochen leckere und mit Liebe garnierte Gerichte aus eigenen Produkten zaubert. Da alles frisch zubereitet wird, arbeiten die Duvals ausschließlich auf Vorbestellung. Einziger Nachteil: sie sind meist schon Wochen im voraus ausgebucht. Tel. 68 53 00 12.

Anfahrt: Auf halber Strecke zwischen Thuir und Ille-sur-Têt führt die D 58 links Richtung Camélas. Gleich hinter der kleinen Brücke, rechts den Weg nehmen, auf dem man durch das trockene Flußbett bis zum Mas des Estelloses gelangt. Menü etwa DM 40.

Aussicht, Korkeichen und Wildschweine

Über Castelnou fährt man auf der D 48 zur Kirche der Fontcouverte, wo man die D 2 erreicht, die als Balkon der Aspres bekannt ist. Rechts kommt man nach Ille-sur-Têt, links, also südöstlich, nach Fourques, einem Winzerort, in dem Bernard Coronat biologischen Wein und Jean-Luc Pujol auf der *Domaine de la Rourède* einen schönen Muscat de Rivesaltes erzeugt.

Weiter nach Süden auf der D 615 erreicht man vor Llauro auf einer Kuppe den halbbeschatteten dörflichen Campingplatz (von Mitte Juni bis Mitte September, Tel. 68 39 42 08). Auf dem Paß hinter dem Ort biegt dann die D 13 ab, die tiefer in die Aspres und in die Korkeichenwälder hineinführt. Zunächst aber erreicht man Oms auf der D 13.

Oms und Llauro waren in der ersten Hälfte des letzten Jahrhunderts die Zentren der Korkenherstellung, die florierte, seit man 200 Jahre früher damit begonnen hatte, den Champagner zu verkorken. Fünfzehn Jahre lang muß eine Korkeiche wachsen, bevor man das erste Mal die Rinde schälen kann. Dieser natürliche oder 'männliche' Kork ist sehr gefurcht und hart und eignet sich nicht für Korken. Entfernt man ihn vorsichtig, bildet sich darunter eine neue Schicht, der 'weibliche' Kork. Jährlich nimmt sie um 1 bis 3 mm zu. Erst nach zehn Jahren ist diese Lage dick genug geworden, um sie mit einer speziellen Axt, der *picasso*, lösen zu können. Dem Bogenleger, auf katalanisch *llevayre de sure* gelingt das Ablösen in einem Stück.

Die Rinde wurde in Vierecke geschnitten und in kochendes Wasser getaucht. Danach war sie leichter zu schneiden, was bis zum Ersten Weltkrieg per Hand geschah. Ein guter Korkendreher brachte es auf 2000 Flaschenkorken pro Tag. Dabei ergab sich je 100 kg Kork Abfall von 60 bis 80 kg, der mit Leim vermischt weiterverarbeitet wurde. Inzwischen ist die Korkenfabrikation in das Tal des Tech gezogen und produziert nur noch für den roussillonaisischen Bedarf.

Ein großer Teil der Korkeichenwälder ist heute völlig verwildert und zugewuchert. Die Brandgefahr ist enorm, und die Bäume finden wenig Luft und Raum, sich zu entfalten.

▪ *Die Familie Vargas, die das M a s   C a n t u e r n , einen Bauernhof mit Gastwirtschaft, oberhalb von Oms, betreibt, fand eine originelle Methode, ihren Wald von Unterholz zu befreien: die Wildschweinzucht. In dem 25 Hektar großen Gehege gedeihen Bäume und Tiere prächtig. So kommt es, daß man im Mas Cantuern das ganze Jahr über - auf Bestellung - Wildschweinpfeffer und Frischling essen kann, die anderswo nur zur Jagdsaison angeboten werden. Hausgemachte Schlachtwaren gibt es als Vorspeise. Unangemeldete Gäste können mit einem Tagesgericht rechnen. (Menüs von DM 15 bis 35, Tel. 68 39 41 90). Außerdem kann man sich - je nach Saison - mit frischem Gemüse, Erdbeeren, Kräutern, Mandeln und Honig eindecken.*

Auf der D 13 von Oms nach Westen

Auf der D 13 kommt man zum *Col de Fourtou*, an dem man sich links hält. Knapp zwei Kilometer weiter stößt man auf die C h a - p e l l e   d e   l a   T r i n i t é , einen beliebten Pilgerort. Bereits 953 wurde sie geweiht. Äußerlich bescheiden überrascht ihr Inneres, besonders der Christus, der nicht leidend am Kreuz hängt, sondern verwirklicht, losgelöst, gegenwärtig. Der Altar am Ende des Kirchenschiffs verblüfft auf andere Weise. Auf ihm repräsentieren ein Alter, ein Mann in den besten Jahren und ein Jüngling die Dreifaltigkeit, eine seltene, fast ketzerische, aber volksnahe Darstellung. Auf dem Berg über der Einsiedelei stehen noch Ruinen von der einst bedeutenden Burg von Belpuig.

Am *Col Xatard* hält man sich geradeaus, bis man nun wieder auf der D 13 nach La Bastide kommt. Der prächtige Altar der - kürzlich restaurierten - romanischen Kirche gelangte auf Maultieren aus Spanien in die Aspres.

▪ Die Auberge Saint-Michel erwarb sich mit Wild- und Pilzgerichten einen Namen. Menüs ab DM 30, Tel. 68 39 41 49.

Ein ehemaliger Schafstall

Statt der D 13 weiter nach Valmanya zu folgen, nimmt man den Weg nach *Boule d'Amont*, der zum Mas Tarris führt. Verfehlen kann man es kaum, denn Christian Meligini hat nicht mit Wegweisern gespart. Was sich dann schließlich als das - fast abschreckend angekündigte - Mas entpuppt, ist ein ehemaliger Schafstall und die urigste Ferme-Auberge, die ich kenne. Die Kulisse ist hinreißend. Auf ihrem Hügel trotzt die alte Kirche von La Bastide, und dahinter erhebt sich majestätisch der Canigou, vor dem der Turm von Batère Wacht hält.

Der Gastraum ist denkbar einfach: drei lange, mit Plastiktischdecken überzogene, in U-Form aufgestellte Tische, davor einfache Holzbänke. Meist sitzt man ohnehin draußen. Daß es mit dem Mas Tarris etwas Besonderes auf sich hat, sprach sich herum. Im Sommer bereitet Christian gewandt bis zu 100 Essen am Tag. Die meisten Gäste fragen nicht, was es gibt und lassen den Wirt entscheiden. Nach hausgemachten Würsten und Schinken folgt meist ein Omelett mit Steinpilzen, während in der Zwischenzeit der Fleischgang gart. Kaninchen, Huhn, Ente, Lamm, Zicklein, Koteletts und Wildschwein können es sein. Alles aus eigener Produktion und reichlich. Kostenpunkt etwa DM 40 pro Person, eine einfachere Version für knapp DM 30 Mark. Tel. 68 84 14 03. Das ganze Jahr geöffnet.

Vom Mas Tarris gelangt man hinab nach Boule d'Amont und auf die D 618.

Magie der Romanik

Am Ende einer 4 km langen Stichstraße, die von der D 618 nach Westen in die Berge führt, liegt die Prieuré de Serrabone, die Hochburg der romanischen Kunst in Nordkatalonien, einsam nahe einer Quelle und umgeben von Hängen, die mit Bergeichen und Gestrüpp bewachsen sind: ein Ort, der schon in alten Zeiten heilig war. Erbaut aus dunklem Schiefer fügen sich die Mauern des Klosters und seines Turms bescheiden in die Landschaft ein. Die Leere des Schiffs und der Hallen mutet streng und kühl an, doch entfalten die marmornen Arkaden der Tribüne die faszinierende, reiche Welt romanischer Phantasie. Es sind vor allem die Säulenkapitelle, die Blicke anziehen.

In phantasievollem Reigen erscheinen Adler, Affen, Steinböcke, Monster und Fabelwesen, vor allem aber Löwen. Zentauren treten auf. Der Mensch befindet sich dazwischen, verschreckt oder erfreut, hineingestellt in den Kampf der Kreaturen. An diesem versteckten Ort konnte die grandiose Marmortribüne aus der Werkstatt von St.-Michel-de-Cuxa unbeschädigt überleben. Sie scheint gar nicht hierherzugehören. Es bleibt ein Rätsel, warum man sie hier aufstellte. Die Themen wiederholen sich auf der sonnendurchfluteten Galerie, dem Wandelgang der Mönche über der Schlucht.

Wie seine einst bevölkerte Umgebung wurde auch Serrabone verlassen. Im 15. Jahrhundert zogen sich die Augustiner - nach 400 Jahren - zurück. Heute ist es dem Konservator von Serrabone, Jean Reynal, zu verdanken, daß einerseits das romanische Erbe erhalten und herausgestellt wird, daß aber andererseits moderne, manchmal provokative Ausstellungen an den Phantasiereichtum der alten Meister anknüpfen und Serrabone erneut zu einem lebendigen geistigen Zentrum machen.

- Täglich, außer dienstags, geöffnet. Mittags geschlossen.

Bouleternère

Am Flüßchen Boulès entlang kommt man nach Bouleternère, südlich der Hauptstraße N 116: Gleich rechts im Ort das Syndicat d'Initiative (**i**, Tel. 68 84 72 74) wo man sich über die verschiedenen Wanderungen im Umkreis von Serrabone informieren kann. Eine führt z.B. zum *Col de l'Homme Mort*, wo der Fels von Amourriadou der Legende nach von den Geheimnisse der Hirten alter Zeiten erzählen soll.

Aber auch Bouleternère selbst ist einen Spaziergang wert. Der alte, am höchsten gelegene Teil des Dorfs hat sich seit dem Mittelalter wenig verändert. Noch immer stehen die beiden Wachtürme aus dem 13. Jahrhundert. Durch zwei Tore gelangt man in das Innere der alten Mauern. Sie sind durch eine Straße verbunden, die Bula in zwei Hälften teilt. Auf der einen Seite stößt man, nachdem man durch eine überbaute Gasse geschlüpft ist, auf den 'Palast', ein romanisches Haus, das die hochgestellten Besucher des Ortes beherbergte. Folgt man auf der anderen Seite den ansteigenden Gassen, gerät man zur Cellera. Wie in vielen mittelalterlichen Dörfern des Roussillon errichteten auch hier die Einwohner innerhalb der ersten Einfriedung eine zweite befestigte Zelle, einen Rückzugsort in höchster Not. In ihm wurden die Vorräte aufbewahrt. Hier erhebt sich der - in die Kirche integrierte - Burgturm, dessen Portal von dem Zifferblatt einer Sonnenuhr geschmückt wird, der ältesten des Roussillon. Die Barockkirche, deren Architektur ganz dem katalanischen Stil folgt, birgt in ihrem Inneren zwei Altäre des bedeutenden Holzschnitzers Jean-Jacques Melair.

▪ Zu Bouleternères Hauptfest am 17. Juli wird immer eine bekannte Musikgruppe engagiert.

Ille-sur-Têt und das Riberal

Ille (5500 Ew., 28 km westl. Perpignan) ist ein lebendiges Städtchen. Der große, zum Teil von hohen Platanen überschattete Platz mit seinen Cafés lädt zu einem Halt ein. Um 9 Uhr morgens bieten hier im Sommer die Pfirsichbauern ihre frischgepflückten Früchte an. Viele Händler kommen aus anderen Departements zu dem *zweitgrößten Früchtemarkt* Nordkataloniens, dem Zentrum des Pfirsichanbaus. Es herrscht reges Treiben. Obstkisten werden umgeladen. Man diskutiert. Die Cafés füllen sich. Später entschließen sich die Gruppen alter Männer zur ersten Boule-Partie des Tages.

Im ehemaligen *Hospice Saint-Jacques* hat man ein Centre d'art sacré geschaffen, in dem Jean Reynal vorwiegend Barockschätze aus den Kirchen des Têttals zusammentrug, dessen unterer fruchtbarer Teil *Riberal* genannt wird. Die Gemälde, Statuen, religiösen Objekte und Möbel wurden mit Geschick gruppiert und werden gekonnt präsentiert. Auf diese Weise fällt es wesentlich leichter, ihren künstlerischen Wert zu erkennen und von ihrer Ausstrahlung berührt zu werden. (Täglich, außer dienstags, von 10 bis 12 und von 14.30 bis 17.30 Uhr).

Josep-Sebastatia Pons, Illes berühmter Sohn und in Katalonien gepriesener Dichter, liebte einen Spaziergang, der über die einspurige Brücke auf die andere Seite des Flusses führt, wo sich die *Orgues d'Ille*, bizarre Sandklippen, erheben. Sie bezeugen, daß hier vor Millionen von Jahren Meer war. Von dort gelangt man links 2,5 km am Fluß entlang nach C a s e n o v e s.

"Keine Landschaft ist mir teurer als jene dieses zerfallenen Dorfes, dieses quadratischen Turms längs der Klippen der Têt", gestand er schwärmend. Nur die großen Steinhaufen unter den alten Olivenbäumen und zwischen den Rebstöcken verraten, daß es neben dem Burgfried und der Kapelle hier einmal ein Dorf gab. 1365 zählte man 16 Feuerstellen, aber dann wurden die Einwohner der 'Neuen Häuser' vermutlich ein Opfer der Pest.

Die kleine, aus dem 11. Jahrhundert stammende Kirche barg einen besonderen Schatz, dessen Wert erst 1950 von dem Kunsthistoriker Marcel Durliat erkannt wurde: Fresken, die zu den ältesten erhaltenen Malereien Kataloniens zählen. Sie wurden das Opfer eines Kunstjägers, der sie für eine lächerliche Summe erwarb und entfernte. Obwohl verschiedene Gerichte den Anspruch Illes bestätigten, gelangten die Fresken in die Schweiz, ein Teil ins Genfer Museum. Noch immer hofft man auf eine Rückkehr der Malereien an ihren ursprünglichen Platz. Ihn scheint man in der Zwischenzeit vergessen zu haben, abgesehen von einem neuen Schloß an der Kapellentür und häßlichen 'Privés' aus der Sprühdose.

▪ *Unterkunft/Essen: Ille hat zwei einfache Hotels an der Avenue Pasteur, der N 116, die fast einander gegenüberliegen: das Hotel du Midi, Tel. 68 84 00 32, und das Hotel Francis, Tel. 68 84 70 63. In beiden kann man auch recht preiswert essen, doch Illes bestes Restaurant befindet sich an der Place de la République, auf der mittwochs und freitags Wochenmarkt ist:*

La Marquise. Menüs ab DM 20. Tel. 68 84 85 77 (erste Etage).

Das breite fruchtbare Tal der Têt gehört sicher mit zu den am frühesten besiedelten Regionen des Roussillon. In Millas entdeckte man zum Beispiel ein Feld mit Graburnen. Dort stellten die Römer einen Straßenmarkierungsstein auf. Im Mittelalter begann man alle Dörfer zu befestigen, u.a. mit einer Cellera wie in Bouleternère. Wer Lust hat, kann in ihnen der Vergangenheit nachspüren und wird überall fündig, ob in *Pézilla-la-Rivière* oder *Corneilla de la Rivière*, ob in den beiden *Saint-Felius* oder in *Millas*.

▪ *Unterkunft: Hotel Chez Jean, Avenue Jean-Jaurès, (N 116), Tel. 68 57 11 66, einfaches Hotel, in dem man ordentlich essen kann.*

Camping Caravaning Municipal 66170 Millas, Tel. 68 57 35 39, gutbeschattet, das ganze Jahr geöffnet.

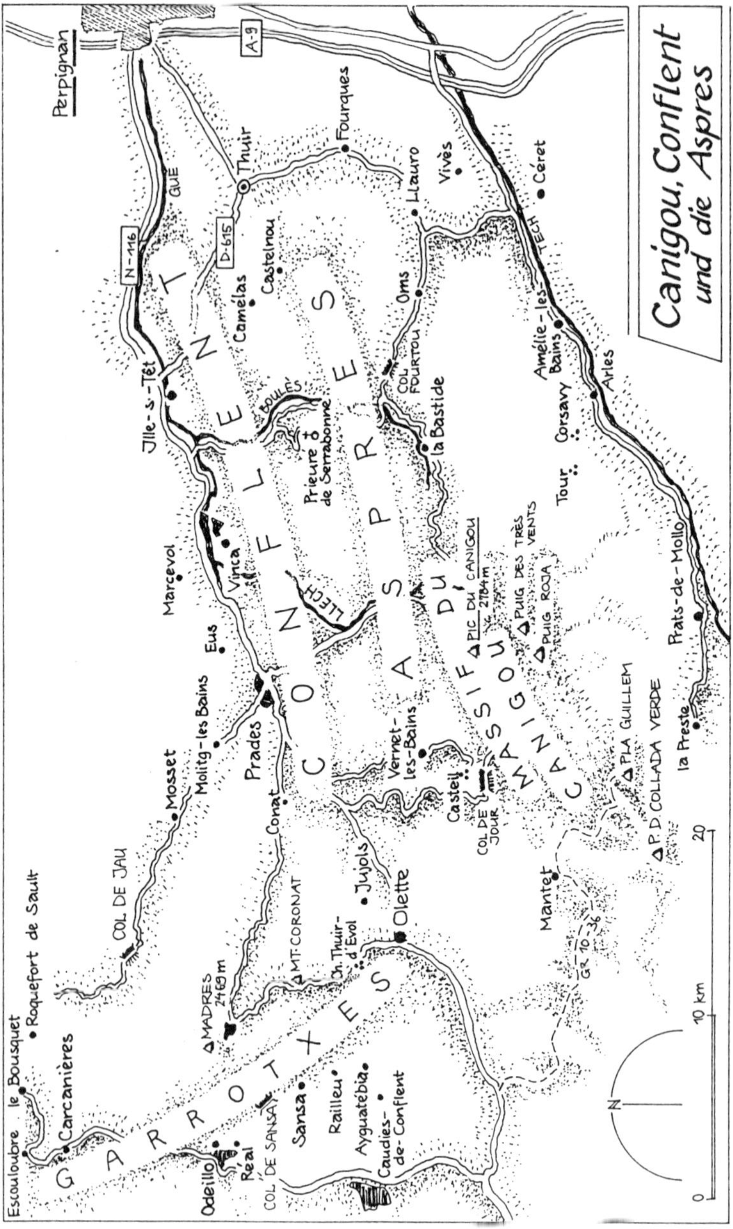

Canigou, Conflent
und die Aspres
Perpignan
A-9
N-116
D-615
Thuir
Fourques
Llauro
Vivès
Céret
TECH
Castelnou
Camélas
Oms
Ille-s-Têt
BOULÈS
Prieure de Serrabonne
COL FOURTOU
la Bastide
Amélie-les-Bains
Arles
Corsavy
Tour
PUIG DES TRÈS VENTS
PUIG ROJA
PIC DU CANIGOU 2784 m
Marcevol
Vinca
LLECH
Eus
Molitg-les Bains
Mosset
Prades
Vernet-les-Bains
Casteil
COL DE JOUR
Conat
Jujols
Olette
COL DE JAU
Roquefort de Sault
Escouloubre le Bousquet
Carcanières
MADRES 2469 m
MT-CORONAT
Ch. Thuir-d'Evol
Sansa
Railleu
Ayguatébia
Caudiès-de-Conflent
Odeillo
Réal
COL DE SANSA
Mantet
GR 10-36
P. D COLLADA VERDE
PLA GUILLEM
la Preste
Prats-de-Mollo
G A R R O T X E S
C O N F L E N T
A S P R E S
M A S S I F D U C A N I G O U
N
0
10 km
20

Canigou und Conflent

Man braucht nur von Norden ins Roussillon zu kommen, um zu begreifen, daß der Canigou nicht irgendein Berg ist, sondern Der Berg Kataloniens. Schließlich verdanken die Pyrenäen ihm ihren Namen, ihm, dem Feuerberg, dem 'Pyrene' der alten Griechen, die um 550 v.Chr. an der nahen Costa Brava - in Ampurias - eine Kolonie gründeten. Der majestätische Canigou, der sich wie eine Pyramide aus der Ebene des Roussillon erhebt und die Bergketten des *Fenouillèdes*, der *Albères* und der *Aspres* spielend überragt, ist reich an Eisenerzen, die seit den frühesten Zeiten abgebaut wurden. Jahrhundertelang leuchteten an seinen Flanken die Feuer der katalanischen Schmieden. In unserer Zeit wurde der Abbau immer unwirtschaftlicher und 1987 schloß die letzte Mine ihre Tore.

Auf den Gipfel

Lange Zeit wurde der Canigou aufgrund seiner isolierten Lage als der höchste Gipfel der Ostpyrenäen angesehen. Mit seinen 2785 Metern wird er vom Puigmal mit 2910 und vom Carlit mit 2921 Metern überragt, was seiner Sonderstellung weder geographisch noch im Ansehen der Katalanen Abbruch tut. Man erzählt sogar, daß Noah seine Arche an ihm festgemacht habe. Sonst läßt man Peter III von Aragón die Ehre, ihn 1285 als erster bezwungen zu haben. 1907 schaffte es ein Leutnant zu Pferde. Heute herrscht ziemlicher Andrang, besonders im Juli und August. Nicht selten ist der Canigou noch bis Anfang Juni verschneit.

150 Les Orgues d'Ille und der verschneite Canigou

i *Insgesamt gibt es inzwischen wohl zwanzig verschiedene Wege um und zum Canigou, die vom Conflent ausgehen. Auskünfte erteilen das Syndicat d'Initiative von Vernet-les-Bains, Tel. 68 05 55 35 und von Prades, Tel. 68 96 27 58. Leute, die sich für höhere, längere und damit auch ruhigere Wanderungen und Touren interessieren, fragen am besten in M a n t e t (siehe Abschnitt La Preste/Prats-de-Mollo).*

So sehr es für viele Urlauber von Vorteil sein mag, daß viele Wege um den Canigou befahrbar gemacht wurden, so sehr hat man damit natürlich die Einsamkeit seiner Höhen zunichte gemacht. Man sollte trotzdem die unliebsamen Überraschungen, die das Wetter bereiten kann, nicht unterschätzen. Automatische Wettervorhersage für die Berge Tel. 68 61 30 52 und 68 61 07 10 mit längerer Vorhersage.

Bei Unfällen wendet man sich am besten an die Gendarmerie in Prades, Tel. 68 05 07 26 oder - auf der Vallespirseite - in Céret Tel. 68 35 50 13, sonst an die C.R.S. in Perpignan, Tel. 68 61 30 81.

▪ *U n t e r k u n f t : Das* Châlet-Hotel *des Cortalets, das auf 2150 m liegt, öffnet von Mitte Juni bis Mitte September. Dort gibt es 80 Übernachtungsplätze und Menüs für ca. DM 20 und 40, Tel. 68 96 36 19. Man kann das Chalet im Sommer und bei trockenem Wetter mit dem Auto erreichen, indem man die D 24 nimmt, die kurz östlich* Prades *von der N 116 nach Süden ins Massiv des Canigou führt. Über* Villerach *führt dann ein Forstweg durch den Wald von Llech hinauf zu der Refuge, und nur wenige Stellen sind unangenehm. Wem sein Auto lieb ist, sollte nicht versuchen, die Strecke über Vernet und Fillols zu nehmen, es sei denn, man hätte einen Geländewagen.*

Will man den phantastischen Blick genießen, ist es empfehlenswert, sich frühmorgens mit einem Jeep hinaufkutschieren zu lassen oder im Chalet zu übernachten. Selbst wenn man von dort nicht so früh aufbricht, um die Sonne aus dem Mittelmeer aufsteigen zu sehen, kann man nur am Morgen mit klarer Sicht rechnen. Im Laufe des Tages bildet sich durch die Hitze meist Dunst. Man braucht auf dem abgesteckten Weg immerhin noch gut eineinhalb Stunden.

Wenn man nicht den Weg über *Cortalets* wählen möchte, hat man von der Seite des Conflents noch die Möglichkeit, die D 116a zu nehmen, die von Casteil zum *Col de Jour* und weiter zum *Pla Guilhem* (vgl. unter La Preste/Prats-de-Mollo) führt. Bei dem 1125 m hohen Paß erreicht man den GR 10, der sich beim Forsthaus von *Mariailles* dem Canigou zuwendet und ihn von Südwesten erklimmt.

▪ Wichtigster Tag im Jahr ist für den Canigou und seine Verehrer der 23. Juni. Dann wird auf ihm das Johannisfeuer entfacht. Aus den meisten Dörfern des Conflents und Vallespirs holt man sich ein brennendes Scheit, um das eigene Feuer zu entzünden. Oft folgt ein lustiger Abend, wenige Tage, bevor die große Urlauberwelle hereinbricht.

Prades

Die einzige Verbindung zwischen dem Roussillon und der Cerdagne - und darüberhinaus nach Andorra - führt durch Prades (6530 Ew.), der Hauptstadt des Conflents. Für alle Ortschaften, die rechts und links der Têt in den Tälern - zwischen dem Canigou auf der einen und dem Madres auf der anderen Seite - liegen, bietet die Unterpräfektur die nächsten Einkaufsmöglichkeiten. Dementsprechend gut besucht ist der Wochenmarkt, der jeden Dienstag auf dem zentralen Platz um die Kirche stattfindet. Es ist einer der lebendigsten Märkte von Nordkatalonien. Jeden ersten Dienstag im Monat ist er besonders groß.

In der Ebene um Prades wachsen Pfirsiche, Nektarinen, Birnen, Aprikosen, Mandeln und Kirschen. Die Äpfel kommen zum Großteil aus den Tälern des *Cadi* und der *Rotja*. Gemüse zieht man fast nur noch für den eigenen Bedarf. Sonst ist der Conflent ein Gebiet der Schafe und Ziegen. Auf dem Markt erhält man Ziegenkäse in jedem Reifegrad, aber auch Honig, Säfte, Kräuter, Pilze und natürlich alle üblichen Waren. Anschließend trifft man sich vor oder in der Bar du Marché oder dem Café de la Paix.

Festivals

Daß Prades heute weit über Frankreichs Grenzen bekannt ist, hat es *Pablo Casals* zu verdanken. Der geniale Cellist, der sich 1937 in dem Städtchen niederließ, rief 1950 die Musikfestspiele ins Leben. Auch nach seinem Tod weitergeführt, vereinen sie von Ende Juli bis Mitte August die berühmtesten Kammerorchester und Solisten Europas am Fuße des Canigou in der Abtei von *Saint-Michel-de Cuxa* (s.u.), in unmittelbarer Nähe von Prades. Gleichzeitig geben die bedeutendsten Musiker Studenten Unterricht, deren Konzert jedes Jahr das Festival beschließt. Inzwischen kommen fast 10000 Besucher (insgesamt) zu den Konzerten. (Auskünfte über die Kurse in Kammermusik, das Festival 'Pablo Casals' und Kartenvorbestellungen unter Tel. 68 96 33 07.)

Die doppelte Zahl an Eintrittskarten verkauft man während der 'Cinematographischen Tage', die auch im Sommer stattfinden. In die Katalanische Sommeruniversität schreiben sich rund 700 Interessierte ein.

Prades war mit seinem sommerlichen Kulturprogramm Vorreiter. Viele andere Städte und Dörfer entlang der Pyrenäen und der Mittelmeerküste zogen nach. Verblüfft stellt man jedes Jahr fest, was man zwischen Juni und Mitte September in Südfrankreich alles besuchen kann. Jedes Jahr scheint das Angebot noch spektakulärer zu werden. Das Festival in Cuxa gehört jedoch nach wie vor zu den Glanzpunkten.

Sehenswert

Die Kirche *St-Pierre* (17. Jh.): An den Haupt- und Nebenschiffen baute man 143 Jahre. Nur der Glockenturm blieb von der romanischen Vorgängerin erhalten. Der Hauptaltar ist eines der bedeutendsten Werke von *Joseph Sunyer* (1699), mit dem der katalanische Barock diesseits der Pyrenäen seinen üppigen Höhepunkt erreichte. In seiner Mitte thront ein mächtiger Petrus, der Schutzpatron der Kirche.

i *4, rue Victor-Hugo, 66500 Prades, Tel. 68 96 27 58.*

▪ *U n t e r k u n f t : Trotz seiner kulturellen Aktivitäten und seiner geographisch günstigen Lage als Ausgangspunkt für Ausflüge oder Wanderungen werden Kulturfreunde und Touristen in Prades mit zwei Problemen konfrontiert: wo schlafen und wo essen? In dem Städtchen selbst findet man darauf keine wirklich überzeugenden Antworten.*

Es gibt zwei provinzielle Hotels an der Nationalstraße: Hotel Les Glycines, Tel. 68 96 51 65 und das Hotel Hostalrich*, Tel. 68 96 05 38. Während der Festivals kann man im Lycée Charles Renouvier an der Straße nach Catllar (Tel. 68 96 39 55) unterkommen. Sonst bleiben nur die Campingplätze.*

Der Camping Municipal liegt nah an der Têt und gegenüber der Schule, Tel. 68 96 25 95. Zweite Möglichkeit: Camping Las Fourques*, Tel. 68 96 01 80. Schöner ist der Camping Bellevue im nahen Ria. Er liegt links von der Nationalstraße auf dem Plateau de Sirach, Tel. 68 96 48 96 und hat von Mitte bis Ende September geöffnet.*

▪ *E s s e n : Das beste Restaurant ist die kleine Pizzeria Il Vesuvio in der Rue Quintar, Tel. 68 96 01 31, in der der joviale Wirt und sein schulpflichtiger Sohn, der sich einen Spaß und sein Taschengeld aus dem Bedienen macht, für nette Atmosphäre sorgen.*

Saint-Michel-de-Cuxa

Das romanische Kloster *Saint-Michel-de-Cuxa* ("kuscha" ausgesprochen) liegt im unteren Teil des Tals von Taurinya - 3 km auf der D 27 von Prades entfernt.

Nachdem ein erstes Kloster im oberen Conflent bei Canaceilles von Hochwasser im Jahre 778 weggerissen worden war, suchten die überlebenden Mönche an einem geschützteren Ort talabwärts Zuflucht und wählten diesen Platz, der einem ihrer Brüder gehörte. Von den Grafen der Cerdagne gefördert und beschenkt, erlangte

 Abbaye St.Michel-de-Cuxa

die Gründung schnell Reichtum und Bedeutung. Zu der ersten, Saint Germain, dem Bischof von Auxerre, gewidmeten Kapelle, begann man in der zweiten Hälfte des 10. Jahrhunderts dem Erzengel Michael eine dreischiffige Kirche zu errichten. Unter der Regie des großen Abtes Garin konnte dieser enorme Bau fertiggestellt und 975 geweiht werden. Außerdem zog Garin hervorragende Persönlichkeiten seiner Zeit nach Saint-Michel, darunter den Mönch Gerbert, der später zum Papst Silvester II gewählt wurde, den Dogen Pietro Orseolo und den Gründer des Ordens der Camaldulen, den Heiligen Romuald.

Der Einfluß des Klosters erlangte unter Oliba seinen Zenit. Der Sohn des Grafen der Cerdagne und von Besalu und Urenkel Wilfred des Behaarten war außerdem Abt von Ripoll und Bischof von Ausona. Er rief 1027 die Synode in Toulouges bei Perpignan ein, auf der er den Gottesfrieden progagierte, der wesentlich zu einer friedvolleren Lebensform beitrug. Oliba veranlaßte seinen Baumeister, auch oberitalienische Konzeptionen zu verwenden, so daß er am Anfang der romanischen Kunst Kataloniens steht. In Saint-Michel-de-Cuxa schuf er die eindrucksvolle Krypta mit ihrer immensen Säule - und darüber eine Kapelle, die nicht mehr existiert.

Saint-Michel blieb weiterhin geistliches und künstlerisches Zentrum. Im 12. Jahrhundert kreierten seine Steinmetze den Kreuzgang aus Marmor. Er wurde Vorbild für die romanische Skulptur im Roussillon und bleibt eines ihrer wichtigsten Werke. Diesen Künstlern ist auch die Tribüne in Serrabone zu verdanken.

Nur der südliche und westliche Flügel des Kreuzgangs konnten - mit den Originalkapitellen - wieder hergestellt werden. Die anderen wurden Opfer von Kunstliebhabern. Das meiste verschiffte der amerikanische Bildhauer George G. Bernhard in die Vereinigten Staaten; wo ein Teil des Kreuzgangs 1925 vom Metropolitan Museum in einem eigens geschaffenen Park aufgestellt wurde.

Nach Jahrhunderten, in denen es vergessen war, hat Saint-Michel-de-Cuxa heute neuen Ruhm erworben. Spirituell wird es von Benediktinern aus Montserrat geleitet, die die Öffnung des Klosters für Kunstfreunde und Touristen förderten. Der Andrang ist enorm. Viele Besucher kommen aus dem Prinzipat, denn Cuxa scheint zu einem katalanischen Pilgerort geworden zu sein.

Zur Saison folgen die Führungen - in verschiedenen Sprachen - so schnell aufeinander, daß man kaum Zeit hat, sich in Ruhe umzusehen. Früher oder später im Jahr kann man sich dagegen absondern und sich mit etwas mehr Muße von der romanischen Fabelwelt und der Stimmung des Ortes gefangen nehmen lassen.

Saint-Michel-de-Cuxa hat das ganze Jahr täglich von 8 bis 12 und von 15 bis 18 Uhr geöffnet. Informationen über die Romanischen Tage, die Katalanische Sommeruniversität und das Filmfestival erhält man vom Syndicat d'Initiative in Prades (s.u.).

Obwohl man in Museen und historischen Gebäuden Eintritt bezahlt, sollte man, wenn man an Führungen teilnimmt, etwas Kleingeld als Dank für die Erklärungen bereithalten und dem Führer, der sich beim Verlassen an der Ausgangstür aufstellt, in die Hand drükken. So hält man's in Frankreich.

Die Umgebung von Prades

Wenige Kilometer östlich von Prades an einem Berghang das malerische Dorf E u s . Hier renovierten sich einige Künstler alte Häuser. Manchmal stellt die *Association Boris Vian* - seine Witwe lebt im Ort - ein Kulturprogramm auf die Beine.

In den Restaurants *Escabeche* und *Grangoubier* ißt man nicht schlecht und sitzt angenehm.

Folgt man der schmalen und kurvenreichen D 35, gelangt man über das Winzerdorf Arbussols nach M a r c e v o l . Kirche und Klöster wurden von einer Gruppe von jungen Leuten in Privatinitiative restauriert. In den Klostergebäuden brachte man ein Gîte unter, in dem Wanderer - und anders angereiste - Unterkunft finden können. Das ganze Jahr über laufen dort verschiedenartigste Kurse und Tagungen. Gruppen können das Kloster tageweise mieten. Adresse: Association du Monastir de Marcevol, Tel. 68 96 54 03.

Zur Saison werden in einem Gewölbe Produkte der Region angeboten, darunter der nach dem Kloster benannte Wein *Monastir*, und im Dorf gemachter guter Ziegenkäse. Abgesehen von der imposanten Kirche mit ihrem schönen Portal besitzt auch der Ort selbst eine gewisse Faszination. Er liegt dem Canigou gegenüber und schutzlos dem Wind ausgesetzt, woran man denken sollte, wenn man ihn besuchen will . . .

In weiterem Umkreis von Prades: V i n ç a (nordöstlich von Prades an der N 116). Hier hat man einen Teil des Stausees zum Baden und Windsurfen abgeteilt. Sehenswert die Kirche, die alle bedeutenden Barockkünstler vereint.

Eine einfache Unterkunft: *La petite Auberge*, Avenue Général de Gaulle, Tel. 68 05 51 57. DZ ab DM 20 bis 26, Menü ab DM 15.

Wer unbedingt eine *Cargolade*, die typische katalanische Schnekkenpfanne, probieren will, kann dies im *Al Cargol* tun, das auch für andere regionale Spezialitäten bekannt ist (Menü ab DM 25). Zufahrt von der N 116.

Schön in den Vorbergen des unteren Conflent liegt das Dorf Espira-de-Conflent mit seiner bemerkenswerten romanischen Kirche, ebenfalls bedeutende Barockwerke.

Der Camping Le Canigou ist gut ausgerüstet und hat von April bis Oktober geöffnet, Tel. 68 05 85 40.

Das Tal der Castellane

Während man in Prades noch eine ganz mediterrane Vegetation vorfindet und im Frühjahr, wenn der Canigou noch tief verschneit ist, die Obstbäume blühen, wandelt sich die Vegetation je höher man das Tal der Castellane hinauffährt - 16 Kilometer sind es auf der D 14 bis zum 1513 m hohen *Col de Jau*.

Im geschützten *Molitg-les-Bains*, 7 km nördlich von Prades, sieht man noch Palmen und Oleander, auf dem Weg nach *Mosset* und erst recht dahinter, beginnt es zunehmend nordischer, karger und schließlich alpin zu werden.

▪ Manche Pradesbesucher steigen lieber in dem Thermalbad von Molitg-les-Bains ab, wo elf schwefelhaltige und radioaktive Quellen sprudeln. In dem prächtigen Grand Hotel kehrt auch mancher gesunde Gast zur Entspannung ein (EZ ab DM 38, DZ ab DM 66, Menü ab DM 30).

Wer Luxus liebt und über die nötigen Mittel verfügt, kann in dem Kitschschloß *Château de Riell* in Raffinement schwelgen. (Zimmer ab DM 290). Das bezieht sich auch auf die hervorragende Küche in der Nachfolge Michel Guérards (Menüs etwa DM 90 und 125). Auf der anderen Seite des Flusses erheben sich die Runien der Burg von Paracolla.

Mosset

Das Dorf, auf Terrassen errichtet, versperrte den Weg über den *Col de Jau* in das *Sault*, das zum Herrschaftsbereich der Grafen von Foix gehörte. Oft mußten die Einwohner die Grenze verteidigen. 1390 überraschte Bernard von Armagnac mit einer französischen Truppe die Katalanen, die ihn unter schweren Verlusten innerhalb der Dorfmauer zurückschlugen.

Von der Burg sind nur noch Ruinen geblieben wie von dem - höher am Paß gelegenen - Kloster *Sainte-Marie-de-Jau*, das Zisterzienser im 12. Jahrhundert gründeten. Obwohl die Abtei über mehrere Domainen in der Ebene verfügte - darunter das heutige *Château de Jau* (siehe weiter unten) - lag sie an einem zu wenig frequentierten Weg, um große Bedeutung zu erlangen. Wie fern sie den Menschen erschien, besang schon der Troubadour Pons d'Ortaffa, der aus lauter Liebeskummer darüber grübelte, "zum Mönch von Jau zu werden oder sich in einer Grotte einzuschließen".

▪ *Unterkunft und Essen: Sympathisch ist die Ferme-Auberge Mas Lluganas, die von der Familien Tublet betrieben wird. Dort kann man gut essen, zelten oder in einem der acht Gästezimmer absteigen, wenn man das Glück hat, eines abzubekommen. Michel Tublet baute das Gästehaus selbst, installierte Sonnenkollektoren für das Warmwasser und kümmert sich um den großen Gemüsegarten. Eigentlich ist er Viehzüchter. Seine schönen zotteligen Rinder verbringen das ganze Jahr draußen, meist auf 900 bis 1000 m Höhe. Vom Tag ihrer Geburt an laufen die Kälber mit den Kühen. Dadurch sind sie muskulöser und gesünder als die armen Geschöpfe, die sich nie bewegen dürfen, aber ihr Fleisch besitzt eine rosarote Farbe, die vom normalen Verbraucher nicht gefragt ist. Bei den Tublets ist Kalbfleisch Spezialität. Täglich zwei neue Menüs für DM 16 und 22. Mas Lluganas, 66500 Mosset, Tel. 68 05 00 37 (EZ etwa DM 30, DZ DM 35).*

Die Alternative in Mosset ist La Petite Auberge, Tel. 68 05 01 66 (DZ DM 25, Menüs DM 15 und 25).

Wer auf den Hängen und Bergrücken des Conflents wandert, wird immer wieder auf die Cortals stoßen, Reste von alten Einfriedungen und Ställen, die die Bauern zwischen 900 und 1200 m Höhe errichteten. In Mosset, wo eine Landwirtschaft praktiziert wurde, die für mediterrane Bergregionen typisch war, gab es 1812 siebzig davon.

Im Frühjahr, sobald es wärmer geworden war, verließen die Familien ihre Dorfbehausung und siedelten in die Cortals über. Während die Tiere auf eigenem oder Gemeindeland weideten, widmeten sich die Menschen dem bebaubaren Land, das meist die Cortals umgab. Man ließ es durch grasende Schafe düngen, aber bewässern konnte man es in der Regel nicht. Von diesen Feldern erntete man Roggen und Kartoffeln und in kleineren Mengen Kohl, Kohlrabi, Navets, etwas Weizen und Futterrüben. Wenn im Tal das Getreide eingebracht werden mußte, stiegen die Männer hinab. Am Abend kehrten sie zur Familie ins Cortal zurück.

Bis zum Oktober lebten die Leute auf den Höhen, ehe sie wieder ins Dorf zogen. In der Zwischenzeit hatte man in den Ställen ausreichend Wintervorrat für die Schafe angelegt, die dort blieben. Nun ging man täglich hinauf zum Cortal, um die Tiere zu füttern und nach dem Rechten zu sehen. Einige zogen während des Winters mit ihrer Herde hinab in die Ebene, wo noch heute Schafe - nach der Lese und bevor die Reben neu ausschlagen - in den Weinbergen gehütet werden.

Ausflüge

Col de Jau: Im Winter kann man am Col de Jau skilaufen. Es gibt zwei harmlose Abfahrten und schöne Langlaufwege. Im Sommer ist der Paß ein guter Ausgangspunkt, um den 2469 m hohen *Madres* zu besteigen (2-Tages-Wanderung).

Kürzere Halbtages-Wanderungen vom Paß aus führen zum *Pic Dourmidou* (1843 m) auf der Seite des Aude und im Bogen zurück oder zur ehemaligen Talgmine bei der *Refuge du Calhau*. Der Rückweg führt durch den *Forêt de Lapazeuil*.

Nimmt man die D 84 über den Paß, kommt man nach *Roquefort-de-Sault* und nach *Le Bousquet* und *Escouloubre*, wo es jeweils ein Gîte d'Etape gibt (Tel. 68 20 43 48).

Über den Col de Sansa in das Gebiet der Garrotxes. Eine 100-km Fahrt über Forstwege und abenteuerliche Straßen: Hinter *le Bousquet* auf dem *Col de Garabel* links abbiegen, durch den Wald von *Carcanières* und den von *Carcanet* geht es oberhalb der Capçir-Dörfer *Odeillo* und *Réal* über den *Col de Sansa* zu dem gleichnamigen Schäferdorf, das auf 1414 m liegt. Wer sich für die Dörfer dieses bergigen, reich bewaldeten Gebiets der Garrotxes - und vielleicht für ihre alten Kirchen - interessiert, wendet sich dort, wo der Weg auf die Straße trifft, rechts nach *Railleu* und *Caudiès-de-Conflent*. Über das größte Dorf der Region, *Ayguatébia*, kurvt man schließlich durch den unteren Teil des Tals der *Garrotxes* nach *Olette* hinab, von wo es 16 km bis Prades sind (insgesamt rund 100 km).

Wanderungen im Conflent

Die Bergseen von Nohèdes

Die beiden Hauptseen von Nohèdes unterscheiden sich sehr voneinander, wie schon ihre Namen vermuten lassen: der 'Schwarze' und der 'Wie Sterne schimmernde'.

Anfahrt: In *Ria* (bei Prades) zweigt mitten im Dorf die D 26 ab, die zunächst nach dem in einer Schlucht liegenden *Conat* führt, über dem sich die schöne romanische Kirche erhebt. Weiter an *Bettlans* vorbei zum Ort *Nohèdes*. Hier beginnt ein Forstweg, der durch das kühle Tal und seinen Wald hinaufführt und schließlich am Aufstiegspunkt zum *Gorg Estelat* endet. An dem unteren See kann man gut zelten. Das Land ist Privatbesitz und Feuermachen strikt verboten.

Wer sein Auto schonen möchte, fährt besser von *Olette* (16 km südwestlich von Prades) über *Thuir d'Evol* hinauf bis zum Parkplatz am *Col de Portus*, der näher zum *Gorg Nègre* liegt. Man braucht für die Anfahrt gute Nerven, der Weg, der die beiden Plätze verbindet, ist arg steinig!

Der Aufstieg zum Gorg Nègre geht sanfter vor sich. Das letzte Stück führt der Weg an einem aus Felsbrocken bestehenden Sturzbach vorbei, unter dem man tief unten tatsächlich Wasser gurgeln hört. Der See und seine Umgebung wirken düster und schwermütig. (Wanderzeit: vom Parkplatz bis zum Gorg Nègre mit Aufenthalt etwa 4 Stunden.)

Ganz anders der Gorg Etoilé. Zunächst muß man steil emporklettern, bis man ein Hochplateau erreicht, auf dem dickes saftiges Gras wie ein Teppich wächst und kleine Wäldchen stehen. Wer Glück hat, kommt gerade dann herauf, wenn so gegen Mitte Juli die Azaleen blühen. Paradiesisch. (Wanderzeit: mit Aufenthalt etwa 6 Stunden.)

Über dem See erhebt sich der *Madres*, und gewaltige Geröllhalden säumen ihn gen Norden und Westen. Folgt man dem westlichen Zufluß, findet man nach einigen hundert Metern den Gorg Blau, ein winziger bläulich strahlender See.

Kletterfreudige können über den Felskamm den Schwarzen See (Gorg Nègre) erreichen.

Wanderung um den Mont Coronat: Eine schöne und einfache, wenn auch lange Wanderung (4 Tage!) führt von Jujols aus um den Mont Coronat herum. Tips in der Auberge.

■ *Unterkunft: Wer in diesem Teil des Conflents wandern möchte, findet die beste Unterkunft in dem alten Bergdorf Jujols. In der Auberge von Marie und Gilles Calmer ißt man gut und deftig für DM 25, Wein inbegriffen - auf der Terrasse mit Blick auf den Canigou. In dem angegliederten Gîte, in dem 15 Leute Platz haben, übernachtet man für DM 11 (Tageszuschlag DM 3.50, Halbpension DM 21.50). Adresse: Auberge de Jujols, 66360 Jujols, Tel. 68 97 02 40.*

Außerdem wurden von der Gemeinde verschiedene Ferienwohnungen hergerichtet, die man über die Gîtes Ruraux in Perpignan, Tel. 68 34 55 06, buchen kann.

Villefranche-de-Conflent

Die Schlucht, in der das Tal der Têt und das des Cady zusammentreffen, hatte seit frühester Zeit eine große strategische Bedeutung. Ihr Zugang wurde ab dem 11. Jahrhundert befestigt. Vauban ließ 600 Jahre später zusätzliche Türme mauern, das Bisherige instandsetzen und ausbauen. Zusätzlich ließ er noch auf dem Hügel über dem Dorf das Fort Liberia errichten. Er ging so gründlich vor - und die Lage trug ihren Teil dazu bei -, daß Villefranche heute unversehrt dasteht, sieht man von den großen Toren ab, die ihm Ludwig XVI spendierte. Immerhin war die Garnison noch bis zum Ersten Weltkrieg besetzt.

Heute ist Villefranche (435 Ew., 432 m) zu einer Bastion des Fremdenverkehrs geworden - der ganze Touristenstrom auf dem Weg in die Cerdagne und nach Andorra fließt durch das trutzige Städtchen hindurch. Man hat sich darauf eingerichtet: in den beiden Hauptgassen reihen sich Andenken- und Kunstgewerbeläden. In der Rue Saint-Jean 42 lockt ein lebensgroßer Pinocchio in den Holzdreherladen 'Fus d'Art', und in einer kleinen Galerie stellen Künstler aus der Gegend zum Teil recht gelungene Landschaften und andere Motive aus.

Aus dem 13. und 14. Jahrhundert sind noch eine ganze Anzahl von Häusern mit typischen Fassaden erhalten geblieben und eine Kirche, deren Portal aus dem rosaroten Marmor geschaffen wurde, für den Villefranche berühmt ist. Er bildete auch das Material für die Säulenkapitelle von Serrabone und Saint-Michel-de-Cuxa, und auch das hiesige Portal kommt offensichtlich aus der berühmten Skulpturwerkstatt.

Als Stützpunkt für weitere Ausflüge in der Umgebung ist Villefranche weniger geeignet, dazu ist es zu überlaufen.

▪ Sehenswert: Man kann durch den Rundgang der Festungsmauern (täglich von 9 bis 12 und von 14 bis 18 Uhr) schleichen, die für Kanonen in eine Kasematte umgewandelte Grotte Costa Bastéra (von März bis Oktober von 10 bis 12 und von 13.30 bis 18 Uhr) besichtigen oder das Château Liberia erklimmen, wo man für DM 8 herumgeführt wird (im Sommer von 9 bis 20 Uhr, sonst von

10 bis 12 und von 14 bis 18 Uhr). Von dort steigt man durch einen geheimen Gang 1000 Stufen hinab zum Dorf.

▪ Katalanische Gerichte: In einem alten Haus in der Rue Saint-Jean 81 serviert man im Restaurant *Au Grill* katalanische Gerichte zu zivilen Preisen (Menü DM 19 und 26), zum Beispiel die berühmten Boules de Picolat - Hackfleischklößchen in Oliven-Tomaten-Sauce - und Estoffade à la Catalane, eine Art Goulasch.

Die Umgebung von Villefranche

Die Tropfsteingebilde der *Grotte les Grandes Canalettes* auf halbem Weg nach Corneilla-de-Conflent. Von Mai bis Oktober von 10 bis 18.30 Uhr geöffnet.

Die Grafen der Cerdagne und des Conflet liebten es, den Winter im Tal des Cady, in Corneilla-de-Conflent zu verbringen. Die im 11. Jahrhundert von Augustinern errichtete und im 12. Jahrhundert wesentlich erweiterte Kirche zählt aufgrund ihres Portals und ihrer Apsis zu den bedeutenden Zeugnissen romanischer Bildhauerkunst. Aus der gleichen Zeit stammen das beschlagene Tor und die Madonnenfigur auf dem Hauptaltar.

Vernet-les-Bains

Das Städtchen genoß seine glanzvolle Zeit bis zum Ersten Weltkrieg. Nachdem Ende des 18. Jahrhunderts ein Arzt die heilenden Quellen - vor allem Rheumatismus und Bronchialkrankheiten - dem Kloster Saint-Martin-de-Canigou abgekauft hatte, zog es ab 1880 etwa die englische Upper-class an. In den entsprechend gediegenen Hotels und Bädern, im Casino und dem großangelegten Park ließen es sich Lords und Ladies gutgehen. Rudyard Kipling gehörte zu den bekanntesten Gästen.

Von dieser Ambiance ist Vernet nichts geblieben, wenn auch der

Park, das ehemalige Casino und andere Gebäude noch davon zeugen. Ein großer Teil der Prunkvillen fiel dem fürchterlichen Unwetter von 1940 zum Opfer. Heute zieht das Thermalbad vorwiegend Armeeangehörige und deren Familien an. Reizvoll ist das alte Vernet, von einem einzelnen Turm überragt, der von der früheren Burg erhalten blieb.

Mit seinem großen Schwimmbad, einem großen Hotelangebot und 3 Campingplätzen ist Vernet ein guter Ausgangspunkt für Wanderungen im Canigou und im Conflent.

▪ *Hotel Mas Le Fleurie**, 25 Blvd. Clémenceau, Tel. 68 05 51 94. Ein modernes, gepflegtes Haus, im Park gelegen. DZ von 90 bis 140 Mark.*

▪ *Essen: Im Comte Guifred de Conflent erhalten angehende Gastronomen den letzten Schliff. Für DM 27 bis 50 pro Menü können Sie testen, wie gut sie sind.*

Saint-Martin-du-Canigou

Kein Kloster der Pyrenäen hat eine romantischere Lage als Saint-Martin-du-Canigou, das auf einem 1000 m hohen Felsen inmitten der Bergwelt des Canigou thront. Es soll Wagner zum Parsifal inspiriert haben. Graf Guifred, Urenkel von Wilfred dem Behaarten und Bruder von Oliba, dem Abt von Cuxa, stattete im Jahre 1001 die bereits bestehende Einsiedelei mit großzügigen Mitteln aus und ließ sie zum Kloster umbauen. Angeregt von den Beispielen seines Bruders und Vaters, des zum Mönch gewordenen Kriegers Oliba Cabreta, entsagte auch Guifred Familie und weltlichem Leben. An diesem Ort versenkte er sich in Fragen von Leben und Tod und hob eigenhändig die Gräber für sich und seine Frau aus, in denen sie bestattet liegen.

Man braucht rund eine dreiviertel Stunde, um den steilen Berg hinaufzusteigen. Das bei einem Erdbeben im 15. Jahrhundert schwer beschädigte und später verlassene Kloster wurde ab 1902 von Monsignore Carsalade, dem Bischof von Perpignan und Elne, aus eigenen Mitteln repariert. Die Unterkirche, Notre Dame de la Souterraine, und die Oberkirche sind in ziemlich ursprünglichem Zustand, während es sich bei dem Kreuzgang um eine - etwas willkürliche Rekonstruktion aus wiederaufgefundenen Kapitellen handelt.

Das von einer kleinen Bruderschaft geführte Benediktinerkloster kann täglich zwischen 9 und 12 und 14 und 18 Uhr besichtigt werden, - im Winter nur bis 17 Uhr. Die Mönche führen jedes Jahr mehrere Seminare durch und empfangen katholische Gruppen, aber es besteht auch die Möglichkeit, sich individuell zurückzuziehen (Unkostenbeitrag pro Tag DM 38).

Adresse: Fraternité de Saint-Martin-du-Canigou, 66820 Vernet-les-Bains.

■ *Unterkunft: In* Casteil, *dem Dorf am Fuße des Klosterbergs, gibt es drei Hotels. Einfach und ordentlich ist das Hotel Molière. DZ für DM 35, Menüs DM 20 und 42, Tel. 68 05 50 97.*

Im nahegelegenen Sahorre *gibt es den Campingplatz Fontenelle, Tel. 68 05 53 15, 66360 Sahorre, und in* Escaro *den Camping Le P'tit Bonheur, Tel. 68 97 00 76, 66310 Escaro.*

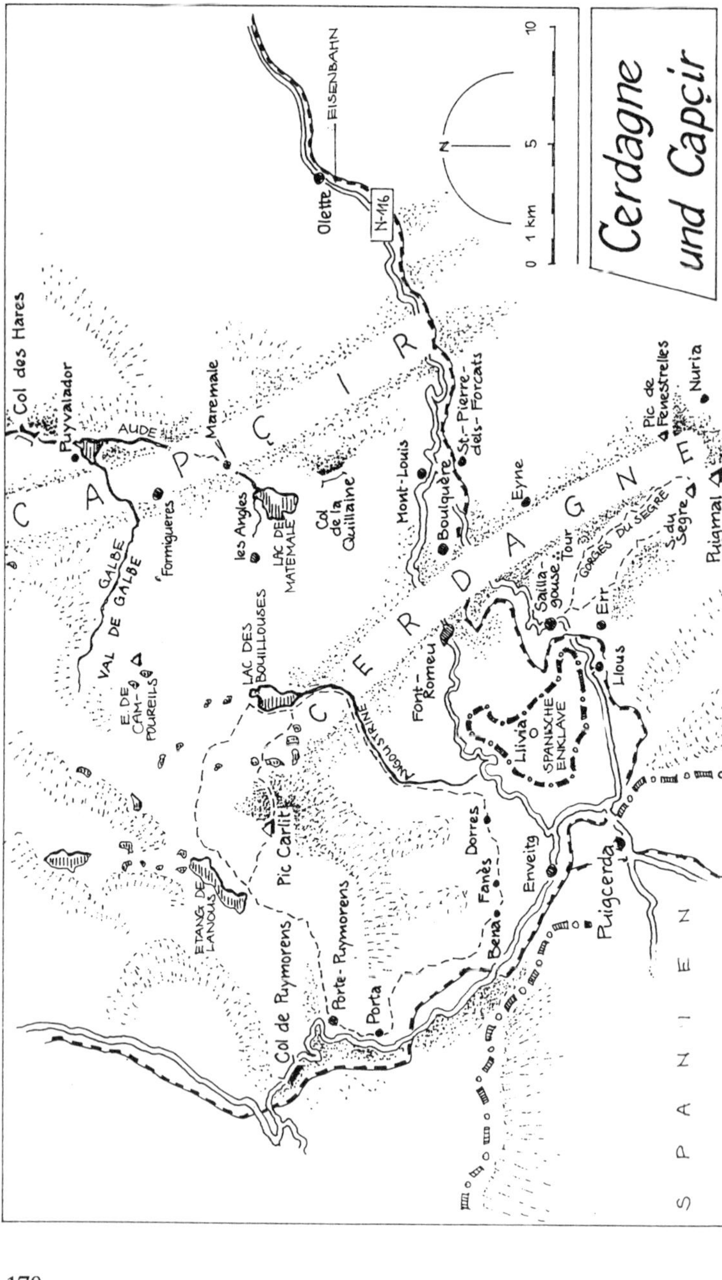

Cerdagne
und Capçir
0 1 km 5 10
N
EISENBAHN
N-116
Olette
Col des Hares
Puyvalador
AUDE
Maremale
C A P C I R
Formiguères
GALBE
VAL DE GALBE
les Angles
LAC DE MATEMALE
Col de la Quillaine
Mont-Louis
Boulquère
St.-Pierre-dels-Forcats
Eyne
C E R D A G N E
Pic de Fenestrelles
Nuria
Puigmal
S. du Segre
GORGES DU SEGRE
Tour
Saillagouse
Err
Llous
Llivia
SPANISCHE ENKLAVE
Font-Romeu
ANGOUSTRINE
LAC DES BOUILLOUSES
E. DE CAM-POUREILS
Pic Carlit
Dorres
Fanès
Enveitg
Puigcerda
Bena
Porta
Porte-Puymorens
Col de Puymorens
ETANG DE LANOUS
S P A N I E N

Die Cerdagne

Die Nationalstraße 116 windet sich, dem Lauf der Têt folgend, hinauf zum *Plateau de la Perche*, auf dem Marschall Vauban im Auftrag des Königs eine Festung errichtete. Ludwig XIV wollte durch sie den Zugang zum Roussillon gegen spanische Einfälle sichern. Dieser Aufgabe wurde Mont-Louis gerecht. Die letzte Schlacht entschied General Dagobert 1793 für die Franzosen.

Gleichzeitig mahnte die Festung, die 4000 Soldaten Unterkunft bot und vollständig erhalten ist, die Bewohner der Cerdagne und des Capcir, nicht zu vergessen, daß sie seit 1659 französiche Untertanen waren. Heute stellt Mont-Louis das Tor zu den beiden nordkatalanischen Bergprovinzen dar. (Führung im Juli und August von 9-12 und von 14-18 Uhr).

Statt sich mit dem Auto hinter Bussen und Lastern, Wohnwagen und Sonntagsfahrern die N 116 hinaufzuquälen, gibt es eine vergnüglichere Weise, in die Cerdagne zu gelangen: mit dem kleinen gelben Zug, *le Train Jaune*. Zur Sommerzeit fährt er sogar mit offenen Wagen! 1910 wurde diese Linie, die von Villefranche-de-Conflent in die Cerdagne führt, dabei durch 19 Tunnel und über 20 Brücken fährt, eröffnet. Fahrpläne hängen auf jedem Bahnhof im Roussillon.

Die Cerdagne ist eine Hochebene, die gen Norden vom *Pic Carlit* und im Süden vom *Puigmal* begrenzt wird. Seit prähistorischen Zeiten ein Land der Hirten, bestimmte Viehzucht den Lauf der Dinge, und schon der lateinische Poet Martial schwärmte von den Schinken der Cerretaner. Zwar hält man noch immer Vieh und baut Getreide an, aber die Landwirtschaft ist stark rückläufig, und die verschlossenen Bergbauern profitieren inzwischen mehr vom Wintersport.

Früher war das Leben hart in der Cerdagne. Im Sommer bestellten die Männer die Felder. Im Winter gingen sie fort, um anderswo Geld zu verdienen. Ludovic Massé hat in seinem Roman 'Le Vin pur' die Atmosphäre und Schwierigkeiten jener Epoche eindringlich dargestellt (unter dem etwas unglücklichen Titel 'Katalanischer Wein' 1985 in Bremen erschienen).

Geteiltes Land

Die Cerdagne wurde beim Pyrenäenvertrag geteilt. Seither gehört eine Hälfte zu Frankreich, die andere zu Spanien. Dabei vergaßen die Franzosen das von den Römern gegründete *Llivia* zu beanspruchen, das nun als spanische Enklave weiterbesteht. Während *Puigcerda*, die eigentliche Hauptstadt der Cerdagne, knapp jenseits der Grenze liegt, hat man Saillagouse zum französischen Pendant ernannt. Mit seinen vielen neueren Zweit- und Ferienhäusern breitet sich das Dorf in einer Senke auf 1300 m aus. Im Gegensatz zu den Nachbardörfern *Eyne, Llo* und *Err* hat der Ort wenig Atmosphäre, obwohl er auf eine lange Geschichte zurückblickt und seine erste Kirche 913 geweiht wurde. Da Saillagouse zentral liegt, ist es aber als Ferienort nicht unbeliebt.

▪ *Essen und Unterkunft: In* Saillagouse *- Zuverlässige gute Küche in der 'Vieille Maison Cerdane' an der Place de Cerdagne, ein seit über 100 Jahren bestehendes rustikales Restaurant. Menüs für DM 22, 29 und 54. In den dazugehörenden Hotels Planes und Planotel** erhält man DZ mit Balkon für DM 40 bis 63.*

*Behaglicher und ruhiger, allerdings auch teurer ist die Auberge Atalaya*** in* Llo , *Tel. 68 04 70 04. Zimmer zwischen DM 115 und 150, Menüs für DM 40 und 80. 66800 Saillagouse.*

Antoine Cayrol weiß beredt von der Geschichte und den Eigenheiten der Cerdagne zu erzählen. Unter dem Dichternamen Jordi Père Cerdà veröffentlichte er Theaterstücke, Geschichten und Gedichte. "Die Cerdagne war ein Agrar-, aber auch ein Grenzland", betont er, "das will sagen, daß in diesem Bauernland die Grenze Veränderungen brachte". Die Posten der Beamten wurden mit Leuten aus dem Norden besetzt, die französisch sprachen, das die Einheimischen nicht konnten. So bestimmten die Zuwanderer das kulturelle Leben, und die höheren Ränge bildeten mit Ärzten, Veterinären, Apothekern die sogenannte gute Gesellschaft. Katalanisch war da nicht gefragt.

"Als Katalane, der in seinem Dorf lebte, in Saillagouse, das der Hauptort des Kantons war, wurde mir nie bewußt, wie man das Katalan unterdrückte", sagt Jordi Père Cerdà. "Im Gegensatz dazu, als ich nach Perpignan auf das Kolleg kam, riß ich die Augen weit auf, als ich im Hof Mitschüler Katalan sprechen hörte. Das bewies, daß man bei mir gar nicht mehr gegen das Katalan kämpfen mußte. In meiner Generation war das bereits entschieden. Wir akzeptierten diese Sache. Die Hälfte der Kinder bei uns waren Kinder von Beamten. Um mit ihnen spielen zu können, mußten wir es auf Französisch tun."

Dieses Schulhoferlebnis wurde bestimmend für das Leben des jungen Cayrol. Es machte ihm bewußt, wieweit man seine Muttersprache bereits verdrängt hatte. Schreibend und auf der Bühne begann er, sie für sich und andere zurückzuerobern. Im Roussillon wurde er Mitbegründer der 'Grup rosellonès d'Estudis catalans' und stand 1964 an der Basis der neuen katalanischen Bewegung diesseits und jenseits der Grenze.

Als er 1967 nach Perpignan zog, hätte man zwar Leute gebraucht, die einwandfreies Katalan konnten, aber einen engagierten Dichter wollte man lieber nicht. So erschienen Jordi Père Cerdàs Bücher in Barcelona, wo man auch seine Stücke aufführte und den Dichter wiederholt ehrte. Als dort 1988 seine 'Poesia completa' erschien, huldigten ihm auch führende Politiker aus Montpellier und Perpignan, denn zur Zeit hält man einmal wieder in der Geschichte Südfrankreichs große Stücke auf Katalonien.

Auf Pilgerpfaden nach Nuria

Eine 2-Tagesanderung: Anfahrt mit dem kleinen gelben Zug bis nach Err. Von dort folgt man dem Weg, der über den Weiler *Védrignans* Richtung Llo führt. Llo liegt malerisch am Hang, von den Ruinen eines Wachturms und einer Kapelle überragt. Vor dem Dorf steht die romanische Kirche, die vor allem wegen ihres Portals bekannt ist. Llo ist für Archäologen der bedeutendste Ort der Cerdagne. Nicht weniger als fünfzehn Ausgrabungen hat man hier vorgenommen. Die ältesten Funde belegen, daß hier bereits 3700 v.Chr. Menschen gelebt haben.

Früher ging der Pilgerpfad durch Llo hindurch und führte auf dem Bergrücken entlang. Nun trifft man vor dem Dorf auf den breiten Sandweg, der am *Sègre* entlang durch dessen Schlucht bis zur *Refuge de la Culasse* verläuft: ein angenehmer Spaziergang. Schon an seinem Anfang befindet man sich in einer anderen Welt. Munter sprudelt der Bach durch das enge Tal, über dem sich bizarr der rotbraune Felsen von Llo erhebt. Das weite - und auf den ersten Blick eintönige - Hochland der Cerdagne ist zurückgeblieben, ebenso Skistationen und Neubausiedlungen. Nach einer halben Stunde verbreitert sich das Tal, links am Weg liegt auf 1700 m das *Mas Paturas*.

Man sollte nicht versäumen, im Mas Paturas Véronique Flamants Ziegenkäse zu probieren. Der schnittfeste Tome eignet sich vorzüglich als Wegproviant. Kommt man nachmittags nach 15 Uhr vorbei, kann man sich auf der Veranda mit kleinen Ziegenkäsegerichten stärken.

Hinter dem Refuge steigt der Pfad steil an und führt zum 2604 m hohen Paß *de Finestrelles* hinauf. Danach hat man noch etwa eineinhalb Stunden Abstieg vor sich bis Nuria, das auf 1967 m liegt.

Die ‘Jungfrau von Nuria’, eine Statue aus dem 7. Jahrhundert, die von einem Heiligen geschnitzt, später versteckt und im 11. Jahrhundert wiederentdeckt wurde - wie auch die berühmte Glocke aus der gleichen Zeit, werden seit jeher von den Cerretanern verehrt. In der gigantischen Einsiedelei findet man leicht Unterkunft, so daß man am nächsten Tag zurückwandern kann.

Der kürzeste Rückweg führt zurück zum *Col de Finestrelle*, wendet sich nun allerdings zur *Quelle des Sègre*. Nachdem man einen kleinen Kamm überschritten und ein trockenes Flußbett überquert hat, beginnt alsbald die Alm. Nach einem Waldstück erreicht man in gut einer weiteren Stunde den *Col de Segalera*. Hält man sich rechts, kommt man an den *Cortals de Rigat Maya* vorbei und steigt zwischen Ginsterbüschen hinab auf den Weg, der geradeaus nach *Err* führt. Dort gibt es ein Gîte d'Etape und drei Campingplätze.

Eine Alternative führt vom Pilgerort hinauf zum *Col de Nuria*, dann hinab durch das Tal von *Eyne*, an dessen unteren Ende man sich links nach *Llo* wendet. Achtung: Pesetas einstecken!

Eine bequemere Möglichkeit: mit der Zahnradbahn nach *Ribas-de-Freser* hinabfahren und von dort mit dem Zug nach *Tour-de-Carol*, wo man Anschluß an den gelben Zug hat. Allerdings muß man bei dieser Variante Nuria schon um 15 Uhr wieder verlassen.

Bena: Experiment im Hochgebirge

In *Enveigt* (südwestlich von Font-Romeu), wo der Internationale Bahnhof auf der Linie Toulouse-Barcelona steht, zweigt eine schmale Straße ab, die schnell emporklettert und bald über kahle Bergrükken führt, von denen man den größten Teil der Cerdagne überblickt. Vom Kamm aus sieht man *Brangoly* und *Fanès* geschützt im Tal liegen. Dort befindet sich ein Dolmen, Zeugnis prähistorischer Ahnen.

Auch Béna war seit uralten Zeiten besiedelt, doch vor fünfzig Jahren wurde es immer schwieriger, in dem auf 1600 m gelegenen Weiler zu überleben. Die traditionelle Landwirtschaft der Bergbauern konnte mit der Entwicklung nicht Schritt halten. Steinmauern, teils aus gewaltigen Felsbrocken, und Überreste von weitläufigen Bewässerungsgräben zeigen, daß hier Menschen über Generationen alle Anstrengungen unternahmen, um dem Boden gute Ernten abzuringen. Anstrengungen und Ernten, die man nicht mit Mindestlöhnen und modernem Lebensstandard in Beziehung setzen konnte. Die Menschen gingen. Die Häuser verfielen.

Daß Béna wieder und weiter existiert, ist dem pensionierten Marinekapitän Xavier Salantin und seiner Frau Anne zu verdanken. Unterstützt von Freunden, die sich zu einem Verein zusammenschlossen, machten sie sich ab 1970 daran, das Dörfchen wiederzubeleben. Künstler und Kunsthandwerker, Seminare über Glauben und Wissenschaft in der Tradition Teilhard de Chardins, aber auch landwirtschaftliche Aktivitäten sind Teil davon. Zu letzteren gehört die Pferdezucht. Es handelt sich um Mérens, eine widerstandsfähige Rasse aus dem Ariège, die selbst im Winter auf dieser Höhe nicht mehr als einen Unterstand brauchen. Sie sind ideal für Ausflüge ins Gebirge. Außerdem züchtet man Heilkräuter und betreibt Gärten und Gewächshäuser. Man macht alles, um zu beweisen, daß ein Hochgebirgsdorf auch heute noch lebensfähig ist.

▪ *Übernachten: Bekanntestes und erfolgreichstes Projekt ist der* Gîte d'Etape, *in dem pro Jahr 2000 Übernachtungen gezählt werden. Die Atmosphäre ist familiär, die Küche ausgezeichnet. Von hier aus kann man in vier Tagen den* Pic Carlit, *den höchsten Berg der Ostpyrenäen, zu dessen Füßen traumhafte Seen liegen, umwandern: allerdings eine sehr frequentierte Tour. Andere, vielleicht weniger spektakuläre, dafür einsamere Wanderungen verraten die netten Leute der Gemeinschaft.*

Gîte d'Etape, Béna, 66760 Bourg-Madame, Tel. 68 04 81 64.

Rundwanderung um den Pic Carlit

(4-Tagestour)

1. Tag: Von Béna (Übernachtung s.o.) über den Col de l'Homme Mort nach Porta, wo es bei Pierre Enoff, Tel. 68 04 83 92, ein Gîte d'Etape gibt.

2. Tag: Von Port nach Porte-Puymaurens, danach steigt man das Tal von Lanous hinauf, bis zum Etang de Lanoux, an dem die Refuge de la Guimbarde (5 Plätze) liegt.

3. Tag: Folgt man dem üblichen Rundweg, geht man oberhalb des Sees entlang, an dessen Ende man sich rechtshält. Nun wandert man auf dem GR 10 zu dem kleinen See von Pradet (2297 m). Danach begleitet der Weg ein Bächlein, das sich später zur Têt vergrößert, bis man den großen Stausee der Bouillouses erreicht. Er verdankt seine Entstehung dem kleinen gelben Zug, denn sein Wasser speist ein Elektrizitätswerk der Bahngesellschaft. In der Nähe der Staumauer gibt es Refuges für Wanderer.

Statt diesen eher sanften Bogen zu machen, kann man den Weg über den Carlit nehmen, der vom südlichen Ende des Etang de Lanoux bis zu dem des Stausees der Bouillouses führt. Dieser Weg ist etwas anstrengender, denn man muß 700 Meter Höhenunterschied überwinden. Im Juli und August herrscht auf dieser Strecke allerdings ein reger Betrieb, denn man kann den Stausee mit dem Auto erreichen und von dort aus in etwa 2 1/2 Stunden auf den Carlitgipfel wandern.

4. Tag: Der Weg streift die Dörfer Angoustrine (romanischer Christus) und Dorres (Schwarze Madonna) und führt nah an dem oben erwähnten Dolmen vorbei zurück nach Béna.

Font-Romeu

Font-Romeu (3140 Ew., 1800 m) gehörte um die Jahrhundertwende mit zu den ersten Orten überhaupt, in denen man auf den Gedanken kam, sich mit Wintersport zu vergnügen. Überragendes Symbol dieser verblaßten Würde: das enorme Grand Hotel, das heute Appartements vermietet. Gerade als die Station ganz aus der Mode zu kommen drohte, verlegte man die Vorbereitungen für die Olympischen Spiele 1968 hierher.

Das Klima ist trocken und gesund. Die Sonne scheint noch 400 Stunden mehr im Jahr als im Roussillon. Ideal für Leute, die sich im Winter lieber bräunen als ein Bein brechen wollen. Dennoch ist der Ort sportlich wie unterhaltungsmäßig gut ausgerüstet.

Trotz des Tourismus hat sich 'die Quelle der Pilger' unter Katalanen ein Renommée als Wallfahrtsort bewahrt. Vor vielen Jahrhunderten grub ein Hirte an der Stelle, an der ein Stier wie wild scharrte, eine Madonnenstatue aus. Als er sie an sich nahm, sprudelte aus dem Boden eine Quelle hervor. Im Bergland der Cerdagne gibt es kaum eine berühmte Madonnenfigur, mit der nicht eine ähnliche Geschichte verknüpft ist, die sehr treffend illustriert, wie auf den alten der neue Glaube aufgesetzt wurde.

Die magische Madonna, deren Quelle Wunder wirkt, wird am 8. September feierlich aus der - an der Fundstelle errichteten - Einsiedelei hinab ins Dorf von *Odeillo* geleitet, wo sie überwintert.

■ *Unterkunft und Essen: In* Targasonne *das kleine Hotel La Tourane, Tel. 68 30 15 03, DZ von DM 40 bis 50. Außerdem ißt man in der Familienpension reichlich, gut und preiswert. Menüs von DM 20 bis 32.*

Bergatmosphäre bietet die Taverne Cerdane in der Rue Maillol in Font-Romeu, *Tel. 68 30 04 71. Dort speist man stimmungsvoll bei Kerzenlicht. Menüs von DM 24 bis 40 für gute, einfach zubereitete Landesprodukte.*

Sonnenkraft

Der Super-Sonnenschein von Font-Romeu führte zu zwei wissenschaftlichen Projekten: einem Sonnenofen und einem Sonnenkraftwerk. Der Four solaire *von Odeilla bewährt sich auch wirtschaftlich. Man testet z.B. bestimmte Materialien für die NASA auf Hitzebeständigkeit. Immerhin erreicht man 3500 Grad C und mehr. Täglich von 9 bis 17 Uhr für Besucher geöffnet. Ausstellung über das Funktionsprinzip des Sonnenofens. Videofilm.*

Am Rande des Chaos von Targasonne, wo Gletscher eine bizarre Granitlandschaft hinterließen, hat sich das Sonnenkraftwerk Thémis *den Sternen zugewandt. Das einstige Modellprojekt wurde der französischen Elektrizitätsgesellschaft, die ungezählte Milliarden für Atomenergie verpulverte, zu teuer. Daß die neue Teilnutzung von dem Kommissariat für Atomenergie durchgeführt wird, beweist nur zu deutlich, was man will und was nicht. Nun forscht man nach Photonen, Teilchen kosmischer Hochenergiestrahlung.*

Das Capcir

Während die Cerdagne von West nach Ost verläuft, erstreckt sich das Hochtal des Capcir zwischen dem *Col des Hares* und dem *Col de la Quillane* von Nord nach Süd. Über 2000 m hohe Berge begrenzen es auf beiden Seiten, während sein tiefster Punkt nur knapp unter 1400 m liegt. Das Capcir ist ein Land der Seen, der Almen, der weiten Kiefernwälder, ein Land des klaren Himmels, der erfrischenden Luft, der reinen Wasser, ein Land der Vögel, des Wildes, der Forellen und der Wildblumen - es verleitet zum Schwärmen . . .

Obwohl über dem Capcir die Sonne mediterran scheint, sind die Lebensbedingungen hart, mögen Einheimische darüber auch anders denken. Immerhin friert es laut Statistik an 130 Tagen im Jahr. Der Schnee bleibt drei bis fünf Monate liegen, doch das Klima ist trokken. Bis vor kurzem lebten in den sechs Gemeinden weniger als 1500 Menschen. Nun macht sich ein leichter Anstieg bemerkbar. Grund: der Tourismus.

Formiguères

Formiguères gilt als das Zentrum des Capcir. Obwohl es als Ferienort immer beliebter wird, und es immer weniger Landwirte gibt, hat es sich doch noch Dorfcharakter bewahrt, wenigstens in seinem alten Teil. Wenn man durch die Gassen stapft, sieht man noch mal einen Misthaufen dampfen und hört das Vieh im Stall brüllen. Die schon 840 bezeugte Kirche wurde von Sanche, einem der mallorquinischen Könige, erweitert. Er liebte es, hier den Sommer zu verbringen und starb in Formiguères. Von der Burg existieren noch Ruinen.

i *Näheres über Unterbringung, Wanderungen, Skischulen beim Syndicat d'Initiative, place de l'Eglise, 66210 Formiguères-en-Capcir. Informationen über die Nachbardörfer Puyvalador und Rieutort und deren Skistationen vom SAT Puyvalador Rieutort, 66210 Puyvalador, Tel. 68 04 41 01.*

▪ *Unterkunft: Hotel Picheyre am Place de l'Eglise, mitten im Zentrum des Orts, Tel. 68 04 40 07. Günstige Zimmer und Menüs.*

Unbedingt probieren sollte man im Capcir die Ouillade, eine Suppe aus Kartoffeln, Kohl und Schweinefleisch, den drei Grundpfeilern der Ernährung in dieser Bergregion, die die Bauern früher jeden Tag aßen.

Ausflüge

Zu den Seen von Campoureils: Vom Kirchplatz in Formiguères führt links (wenn man von Matemale kommt) eine Straße aus dem Dorf heraus und weiter durch den Wald hindurch. Vom Ende der Straße ist es nicht weit zu den Seen inmitten einer grandiosen Bergwelt.

Das Tal des Galbe hinauf: Hier kommt man - wenn's sein muß - mit dem Auto bis zur *Refuge de la Jasse de Llosse*. Nach einem weiteren Stück geradeaus links die Abzweigung in das *Rec de la Peyre escrite* nehmen. In der Nähe des kleinen runden Teufelssees finden Sie eine große Schieferplatte, in die Symbole und Zeichen aus vorgeschichtlichen und jüngeren Epochen eingeritzt wurden.

Das Hochtal der Aude

Die großen Wälder mit den steilen Hängen, den ausgehöhlten Felsen und den engen Schluchten machen das Hochtal der Aude zu einem Reich der Melancholie, zu einer Domäne für Romantiker, Naturfreunde und für Menschen, die Abgeschiedenheit suchen. Die alten Dörfer und die Bäder, die ihre Blüte vor dem Ersten Weltkrieg erlebten, haben es heute jedoch schwer, zu überleben.

Die Aude, die einem ganzen Departement den Namen gab und oberhalb von Narbonne ins Mittelmeer mündet, entspringt bei *Les Angles*, nährt den Stausee von Matemale und mit weiteren Zuflüssen den von Puyvalador, bevor sie sich zu Tal stürzt.

Das Hochtal der Aude war die Domäne derer von Roquelaure, Mitstreiter von Simon von Montfort, Gegner der Katharer und Okzitaniens, kurz königstreue Ritter, nachdem die Getreuen der Grafen der Cerdagne und später der Grafen von Foix hatten weichen müssen. Das Château bei Quérigut und das von Usson waren die wichtigsten Burgen dieses Durchgangstals, das im Laufe seiner Geschichte viel zu leiden hatte.

Eine romantische Reise besonderer Art kann man mit Jean Bataillou unternehmen: eine Tagesreise durch die *Grotte von Aguzou*. Die Ausrüstung wie Lampen, Helm etc. wird gestellt. Man muß nur gut zu Fuß sein (ca. 6 Stunden Wanderzeit). Adresse: 11140 Usson, Tel. 68 20 40 77. Preis: DM 60.

Hinter *Axat* erreicht man bald dic D 117, die links schnell in das Gebiet des Fenouillèdes führt.

Skigebiete der Cerdagne und des Capcir

Die Cerdagne, die sich von West nach Ost erstreckt, hat zwei Seiten: im Norden die Solana, die Sonnengebadete, im Süden die Schattige, auf der zwei Skizentren liegen. Gemeinsam betreiben die Dörfer Eyne und Saint-Pierre-dels-Forcats 17 Pisten zwischen 1600 und 2600 m, 1 Kabinen-, 9 Sessellifte und kilometerlange Wege für Langlauf im Massiv des *Chambre d'Aze*.

i : Syndicat d'Initiative Eyne 2600, 66800 Saillagouse, Tel. 68 04 71 13.

Auf der Sonnenseite gibt es Abfahrten in *Bolquères Pyrénées 2000*, *Font Romeu* und nach Andorra hin in *Porte Puymorens*. Bolquère verfügt über fast 7000 Betten, von denen die meisten in Chalets und Appartements stehen. Buchung über Chalet d'Accueil, Pyrénées 2000, 66210 Bolquère, Tel. 68 30 11 42. Font Romeu, der Klassiker unter den Stationen der Ostpyrenäen (s.u.), bietet 25 Pisten zwischen 1700 und 2250 m, 25 Hotels und insgesamt 18 000 Betten! Auskünfte über das Office de Tourisme, 66120 Font-Romeu, Tel. 68 30 02 74. Porte Puymorens, wo man 16 Pisten von 1700 bis 2600 m angelegt hat, ist mit seinen verstreuten Unterkünften etwas romantischer.

i : Office de Tourisme, 66800 Porte Puymorens, Tel. 68 04 82 12.

Hauptskiort des Capcir ist Les Angles, das rund 6500 Gästen Platz bietet, über 40 km Skipisten jeglicher Kategorie verfügt und - wenn's drauf ankommt - den Schnee selbst erzeugt. Weniger der Sonne ausgesetzt als das nahe Font-Romeu bietet es oft bessere Schneequalität. Ein Chalet für 4 bis 5 Personen kostet in der Saison zwischen knapp DM 1000 und knapp 1300 pro Woche, Kaution DM 330, Vorauszahlung 25 %. Reservierung durch das Office de Tourisme, 66210 Les Angles, Tel. 68 04 32 76.

Obwohl auch *Formiguères* und *Puyvalador* über gute Abfahrten verfügen, das eine über 10, das andere über 11, brachte der Langlauf den eigentlichen Umschwung im Capcir. Immer mehr Wintersportler finden Gefallen daran, auf präparierten Wegen - inzwischen sind es 70 km - durch die reizvolle Bergwelt zu gleiten. Der Aufwand für die Gemeinden ist beträchtlich. Nur wenn die Ski-de-Fond-Pisten in der Saison täglich geformt und nivelliert werden, rutscht man gut.

Alle Gemeinden und einige des benachbarten Hoch-Conflents - Mosset z.B. - haben sich zusammengeschlossen, so daß die meisten Pisten mit der benachbarten verbunden sind.

Man sollte unbedingt die Langlaufkarte bezahlen, die pro Tag DM 5, pro Woche DM 15 und pro Saison DM 32 kostet, um diese Aktivität zu fördern. Ein genaues Verzeichnis aller Pisten erhält man für DM 5 in den Skizentren. Dort gibt es auch Langlaufschulen, wo man in diese Technik eingewiesen wird. Informationen vom Syn-

Informationen von Syndicat d'Initiative, 66210 Matemale, Maison d'Artisan, Tel. 68 03 34 07.

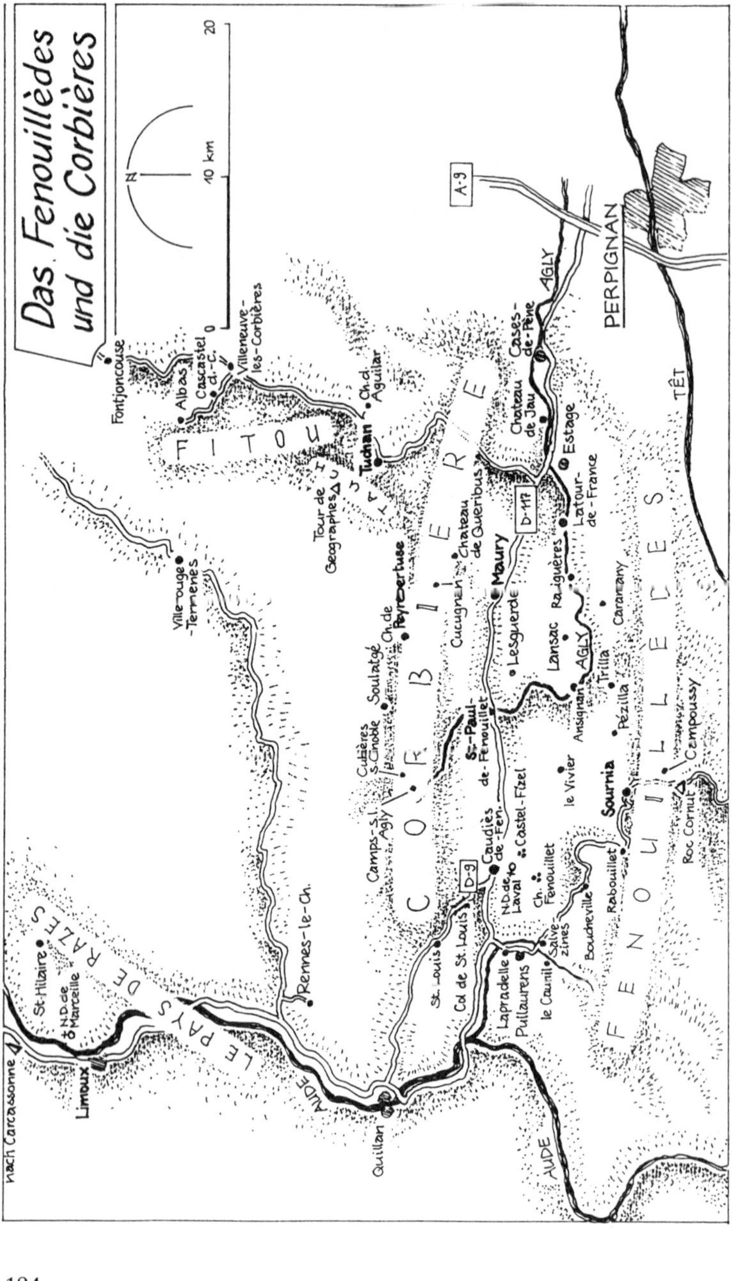
Das Fenouillèdes
und die Corbières
N
0
10 km
20
nach Carcassonne
Limoux
St. Hilaire
N.D. de Marceille
LE PAYS DE RAZES
AUDE
Quillan
Rennes-le-Ch.
Ville-rouge-Termenes
Fontjoncouse
Albas
Cascastel d.-C.
Villeneuve-les-Corbières
FITOU
Ch. d. Aguilar
Tuchan
Tour de Geographes
Peyrepertuse
Ch. de
Soulatgé
Cubières s. Cnoble
Camps-s.-l. Agly
CORBIERE
Cucugnan
Chateau de Queribus
Maury
D-117
Chateau de Jau
Cases-de-Pène
AGLY
A-9
PERPIGNAN
TÊT
Estage
Latour-de-France
Raiguères
Lesquerde
Lansac
Caramany
Trilla
Ansignan
Pézilla
St.-Paul-de-Fenouillet
Caudiès de-Fen.
D-9
Castel-Fizel
le Vivier
Sournia
Campoussy
Roc Cornut
Rabouillet
Boucheville
Ch. Fenouillet
N.D. de Laval
St. Louis
Col de St. Louis
Lapradelle
Puilaurens
le Caunil
Salvezines
FENOUILLEDES

Das Fenouillèdes und das Tal des Agly

"Fenouille" bedeutet Fenchel. Tatsächlich wächst dieses aromatische Kraut wild in dem Gebiet, das - grob gesagt - zwischen dem Tal der *Têt* und dem des *Agly* liegt, zwischen der N 116 und der D 117. Mit Recht spricht man also vom Fenchelland, obwohl man früher den Namen eher mit dem lateinischen Wort *fenum* assoziierte, doch Heu gibt es kaum noch. Auf jeden Fall ist das Fenouillèdes ein Wildkräuterparadies. Sein Klima und seine Vegetation sind überwiegend mediterran. Thymian, Rosmarin, Lavendel, Wermut sprießen auf trockenen, steinigen Hängen. Immortellen mit ihren kleinen gelben Pompons, Cistrosen mit weißen und violetten Blüten, wilder Knoblauch, Kamille, Johanniskraut, Mohn verwandeln Anfang Juni die Ränder der schmalen Straßen und Wege in natürliche Steingärten. Doch Mitte Juli, wenn das Jahr üblich trocken und heiß ist, hat der Blütenzauber ein Ende gefunden, und die Gräser stehen verdorrt im Wind.

Die Berghänge sind mit Macchia bewachsen, mit Kameldorn, Brombeeren, mit Ginster und Wacholder. Die Wälder bestehen aus knorrigen, immergrünen Bergeichen. Überall entdeckt man von

Menschen angelegte Terrassen, die längst die Natur wieder vereinnahmt hat. In den Tälern zeugen verwilderte Oliven-, Mandel- und Feigenbäume von vergangener Vielseitigkeit. Nur der Wein findet in der dünnen Bodenkrume, was er braucht - und in Granit und Schiefer, in die er seine Wurzeln treibt. Boden, Sonne und Trockenheit verleihen ihm - ohne daß man mit Zucker nachhelfen müßte wie in vielen anderen Weingebieten - Stärke und Farbe, mehr noch: seit die Winzer gelernt haben, ihn mit Sorgfalt zu pflegen, zu lesen und zu vinifizieren, zeigt er auf seine Weise, welch Charakter in dieser ungewöhnlichen Landschaft steckt.

Das Land der Gavatx

Mit vielen anderen Ländereien erhielt Wilhelm Kurznase um das Jahr 800 das Fenouillèdes von Karl dem Großen als Lohn für seine Siege über die Mauren. Ein Jahrhundert später gehörte es Miron, dem Bruder Wilfred des Behaarten, und damit zur Grafschaft von Besalù (zwei Dutzend Kilometer westlich von Figueras) und zum Machtbereich der Grafen von Barcelona, die 1137 Könige von Aragon wurden.

Nimmt man in *Caudiès-de-Fenouillèdes* die kleine D 9, kommt man an der Einsiedelei der *Nôtre-Dame de Laval* vorbei und über eine kleine Brücke. Bald macht die Straße eine scharfe Kurve, hinter der links ein Weg abzweigt, der an das *Castel-Fizel* heranführt, den vorgeschobenen Wachposten zweier anderer Burgen. Sie liegen oberhalb des Dorfes F e n o u i l l e t und waren der Stammsitz der Vicomtes von Fenouillet, Seigneurs de Perapertusa. Von den Burgen ist nicht mehr viel erhalten. Das *Castel Sabarda*, so glaubt man, geht auf die Westgoten zurück. Das *Château Saint-Pierre*, rechts oberhalb des Dorfes, stammt aus dem frühen 13. Jahrhundert.

Pierre de Fenollet de Saissac, letzter Vicomte des Fenchellandes und Sympathisant der Katharer, mußte sich vor den Kreuzrittern und der Inquisition in die Komturei der Tempelritter, in das *Mas Deu* bei Trouillas, flüchten. Seine Gebeine warf man noch nachträglich auf den Scheiterhaufen. Sein Sohn wurde einer der mächtigsten Männer des Königreichs von Mallorca und erhielt von König Jakob

Bouleternère, Ille, Saint-Féliu und Canet als Lehen.

In der Folge des Kreuzzugs kamen das Fenouillèdes und das Peyrepertuses im Vertrag von Corbeil 1258 an Ludwig IX. Vierhundert Jahre war es Grenzland. In seinen Dörfern und auf seinen Burgen wurde die Langue d'oc gesprochen, und sie erhielten Zunamen wie 'de la Frontière' oder 'de France'. Für die Nordkatalanen leben dort die *Gavatx*, wie man auch den Dialekt nennt. Daran änderte sich nichts, als das Roussillon 1659 unter französische Herrschaft kam, und noch nicht einmal etwas, als man nach der Französischen Revolution diesen Kanton administrativ aufs neue mit Perpignan, Prades und Céret zusammenschloß.

Ein Platz für Außenseiter

Wie sehr Fenouillèdes und Corbières, die auf vielfältige Weise miteinander verschwistert sind, aus dem Rahmen fallen, nimmt man einerseits wahr, wenn man aus deutschen Städten angereist kommt, andererseits, wenn man schon einmal von einer Seite der Pyrenäen auf die andere gefahren ist. Schon in Puylaurens, das früher zur Grafschaft dazugehörte, trifft man auf eine atlantische Vegetation. Selbst im Roussillon beansprucht es eine Sonderstellung. Conflent und Vallespir haben schnell Mittelgebirgscharakter, und in der fruchtbaren Ebene des Roussillons und seinen Badeorten herrscht ein ganz anderes Treiben.

Zum Leidwesen der Lokalpolitiker, die alles versuchen, um das Fenchelland an den Fortschritt anzuschließen - in Sournia läuft zum Beispiel ein Versuch mit Kabelfernsehen -, hat man das sympathische Gefühl, hier unserer hektischen Welt entronnen zu sein. Manche begrußenswerten Versuche, Arbeitsplätze zu schaffen - so mit einer, an eine alte Tradition anknüpfenden Schuhfabrik in Saint-Paul - scheiterten. Die Aussichten für Jugendliche sind miserabel, und außer in den beiden Sommermonaten ist nichts los.

Im Juli und August allerdings bevölkern sich die Dörfer mit Scharen von Estivans. Oft handelt es sich um Einheimische, die anderswo ihr Leben bestreiten. Oft sind es Familien mit Kinder, die hier günstige Ferienquartiere buchen. Dann wird für Animation gesorgt wie überall in Südfrankreich. Noch das kleinste Dorf lädt mindestens zu einem Ball. Ob in lauen Nächten oder vom Bergwind durchfauchten, entfaltet sich der Dorfschwof. Bässe dröhnen durch die verwilderten Wälder. Elektrogitarren kreischen über die Täler. Natürlich weiß man nie, wie's wird. Ist die Band nicht gar zu schlecht und schöpft sie mit Einfühlungsvermögen aus dem Repertoire, das allen Altersstufen gerecht zu werden hat, kann es sehr lustig werden, familiärer als in den größeren Orten der Ostpyrenäen.

Auf Weinbergwegen und vergessenen Pfaden

Das Fenchelland ist etwas für Individualisten, ganz besonders während der off-season. Nur ein paar Schritte aus dem Dorf - es gibt in fast jedem Gîtes ruraux - ist man allein zwischen Weinbergen und Bergeichenwäldern, verlassenen Terrassen, Hügeln und Bergen, die fast nie jemand besteigt. Man kann auf den Weinbergwegen bequeme Spaziergänge machen oder den alten Verbindungspfaden nachstöbern, die zwischen allen Dörfern bestehen. Viele von ihnen werden heute nicht mehr begangen, sind aber noch auf den Cartes topographiques eingezeichnet.

Und dann gibt es da noch die Ruinen der kleinen Burgen oder Wachtürme, von denen es mehr als ein Dutzend gibt. Man kann sich irgendwo ein einsames Plätzchen suchen und sich einfach darüber freuen, draußen zu sein, zwischen kräftigen Kräutern und Steinen, die von der Sonne gebacken werden.

Man hat die Wahl zwischen Hochgebirge, tiefen Wäldern, Museen und geschichtsträchtigen Bauwerken - und das Meer ist nicht weiter als eine Autostunde entfernt.

Ruinen, Dolmen und der Wald von Boucheville

Neben den Burgen von Fenouillet ist A r s a (südl. von Fenouillet) interessant, weil es ein Beispiel für ein befestigtes *Cortal* gibt und in einer Gegend liegt, die mit alten Ställen und Einfriedungen übersät ist.

Die Überreste zeigen einen kleinen Turm und eine große Befestigungsmauer, in deren Innern man das Vieh schützte. Die Anlage geht vermutlich auf die karolingische Zeit zurück und dürfte über 1000 Jahre alt sein. Die Umgebung von Sournia kann man auch zu Pferde erkunden. Auskünfte, auch über Unterkünfte und Campingplatz, erteilt das Office du Tourisme - Mairie 66730 Sournia, Tel. 68 97 72 44.

Anfahrt: Hinter *Sournia* - auf der Straße nach Rabouillet - biegt man links vor dem Friedhof ab. Nach den Häusern von Le Puigt auf der einen, dem Campingplatz auf der anderen Seite, kommt man zu den Ruinen der vorromanischen Kapelle *Saint-Michel*. Folgt man dem Weg weiter, gelangt man nach Arsa.

Hinter Rabouillet erreicht man auf verschiedenen Wegen den nördlich gelegenen großen Wald von Boucheville. Wenn man Glück und Geduld hat, kann man in ihm Heidelbeeren, Himbeeren, Walderdbeeren oder Pilze sammeln. Selbst im Hochsommer findet man hier ein angenehm kühles Plätzchen zu einem Mahl im Freien, doch bitte unter keinen Umständen - außer an den extra dafür hergerichteten Grillstellen - Feuer machen. Beim unerlaubten Feuermachen drohen hohe Geldstrafen - zu Recht, denn jedes Jahr brennen in Südfrankreich ganze Wälder wegen der Leichtsinnigkeit irgendwelcher Zeitgenossen ab.

▪ *Wandererunterkunft: In Rabouillet das große Gîte d'Etape. 30 Betten, Tel. 68 97 72 76.*

Auf der D 619, die von Sournia nach Prades führt, findet man - hinter der zweiten Abzweigung nach Campoussy - rechts von der Straße einen Dolmen, dem leider von Picknickern wenig Respekt erwiesen wird. Am bizarren *Roc Cornut* und den Ruinen eines Cortals vorbei fährt man über das Plateau, bis man nach weiteren drei Kilometern einen Menhir, *la Peyre Drete*, gut 500 m links von der Straße stehen sieht. Ein befahrbarer Weg zu ihm geht nach etwa einem Kilometer von der Straße ab.

Ansignan -Aquaeduc und Paella

An der D 619 Richtung Pézilla-de-Conflent liegt über der Weggabelung mit der D 2 die Ruine der kleinen Burg *Roquevert*. Die Straße verläuft oberhalb des Baches *Désix*, an dem es viele romantische Stellen gibt, über *Pézilla*, das einst zur Abtei von Cuxa gehörte, weiter nach *Ansignan*. Dabei sieht man - kurz nach der Abzweigung nach *Le Vivier* - rechts auf einem Felsen die Mauern des Wachturms von Albas, von dessen Geschichte man nichts Genaues weiß.

Ansignans ganzer Stolz ist das römische Aquaeduc im Tal des Agly. Noch immer fließt in der Rinne das Wasser, das hunderte von Metern weiter talaufwärts abgeleitet wird, hoch über dem Fluß auf die anderen Seite, um dort Gärten zu bewässern. Gleichzeitig ist es eine überdachte Brücke, die man auch heute benutzen kann. Hier steht man vor einem Rätsel. Man hat keine weiteren Funde gemacht, die Aufschluß darüber geben würden, warum die Römer ausgerechnet hier ein so aufwendiges Bauwerk errichteten.

Nach 20jähriger Diskussion geht man nun daran, in dem Tal nach Caramany einen Stausee anzulegen, von dem der Teil am Aquaeduc als Badestelle abgetrennt werden soll.

Von Ansignan, das wie ein Schiff in dem Meer der umgebenden Weinberge und bewaldeten Hügel liegt, führt ein schöner Spaziergang zur Kuppe hinauf, wo man - auf halber Strecke zum Nachbardorf *Feilluns* - zu einem Dolmen kommt.

Die Ansigneser Winzer bieten einen guten Rotwein, den *Comte de Mauléon*, den man - sollte die Kellerei geschlossen haben - zum gleichen Preis im Lebensmittelladen erhält.

▪ *Spezialität des Hauses ist Paella: Ansignans Restaurant 'La Font Vielle' ist eine Attraktion. Bei Madame Raynaud bekommt man in der Regel nur etwas auf Bestellung zu essen (Tel. 68 59 14 14), aber wer einmal richtig in ländlicher Küche schwelgen will, kommt bei Henriette auf seine Kosten. Hier ißt man, wie es Weinbauern im Fenchelland schmeckt und so reichlich, daß es schon fast des Guten zuviel ist. Spezialität des Hauses ist Paella. Ehemann Georges, Winzer und passionierter Jäger, sorgt für die Bedienung. Alles so ungeschminkt, wie man es selten trifft.*

▪ *Unterkunft: Ansignan besitzt einen einfachen Camping Municipal und eine Gîte d'Etape (François Pavot, Tel. 68 59 18 61).*

Ein Abstecher zur kleinen Cave nach Trilla lohnt sich wegen der schönen Fahrt und wegen des ausgezeichneten *Côtes du Roussillon* 1988, ein intensiv nach kleinen roten Früchten duftender, voller und runder Wein mit einer würzigen Note und einem originellen Etikett. Außerdem erhält man günstigen und ordentlichen Landwein lose.

Gorges du Galamus

Die am meisten besuchte Sehenswürdigkeit des Fenouillèdes sind die *Gorges de Galamus* und ihre ehemalige Einsiedelei. Wenige Kilometer von Saint-Paul hat sich der Agly seinen Weg durch die Felswand der Corbières gebahnt und eine malerische Schlucht geschaffen, sicher eine der schönsten Europas. Dieser besondere Ort zog vermutlich bereits sehr früh Eremiten an, denn er war äußerst unzugänglich. Die Straße, auf der man heute an dieser Stelle das Departement Aude erreichen kann, stammt aus dem Jahre 1880. Die Hermitage wurde im 15. Jahrhundert gegründet und dem Franziskanerorden unterstellt. Doch schon um 1560 gab es dort nur noch einen Wächter. Eine neue spirituelle Blüte erlebte sie ab 1843, als die Mönche Antoine Bon und Joseph Chiron sich dorthin zurückzogen und die Gemeinschaft der Armen Brüder von Sankt Franziskus von Assisi gründeten. Der letzte Einsiedler verließ den Ort 1925.

Heute befindet sich dort eine einfache Gastwirtschaft, in der man auch essen kann, ein Andenkenkiosk und ein Gîte d'Etape, und manchmal finden Konzerte statt. Tel. 68 59 20 49. An Wochentagen außerhalb der Saison hat man vielleicht die Chance, allein an diesem Ort zu sein. Erst dann gewinnt man eine Ahnung von dem, was ihn einmal beseelt hat.

Saint-Paul-de-Fenouillet

Das Wahrzeichen von Saint-Paul-de-Fenouillet, der Hauptstadt des Fenchellandes, ist das *Chapitre*, Überbleibsel eines Benediktinerklosters, dessen Mönche bei der Revolution verjagt wurden. Heute stellen zur Sommerzeit lokale Künstler und Kunsthandwerker ihre Arbeiten dort aus. Mittwoch- und Samstagvormittags findet in Saint-Paul der Markt statt. An warmen Tagen sitzt man angenehm im Schatten der Platanen vor dem Bistro 'Chez Zezette' auf der Place Saint-Pierre.

▪ *Übernachten und essen: Hotel Saint-Pierre an der Hauptstraße, der Avenue Jean Moulin (Tel. 68 59 14 55) - eine urige Unterkunft. Das Haus hat sich - trotz frischgestrichener Zimmer - eine Ambiance von der Vorkriegszeit und von Provinz erhalten. Alles geht familiär zu. Tiere sind herzlich willkommen. Man bekommt ein ordentliches Menü, inklusive Aperitif, mit Käse und Obst für DM 17,50. DZ 30, Zimmer mit 2 großen Betten DM 38.*

*Saint-Pauls Camping Municipal*** (an der einzigen Ampel links) eignet sich für Zwischenstationen, Tel. 68 59 00 26, - und wenn die Bäume weiter gut wachsen, hat er auch bald mehr Schatten.*

Vom Wein des Fenouillèdes

Der Reichtum des Fenouillèdes ist der Wein. Man sagt, der Wein würde dann gut, wenn der Rebstock zu leiden hätte. Auf den nichtbewässerbaren steinigen Terrassen, Hängen un dPlateaus dieser Region findet er - für den Weinfreund - ideale Bedingungen. Was hier gekeltert wird, darf man nicht mit den Unmengen Tafelwein aus der feuchten Ebene des Herault vergleichen.

Zwischen den Weltkriegen verkauften die Winzer dieser hügeligen Gegend ihren kräftigen und dunklen Wein überall dorthin, wo man schwache Tropfen kurieren wollte, weshalb man ihn Medizinwein nannte. Er war gefragt und wurde gut entlohnt. Man kam gar nicht auf den Gedanken, den eigenen Wein mit eigenem Etikett in

Flaschen zu verkaufen. Hektoliter und Alkoholprozente zählten.

Die Zeiten haben sich geändert. Heute ist Wein gefragt, von dem man weiß, woher er kommt. Seit fünfzehn Jahren bemühen sich die Winzer im Roussillon, die Qualität zu verbessern. Jetzt hat sie ein beachtliches Niveau erreicht. Das Fenouillèdes stellt die meisten Dörfer der *Appellation Côtes du Roussillon Villages Contrôlée*, einer Ursprungsbezeichnung, die den besonders günstigen geographischen und klimatischen Bedingungen dieses nördlicheren Streifens der Pyrénées Orientales Rechnung trägt.

Beim Weinkauf zuhause sollte man immer darauf achten, daß der Wein von den Winzern selbst, zumindest aber in der Region, abgefüllt wurde, um unliebsamen Überraschungen zu entgehen. Am besten kauft man jedoch an Ort und Stelle, direkt vom Erzeuger. Erstens füllen die Domainen und Coopérativen immer die qualitativ überzeugendsten Weine für den eigenen Verkauf ab, und zweitens findet man in den Caves oft Sonderabfüllungen, die man nicht exportiert, weil man nur über geringe Mengen verfügt.

Kaufen Sie während Ihres Urlaubs an Ort und Stelle kleinere Mengen Wein lose in den Kellereien. 5 Liter sind ein übliches Maß. Wollen Sie Wein mit nach Hause nehmen und dort länger aufbewahren, lohnt es sich, mehr Geld auszugeben und Flaschen zu kaufen. Die Qualität ist besser, außerdem ist der Wein gefiltert und maschinell verkorkt. Der lose Wein wird Sie meist enttäuschen, nicht nur weil die Atmosphäre fehlt, sondern weil er durch Oxidation schnell verliert.

Die Weindörfer

Der *Agly*, was Adler bedeutet, ist ein Fluß, der offensichtlich mit seinem Wasser durch die Wände wollte. Statt bequem in dem Tal zu fließen, das zwischen der letzten Reihe der Corbières und den Hügelketten des Roussillons liegt, nahm er seinen Weg von der Schlucht des *Galamus* geradeaus und fraß sich durch die *Gorge de la*

Fou - Fou wie Fontaine. An dieser Stelle tritt eine warme schwefelhaltige Quelle aus dem Berg, die 1910 Anlaß zum Bau des gegenüberliegenden - längst verlassenen - Thermalbads gab.

Geradeaus fährt man hinauf nach Lesquerde. Bald blickt man über die Hügel und Plateaus hinweg auf den Canigou. Lesquerde hat sich mit seinem Rotwein einen Namen gemacht, der nicht nur meist gut - insbesondere die *Cuvée Georges Pous* - ist, sondern die zur Kellerei hinauffahrenden Weinfreunde mit niedrigen Preisen entschädigt.

Bevor man nach Lansac kommt, das einen alten Wachturm besitzt, fährt man direkt an dem Feldspatabbau, einem der größten Frankreichs, vorbei. In Lansac findet man einen recht guten Rotwein und oft einen spritzigen Rosé.

Allerdings ist Rosé die Spezialität von Rasiguères, obwohl es dem manchmal an Nervosität mangelt. Dafür hat man nicht selten einen runden *Villages*, und der im Eichenfaß ausgebaute ist oft sehr delikat. Bester Anlaß, um die Weine von Rasiguères zu verkosten, ist das

'Festival de la Musique et du Vin' in Rasiguères - jeweils in der letzten Juniwoche. Initiatorin ist die renommierte englische Pianistin Moura Lympany, die sich den Weinort als Feriensitz erkor. Ende Juni trommelt sie ihre Musikerfreunde aus der ganzen Welt herbei. In der - zu diesem Anlaß - festlich ausgekleideten Kellerei wird dann klassische Musik vom Manchester Camerata und Peter Csabas Lyoner Solisten intoniert. Opernstars wie Victoria de Los Angeles oder Elizabeth Harwood schmettern ihre Arien zwischen vollen Weintanks, und auf dem Podium vor der Winzergenossenschaft stellen sich die Covent Garden Ballettänzer auf die Zehenspitzen. Anschließend tafelt man gemeinsam, wenn man sich dafür eingeschrieben hat. Der Ohrenschmaus allein kostet etwa DM 25 Eintritt.

Auskünfte und Reservierungen: Tel. 68 69 04 24.

C a r a m a n y s Rotwein ist so berühmt, daß der Dorfname den der Appellation auf dem Etikett in den Schatten stellen darf. In der Cave oder im Probierkeller des ehemaligen Pfarrhauses sollte man die *Cuvée du Presbytère* probieren. Der mit dem schwarzen Etikett wurde in Eichenfässern ausgebaut und ist einer der besten Weine des Roussillon.

Das alte Dorf mit seinem in Wohnhäuser integrierten ehemaligen Château lohnt einen Spaziergang. Von der Terrasse des Restaurants hat man einen wunderschönen Blick über das Tal des Agly, das nun bald der Stausee verhunzen soll. Das Essen ist relativ teuer.

Erreichen die Rotweine der Dörfer, die wir gerade streiften, ihren Höhepunkt nach drei, höchstens vier Jahren - und länger sollte man sie auch nicht aufbewahren -, machen die Vignerons von B é l e - s t a d e l a F r o n t i è r e absichtlich einen Wein, dem man bis zu zwanzig Jahren Lebenserwartung gibt, eine Rarität im Roussillon. Es handelt sich um einen Schieferwein. In dem schönen, mehr auf das Têttal ausgerichteten Dorf setzt man nämlich auf die *sélection du terroir*. Man liest die Trauben von verschiedenen Böden separat. Inzwischen gibt es auch einen Granitwein. Für Weinliebhaber sehr interessant. Übrigens hat Bélesta ein gutes Bistro!

In L a t o u r d e F r a n c e genießt man das gleiche Vorrecht wie in Caramany, nur sind die Weine etwas körperreicher. Außerdem erzeugt man zusätzlich natursüße Weine, ohne dabei die Klasse der trockenen zu erreichen.

E s t a g e l ist der belebteste Ort an der D 117 zwischen Perpignan und Quillan, was seine großen Bistros bezeugen, die jedes Jahr zur Weinlese bersten. Es hat zwei große Coopérativen, die jeweils eine ganze Auswahl an verschiedenen Weinen präsentieren. Für den Weinfreund sind die selbständigen Winzer reizvoller. Sympathisch ist die *Domaine Bousquet Comelade*, zu der sich zwei Winzerfamilien, jeweils Vater, Mutter und Sohn, zusammengeschlossen haben, um ihren eigenen Wein zu erzeugen. Beim *Côtes du Roussillon Villages* achten sie besonders auf Qualität und erzeugen schöne, ausgewogene und runde Weine, selbst beim sonst so schlechten Jahrgang 1987. Ein anderer Spitzenwein ist ihr *Muscat de Rivesaltes*, eine wahre Geschmacksexplosion. Im Juli und August findet man immer jemanden in der Cave (in der Straße neben der Tankstelle), sonst in der Rue H. Barbusse Nr. 3 (die Straße, die nach Montner führt) klingeln oder sich unter Tel. 68 29 04 69 anmelden.

Estagels großes Weinfest wird am 30. und 31.8. und am 1.9. gefeiert.

▪ *Unterkunft und Essen: In* Caramany *der Camping Municipal la Bade* ist das ganze Jahr über geöffnet, Tel. 68 84 51 85.*

Bei Latour de France, *Richtung Estagel liegt der schön beschattete Campingplatz nah an dem Agly. Tel. 68 29 16 68.*

In Estagel, *der Heimat François Aragos, kann man im Nouvel Hotel*, Boulevard Jean Jaurès, Tel. 68 29 00 84, übernachten. Zimmer im Plüsch der 50er Jahre, DZ ab DM 25, für DM 38 recht nett und komfortabel. Fürchterlich kalter, nicht untypischer Eßsaal, aber für DM 38 gibt's ein gutes Menü.*

Château de Jau - Wein, Kunst, Ambiance

Anfahrt: in oder nach Cases-de-Pène von der D 117 auf die Nebenstraße abbiegen, die auf der nördlichen Flußseite parallel zur Agly verläuft (in einigen Karten ist das Château als 'Mas' gekennzeichnet).

Das Château de Jau war im Mittelalter das Gut armer Mönche, die auf dem einsamen 1513 m hohen *Col de Jau*-Paß (oberhalb von Prades und Mosset) lebten. Aus ihrer Zeit stammt der sich kühn auf einem Fels erhebende Turm. Auf Jau verbindet sich die Geschichte der Region - hier ließen die Römer Marmorbadewannen zurück - mit Kreativität, die zukunftsweisend ist.

Das Weingut umfaßt rund 100 Hektar, von denen der Löwenanteil für den roten Côtes du Roussillon verwandt wird. Man arbeitet kontinuierlich daran, den Charakter des *Château de Jau* zu entwickeln, sowohl durch die Modifizierung der Rebsorten wie durch die Kellertechnik. Man will einen mediterranen Grand Cru schaffen und ist dabei schon ein verkostenswertes Stück weitergekommen. (Öffnen Sie zuhause eine Flasche *Château de Jau* zwei Stunden, bevor Sie sie ausschenken!).

Zu der Domaine von Jau gehören langgestreckte Gebäude, in denen man früher Seidenraupenzucht betrieb. Seit mehr als einem Jahrzehnt beherbergen sie die Stiftung *Fondation du Château de Jau*, die jedes Jahr zwischen dem 15. Juni und dem 15. September eine Ausstellung Moderner Kunst von internationalem Rang zeigt. César, Tapiès, Appel, Dufour und Olitsky, um nur einige zu nennen, zeigten hier ihre Werke. Großen Erfolg hatte 1988 die Ausstellung 'Amerikaner in Paris 1950-1965', die zehn amerikanische Künstler vereinte, die der eigenen und der französischen Gegenwartskunst bedeutende Impulse gaben, darunter die in Frankreich lebende Shirley Jaffé, die 1989 alleine ausstellte.

Unter dem 200 Jahre alten Maulbeerbaum, lebendes Denkmal der Seidenraupenzucht, lädt der Grill von Jau zum Mittagessen ein. Bei einem einfachen, aber für die Gegend typischen Essen, in dessen Verlauf man Gelegenheit hat, die Weine der Domaine zu probieren, verstreicht der Nachmittag schneller, als man denkt.

Wenn man nach einem kleinen Spaziergang zwischen den Weinbergen das Château de Jau verläßt, hat man das Gefühl, mehr vom mediterranen Stil kennengelernt zu haben als die Badeorte der Küste vermitteln können.

▪ Degustationskurs: Gelegenheit zur Besichtigung der Cave und zur Weinprobe gibt ein 2 1/2stündiger Basis-Degustationskurs. Dabei lernt man die Hauptgeschmacks- und Aromakategorien kennen, mit der die Weine unterschieden und beschrieben werden. Handwerkszeug genug, um die anschließend servierten fünf Weine vollmundig beschreiben zu können. Unkostenbeitrag etwa DM 15.

Zu dem Kurs, der zweimal die Woche stattfindet, muß man sich anmelden und für das Essen (DM 36,50 alles inklusive) einen Tisch bestellen. Tel. 68 64 11 38 (nur vom 15.6-15.9.).

▪ Weinkauf: Wein kann man direkt auf dem Château kaufen, empfehlenswert sind die Jahrgänge 1985 und 1986 und der Muscat de Rivesaltes, Typ Dessertwein.

▪ Ein kleiner Ausflug in die Umgebung: Zur Einsiedelei *Notre Dame de Pène* (17. Jh.) - von Jau kommend rechts auf den kahlen Hügel vor dem Dorf. Phantastischer Blick über das Tal des Agly.

Maury

Bevor wir das Roussillon verlassen, bietet sich Maury als letzte Station des Fenouillèdes an. Maury ist Pflicht für Liebhaber natursüßer Weine. Auf dem *Mas Amiel*, das einige Kilometer vor dem Ort rechts von der Straße liegt, setzt man die neue Ernte ein Jahr lang Sonne und Kälte, Trockenheit und Nässe in großen Glasdemions aus, dem *Parc des Bonbonnes*. Anschließend reifen die Weine in großen Eichenfudern, wo sie die interessante Palette ihres Bouquets entwickeln, in dem man - bei den älteren Weinen - oft Anklänge von Kakao, Kaffee und Nüssen findet.

Maury hat Schieferböden, auf denen - wie in Banyuls - der *Grenache noir* seinen Charakter am besten ausdrücken kann. Auch die Weine der Coopérative sind beachtenswert: der fruchtige *6 ans d'âge*, die sehr gelungene, vollmundige und komplexe *Veille Réserve* und natürlich der *Chabert de Barbera*, eine Klasse für sich.

An einem Sonntag Mitte Juli findet die **Foire de Fenouillèdes** in einem der drei Kantonsorte - *Latour de France, Sournia, Saint-Paul-de Fenouillet* - statt. Dort zeigt man, was man zu bieten hat, viel Wein vor allem. Abends schließen sich ein Chanson-Wettbewerb und ein öffentlicher Ball an. Ankündigung durch Plakate.

■ *Unterkunft: Unter Olivenbäumen in dem Camping Municipal Les Oliviers** an der D 117, gleich am Bahnübergang. Keine Angst, die Züge sind äußerst rar. Tel. 68 59 15 24 (nur im Juli und August).*

*Wer es bequemer vorzieht, sei auf die Auberge du Mas Camps** verwiesen, die - von Estagel kommend - gleich hinter der zweiten Brücke an der D 117 liegt. Tel. 68 29 10 51.*

■ *Essen: Die 'Bar des Sports' an der D 117 ist eines der ursprünglichsten Bistros der Gegend. Schräg gegenüber liegt die 'Auberge de Queribus', ein kleines, sympathisches Restaurant mit einer guten beständigen Küche, die sich leider auch in einer seit Jahren unveränderten Karte ausdrückt. Menüs ab DM 15. Tel. 68 59 10 26.*

Die Corbières und die Burgen der Katharer

Das wilde, unzugängliche Gebiet der Corbières endet zwischen dem *Col de Saint-Louis* und fast auf der Höhe von *Estagel* in einem natürlichen Wall, der nur an wenigen Stellen überwindbar ist. Schon in alten Zeiten war der *Grau de Maury* eine frequentierte Übergangsstelle.

Von vielen Punkten des Roussillons aus kann man die helle Barriere aus Kalkgestein sehen, die an einer Stelle merkwürdig gezackt ist. Aus der Nähe erkennt man die Burg Q u e r i b u s . Sie scheint aus dem Fels zu wachsen und wie eine Treppe in das Blau des Himmels aufzusteigen. Und Queribus entpuppt sich tatsächlich als ein Gebilde aus Treppen, teils aus gesetzten Steinen, teils aus gehauenem, teils aus blankem Fels, unterbrochen von drei Festungsmauern, die die Burg sichern. Erlebt man Queribus an einem Tage, an dem der Tramontane in unberechenbaren Böen sein Spiel treibt, fällt es schwer, sich vorzustellen, daß Menschen hier lange aushalten konnten.

Schwindelerregend ist der Aufstieg innerhalb der Burg. Tief unten liegen die Weinberge von Maury. Der Blick reicht über Hügel und Täler des Fenouillèdes bis zum Canigou, von der Küste bis zu den endlosen Bergketten des Ariège.

Im Turm des Burgfrieds verbindet eine steinerne Wendeltreppe die verschiedenen Ebenen. Im ersten Stockwerk gelangt man durch den Korridor in einen unregelmäßigen Raum. Hinter ihm eröffnet sich das Herz von Queribus: der Säulensaal. Eine einzige mächtige Säule, von der vier unsymmetrische Hauptbögen ausgehen, trägt das Deckengewölbe. Der zweigeschossige Raum wird durch ein enormes Rundbogenfenster mit steinernem Kreuz erhellt. Ein überwältigender Raum, der seiner Lage zwischen Erde und Himmel gerecht wird. Vermutlich wurde er in dieser Form erst nach der Zeit der Katharer geschaffen, doch was spielte er für eine Rolle?

Alle Burgen wurden fortwährend verändert, erweitert, umgestaltet, verstärkt. Manchmal ist es möglich festzustellen, welcher Teil aus welcher Epoche stammt, aber fast nie läßt sich rekonstruieren, wie die Anlage in ihren frühen Phasen aussah.

Queribus wurde zum ersten Mal schriftlich im Jahre 1020 erwähnt. 200 Jahre später gewann es für die Katharer zunehmend an Bedeutung, bis es ihnen schließlich als letzter Zufluchtsort blieb. 1241 starb dort der Katharerbischof Benoît de Termes. 1242 wurde sein Kommandant Chabert de Barbaira vom König von Aragon mit der Macht über alle uneingenommenen Burgen des Fenouillèdes, das damals auch dieses Gebiet miteinschloß, betraut. Als Chabert 1255 das belagerte Queribus gegen seine persönliche Freiheit eintauschte, hatte Okzitanien schon seit 26 Jahren seine Freiheit und seit 11 Jahren das Symbol seiner Seele, Montségur, verloren!

Die Katharer

Das Mittelalter war keine romantische Epoche. Ein Menschenleben galt nicht viel, und der Mensch war in ein festes gesellschaftliches und religiöses Gefüge hineingestellt, in dem er wenig Freiheit hatte. Die katholische Kirche verfügte über enorme Macht. Diese gründete sich nicht nur auf die dogmatische Unanfechtbarkeit der Institution Kirche, sondern auf konkreten materiellen Besitz und politische Macht. Die Basis dieser Macht war ein Glaube, in dem sich der Mensch drastisch zwischen Gut und Böse gestellt und sich gezwungen sah, die Gunst und den Schutz Gottes und der Kirche zu erkaufen, um nicht im Fegefeuer zu enden.

Dank des von Oliba, dem Abt von Cuxa, initiierten Gottesfriedens und dessen positiven Folgen, begann zwischen der Provence und Südkatalonien ein neues Zeitalter, eine neue Stufe der Zivilisation anzubrechen. Wirtschaftlicher Aufschwung und geistige Toleranz, deren Protagonisten die Troubadoure waren, folgten. In dem von unabhängigen Grafen regierten Gebiet, das die Hälfte des heutigen Frankreichs ausmachte und sich in engem Austausch mit dem Königreich von Aragon befand, stellte sich zunehmend Widerwille gegen den in Macht und Reichtum schwelgenden Klerus ein (der auch in anderen Gegenden Europas, z.B. am Rhein, bezeugt ist). Spirituelle Impulse gingen von den bulgarischen Bogomilen aus, die Missionare nach Westeuropa entsandten. Auf dem Katharerkonzil in Saint-Félix-Lauragais 1167 regte Nicetas, Bischof von Konstantinopel, zur Gründung einer eigenen Kirche an. Sie erhielt vier Bischöfe: je einen in Albi (daher spricht man von Albigensern), Toulouse, Agen und Carcassonne.

Die Katharer waren - wie im Grunde die katholische Kirche damals auch - Dualisten, nur konsequenter. Sie verneinten nämlich, daß ein guter Gott eine böse Welt geschaffen haben könnte. Sie sahen die Welt als Ganzes als eine Kreation des irrenden Geistes an. Die einzige Möglichkeit, das Heil zu erlangen, bestand für sie darin, sich entschieden gegen die materielle Welt zu wenden und sich ganz zu der spirituellen und vollkommenen Welt Gottes zu bekennen.

Diejenigen, die dies bewußt taten, wurden zu Perfecti, *zu Vollkommenen geweiht. Sie waren die wahren 'Reinen', die Gutmänner. Sie waren die eigentlichen Träger des katharischen Glaubens, in dem spirituelle Strömungen, die zum Manichäismus, zur christlichen Gnostik und zum Buddhismus in Beziehung stehen, verschmolzen. Sie gaben allen materiellen Besitz auf und führten ein Leben voller Askese, Nächstenliebe und Toleranz. Ihren Anhängern, den* croyants, *erteilten sie auf dem Sterbebett das Consolamentum, ihre einzige Weihe. Um ihre Anhänger nicht in Gefahr zu bringen, verlangten sie nicht einmal, daß sie auf den Kirchgang verzichteten.*

Durch ihre konsequente Lebensweise, ihre Wunschlosigkeit und das Mitgefühl für ihre Mitmenschen gewannen die Katharer ab Mitte des 12. Jahrhunderts in Okzitanien mehr und mehr Anhänger. Sie, denen alles Materielle ein Greuel war, fanden gerade unter Handwerkern und Kaufleuten, deren materieller Erfolg in der mittelalterlichen 3-Stände-Gesellschaft noch keinen Platz hatte, besonderen Zulauf. Viele kleine

202 Katharerburg Peyrepertuse

Adlige, denen es widerstrebte, sich von den Pfaffen schröpfen und unterdrücken zu lassen, fanden bei ihnen geistlichen Trost. So wurde der katharische Glaube die Okzitaniens Zeitgeist entsprechende Religion. Das empörte nicht nur Papst und Kirche, sondern auch den französischen König, dem die politische, wirtschaftliche und kulturelle Stärke des Midis ein Dorn im Auge war. Denn unter der denzentralisierten Herrschaft seiner toleranten Grafen hatte die südliche Hälfte des heutigen Frankreichs einen allgemeinen Aufschwung genommen.

Kreuzzug gegen die Freiheit

Die diplomatischen Druckmittel des Papstes - einschließlich Exkommunizierung - fruchteten wenig. Zwar stellten sich Graf Raymond VI von Toulouse und seine Vasallen nicht offen gegen die Kirche, aber sie gehorchten ihr auch nicht und verzichteten darauf, die Katharer zu verfolgen. Als 1208 der perfide päpstliche Legat Pierre de Castelnou in Südfrankreich umgebracht wurde, hatte Papst Innozenz III den gewünschten Vorwand, einen Kreuzzug gegen das freie Okzitanien auszurufen.

Grausamer Auftakt wurde ein Jahr später das Massaker an den Einwohnern von Béziers, die man alle (!) niedermetzelte - nach der Devise: Gott würde die Seinen schon erkennen. Die Bischofsstadt Narbonne ergab sich freiwillig. Carcassonne kapitulierte schnell wegen Trinkwassermangels. Der Vicomte Raymond Roger Trencavel, einer der wichtigsten Männer Okzitaniens, starb wenige Monate später unter ungeklärten Umständen im Kerker seiner Stadt. Zum Nachfolger wurde Simon von Montfort berufen, dem kein Greuel fürchterlich genug war, um es nicht für den Sieg der heiligen Mutter Kirche und den des französischen Königs einzusetzen.

Unter Montforts Regie, der es verstand, weiterhin die Hilfe des Papstes und die Treue der Soldaten zu erhalten, gestaltete sich der Kreuzzug gegen die Ketzer zur Eroberung Okzitaniens um. Dem konnte Peter II von Aragon, ergebener Katholik, nicht tatenlos zusehen, denn seine eigenen Interessen standen auf dem Spiel, und der Graf von Toulouse war sein Schwager.

Mit seinem zahlenmäßig überlegenen Heer eilte er Raymond VI zu Hilfe. Der wagemutige, durch seine Erfolge über die Mauren siegesge-

wohnte König verkannte Simon von Montforts Erfahrung und strategisches Geschick. In der Schlacht von Muret 1213 fiel Peter II, und die gemeinsame Sache von Okzitanien und Katalonien erlitt eine schwere Niederlage, von der sie sich auch dann nicht mehr erholte, als Simon de Montfort bei der zweiten Belagerung von Toulouse 1218 von einem Stein tödlich getroffen wurde.

Weder die Machthaber in Paris noch in Rom ließen Raymond VII und seinem engsten Mitstreiter, dem Grafen von Foix, lange Zeit Hoffnung. Schließlich blieb Raymond nichts anderes übrig, als 1129 den Vertrag von Meaux zu unterzeichnen: das Ende des unabhängigen Okzitaniens, das nun an die französische Krone fiel. Die Kirche hatte damit alle Rückendeckung, die sie brauchte, um gegen die Katharer vorzugehen. Ihr Instrument wurde die Inquisition, die sich nicht nur gegen die Perfecti, sondern ebenso gegen ihre Sympathisanten richtete und die Bevölkerung terrorisierte. Gleichzeitig flammte der katharische Glaube noch einmal auf.

Mit Ludwigs IX Volljährigkeit - er wurde später heilig gesprochen - trat die Bezwingung Okzitaniens in ihre letzte Phase. Die Unterwerfung der Burg Peyrepertuse 1240 war das erste Anzeichen. 1244 erlosch mit der Einnahme von Montségur und der Verbrennung von 205 Katharern das Symbol ihres Glaubens (siehe auch das nächste Kapitel). Als letzte freie Orte fielen Puilaurens, Saint-Paul-de-Fenouillet und schließlich 1255 Queribus. 1321 wurde Guillaume Bélibaste, der letzte Katharer, in Villerouge-Termenès auf den Scheiterhaufen gebracht.

B u c h t i p : Die geschichtlichen Ereignisse des Kreuzzugs, von dem Massaker von Béziers über die Einnahme von Carcassonne, von der Belagerung Toulouses bis zum Fall der Burg von Montségur hat *Maurice Magre* in seinem Roman ‘Das Blut von Toulouse’ geschildert. Der französische Erfolgsautor der Zwanziger Jahre, der am Ende seines Lebens der Weisheit der Katharer nachspürte, zeichnet darin einen Lebensweg im 13. Jahrhundert nach, der das Drama Okzitaniens aus der Perspektive eines Beteiligten intensiv vermittelt (erschienen in der Edition Tramontane, Bad Münstereifel).

Cucugnan

Von Queribus blickt man hinüber auf die weitaus größere Nachbarburg. Bevor wir sie aufsuchen, empfiehlt sich ein Abstecher nach Cucugnan. Das auf einem Hügel erbaute Dorf, dessen Pfaffe Martin durch Alphonse Daudets saftige Geschichte zu Ruhm gelangte, lädt zu einem kurzen Bummel ein, bei dem man auf ein interessantes Angebot von handwerklichen und kunsthandwerklichen Produkten trifft.

Außerdem kann man in der Auberge de Cucugnan oder in der Auberge du Vigneron einkehren. (Menüs ab DM 25, bzw. 22)

Domaine du Révérend

Kommt man aus dem Dorf zurück auf die D 14, steht unübersehbar der neuerbaute Keller der *Domaine du Révérend* an der Straße. Dieses mutige Unternehmen verdankt sein Entstehen einer Gruppe von jungen Leuten, die sich zusammenschlossen, um zu beweisen, daß man in den Corbières nicht nur rustikale, sondern auch feine Weine erzeugen kann. Während sie die Cave eigenhändig und gemeinsam mauerten, haben sich die drei Paare die verschiedenen Aktivitäten eines Weinguts geteilt: die Bearbeitung der Weinberge, die Vinifizierung und den Verkauf.

Mit viel Enthusiasmus und dem Willen, Qualität über alle anderen Erwägungen zu stellen, brachten sie ausgerechnet in dem schwierigen Jahr 1987 ihre erste Ernte ein - und mußten gleich unter Beweis stellen, was sie konnten und wollten. Die Première gelang. Auf dem Weinwettbewerb der Corbières erhielt ihr Weißwein eine Gold-, der Rosé eine Silbermedaille. Ich halte den *Rouge Sélection 1987* für den überzeugendsten Erfolg, der nur einer strikten Auswahl der Trauben und einer ausgezeichneten Arbeit zu verdanken ist. Er hat ein schönes leuchtendes Rot, einen intensiv fruchtigen Duft, der an reife Kirschen erinnert und schmeckt aromatisch und würzig, dabei angenehm rund. Probieren Sie selbst.

Die Domaine hat während der Saison täglich geöffnet, sonst wochentags. Domaine du Révérend, 11350 Cucugnan, Tel. 68 45 01 13.

Peyrepertuse - das Himmelscarcassonne

Kurz vor Duilhac biegt links ein asphaltierter Weg ab, der zum Parkplatz unterhalb von Peyrepertuse führt. Von dort windet sich ein Pfad über von Schritten blankpolierte Steine durch ein uraltes Buchsbaumwäldchen auf die Nordostseite des Berges. Hier wetzten nicht nur die Schuhe der von Jahr zu Jahr zunehmenden Touristen die Stufen. Von spätestens dem 10. Jahrhundert bis zur Französischen Revolution, also rund 800 Jahre lang, war Peyrepertuse besetzt.

Peyrepertuse ist großartig. Es erstreckt sich über die Kuppe des Berges, ein Plateau von 300 Metern Länge und maximal 50 Metern Breite. "Aber dies ist keine Burg: dies ist eine wahre tote Stadt, die erscheint, eine Art kleines Himmelscarcassone, mit seinen Mauern, Türmen, Plätzen, seinem inneren Schloß, seinen Häusern und seiner Kirche", schwärmte Michel Roquebert, bekannter Katharerautor. Nur alles als Ruine, versteht sich. Noch mehr als bei Queribus scheint hier die Verbindung zwischen Berg und Menschenwerk angestrebt. Von den Straßen in den umliegenden Tälern fällt es oft schwer zu unterscheiden, was das eine, was das andere ist. Zumal die Baumeister - wie bei Queribus und anderen Burgen - ihr Material gleich aus dem Berg gebrochen haben, was die Verschmelzung noch unterstreicht.

Achtung: Um das untere Burgtor zu erreichen, muß man aufpassen, wohin man tritt. Trotz der Gefahr verstauchter Knöchel ist die Zurückhaltung französischer Denkmalpfleger in punkto touristengemäßer Sicherheit sehr begrüßenswert.

Auf der 800 m hohen Plattform hat man es mit zwei Burgen zu tun. Zuerst betritt man die ältere, die den Namen 'durchlöcherter Stein' trägt und die zur Katharerzeit bestand. Der Burgfried und die Kapelle *Sainte-Marie*, die 1115 errichtet wurde, bilden innerhalb der unteren Burg den in sich geschlossenen Hauptkomplex. Abgesehen von der großen Festungsmauer mit ihren beiden Halbtürmen gibt es noch die Überreste des früheren Quartiers und der Latrinen.

Die obere Burg *Sant Jordi* wurde erst nach der Inbesitznahme durch den französischen König, vermutlich gegen Ende des 13. Jahrhunderts, gebaut. Die imposante, zu ihr hinaufführende Treppe trägt seinen Namen, *Escalier de Saint-Louis*. Im Gegensatz zu Peyrepertuse, das nach und nach über Jahrhunderte erweitert wurde, was man an dem sehr unterschiedlichen Mauerwerk leicht ablesen kann, entstand die Burg auf dem Fels Sant Jordi in einem Zug. Ihre Anlage ist wesentlich kleiner, von der Lage her jedoch einzigartig. In die aus behauenen Quadern errichtete Festung sind rohbelassene Felsen miteinbezogen, besonders auffällig der schräg gegen den Himmel gestellte höchste Teil des Roc selbst: ein paar gemeißelte Stufen, dann das nackte Gestein, ein Punkt über der Welt, außerhalb der Zeit.

▪ *E s s e n und U n t e r k u n f t : Am Fuße von Peyrepertuse liegt das Dorf* Duilhac. *An seinem westlichen Rand - an der D 14 - wurde die ehemalige Olivenölmühle in ein einfaches Landgasthaus umgewandelt, wobei man sich Mühe gab, von dem alten Charakter möglichst viel zu erhalten. Draußen sitzt man lauschig auf einer Terrasse bei der kräftig aus dem Berg sprudelnden Quelle. Ein Spruch verheißt Verliebten, die von ihrem Wasser trinken, gemeinsames Glück. Die Straße steigt bis zum* Col de Grès *an, von dem aus man Peyrepertuse auf dem alten Pfad erreichen kann, der es mit Rouffiac verband.*

In Rouffiac-Corbières*: Auberge de Peyrepertuse. Die rustikale Gaststätte bietet sechs verschiedene Menüs zwischen DM 13 und 38 an. Im Sommer sitzt man auch im geschützten Innenhof. Das Essen ist gut und regional betont. Außerhalb der Saison gibt es hier DZ für DM 20 bis 32, sonst Halbpension DM 35 pro Person. Adresse: 11350 Rouffiac-Corbières, Tel. 68 45 40 40.*

Wer ein Mitbringsel sucht, sollte in S o u l a t g e bei Otto Lindner vorbeischauen. Seit zehn Jahren betreibt er mit seiner französischen Frau in dem kleinen Dorf eine Töpferei. Während Nicole eher Kunstkeramik macht, dreht Otto ganze Frühstücks- und Eß-Services mit schöner Glasur und mediterranem Design.

In Cubières-sur-Cinoble, *wo der letzte Katharer geboren wurde, über den wir gleich mehr erfahren werden, gibt es einen winzigen Campingplatz, der das ganze Jahr geöffnet hat. Camping Les Joncquières, 11190 Cubières, Tel. 68 69 86 68.*

Im Nachbardorf Camps-sur-Agly *kann man auf der Ferme de Camps zelten oder im Gîte d'Etape absteigen, der auf dem Wanderweg liegt, der die Katharerburgen miteinander verbindet. Außerdem erhält man bei Jean-Pierre Clervoix Menüs zwischen DM 20 und 48. La Ferme de Camps, 11190 Camps-sur-l'Agly, Tel. 68 69 87 53.*

Am Fuße des Bugarachs, *des magischen Bergs der Südcorbières, bietet das kleine Hotel Le Presbytère gutausgestattete Zimmer - EZ ab DM 43, DZ ab DM 67 - und Menüs zwischen DM 25 und 54. 11190 Bugarach, Tel. 68 69 88 51 (ab Ende März geöffnet).*

Alternative ist das Restaurant L'Oustal dal Pech, wo man schon ab DM 14 essen oder auch nur seinen Durst löschen kann.

Villerouge-Termenès

Als 1321 der letzte bekannte Perfektus der Katharer, Guillaume Bélibaste in Villerouge-Termenès zum Scheiterhaufen verurteilt wurde, stand das Dorf zum ersten und einzigen Mal im Rampenlicht der Geschichte, doch einer Geschichte, für die sich damals kaum noch jemand interessierte. Erst seit 1982 gewann das alte Dorf mit seiner guterhaltenen Burgruine für die Katharer Bedeutung, als eine Theatergruppe, in der sich die Dorfleute engagierten, Bélibastes Fall mittelalterlich inszenierten. Inzwischen wurde ein Festival Médiéval daraus, zu dem Ausstellungen, Aufführungen, öffentliche Diskussionen und nicht zuletzt mittelalterliche Schmäuse gehören, die in der alten Burg stattfinden. Dabei unterhalten Musiker, Tänzer, Jongleure und Feuerschlucker die - DM 50 zahlenden - Gäste stilecht. In den Sommermonaten werden mehrere solcher Gelage veranstaltet.

Höhepunkt ist die *Fête Médiévale*, die an einem Samstag Mitte August von mittags bis Mitternacht Tausende von Menschen anzieht. In den Gassen und auf den Plätzen des unverfälschten Dorfs zeigen Leute aus den Corbières ihre Waren. Ein Falkner stellt seine Vögel vor. Verschiedene Theater- und Musikgruppen bieten stilechte Unterhaltung. Bélibastes Geschick wird erneut aufgerollt. Für DM 15 kann man auf dem Condamine-Feld essen, und abends findet auf dem Plan Marti ein großes Schauspiel statt. Termine und Reservierung: Tel. 68 70 06 73 (auch für eventuelle Übernachtung).

Bei allem Spaß stößt man in Villerouge auf das Gedankengut der Katharer. Im Burgturm hing eine ihrer Devisen: "Wenn du Perfektus sein willst, geh, verkauf alles, was du besitzest und schenke es den Armen und du wirst einen Schatz im Himmelreich haben; dann komm und folge mir." Oder: "Sie hatten keinen festen Wohnort, zu zweit nahmen sie die Wege, nackten Fußes, in eine Tunika aus Wolle gekleidet. Sie besaßen nichts, alles hatten sie gemeinsam wie die Apostel. Entblößt dienten sie einem nackten Christus."

Daß Villerouge zwar Touristen anzieht, aber kein touristisches Schauspiel ist, beweist die Gegenwart mancher Katharerkenner und -forscher. Michel Roquebert ist dabei, auch Henri Gougaud, ein in Frankreich bekannter und viel gelesener Autor. Er widmete dem letzten Katharer einen Roman: 'Die Verwandlungen des Bélibaste', der auf Deutsch in der Edition Tramontane erschien. Gougaud empfindet darin den Weg eines Menschen nach, der gezwungen ist, einer Bestimmung gerecht zu werden, die teils im Widerspruch zur Zeit, teils im Widerspruch zu seiner Person steht. Obwohl er eigentlich eher ein schwacher Mensch ist, findet Bélibaste seinen Weg, so daß letzten Endes doch ein Perfektus gelassen den Scheiterhaufen betritt. Für Südfrankreich ausgezeichnete Reiselektüre!

Das *Château de Termes* ist einen Abstecher wert. Zwar ist von der früheren Burg, die 1653 im Auftrag des Königs geschliffen und erst seit kurzem vom Gestrüpp befreit wurde, nicht viel übriggeblieben, doch geschichtlich ist dies für die Corbières ein zentraler Ort.

Vier Monate widersetzte sich Raymond de Termes der Belagerung Montforts. Schon sah er sich aus Wassermangel gezwungen, aufzugeben, da regnete es. Doch die toten Ratten in den Zisternen vergifteten das aufgefangene Wasser. Wer nicht starb, flüchtete, und Montfort fand nur Kranke und Alte vor, als er die Burg stürmte.

▪ *Essen: in Vigneveille die Auberge Chez Simone. Menüs von DM 16 bis 57. Montags geschlossen.*

Fitou und Aguilar

Auf der winzigen D 40 fährt man von *Villerouge* durch eine typische Corbièreslandschaft nach *Albas*, wo man auf der D 106 rechts über *Cascastel* nach *Villeneuve-les-Corbières* gelangt.

In V i l l e n e u v e lohnt sich ein Halt bei der Genossenschaftskellerei. Sie bietet verschiedene Jahrgänge von Fitouweinen, von denen einige im großen Fuder, andere in kleinen Eichenfässern ausgebaut wurden. Gute Jahrgänge sind 1976, 1982 und 1985, aber auch der 1980er gefällt. Der Muscat de Rivesaltes mit seiner fruchtigen Note ist gelungen.

Geradeaus weiter geht es nach F o n t j o n c o u s e . Der Bürgermeister dieses Winzernestes verstand es, den jungen Koch David Moreno davon zu überzeugen, sich in seiner Heimatregion niederzulassen. Leider wirkt das elegante Dekor in der ausgebauten Dorfkellerei aufgesetzt, doch die Menüs zwischen 28 und 60 Mark bieten wirklich feine und erfinderische Küche, dazu selbstverständlich eine gute Auswahl von Corbières- und Fitouweinen. Auberge du Vieux Puits, Tel. 68 44 04 34.

Die Winzer von T u c h a n (14 km südlich von Villeneuve) nennen sich - nach dem Berg, der ihren Ort überragt - *Producteurs du Mont Tauch*. Mir gefällt der *T* von 1985 besonders gut, an den der *D'Aguilar* nicht ganz herankommt. Der Rivesaltes Rancio *Galera* überzeugt mit seiner Ausgewogenheit und den Noten von Kakao.

Vor Tuchan führt links ein befahrbarer Weg durch Weinfelder bis zur B u r g A g u i l a r , die einst diese Ebene beherrschte, in der sechs Wege aufeinandertreffen. Merkwürdigerweise taucht die Burg erst spät in den Dokumenten auf. Sie gehörte Olivier de Termes, der sie 1241 dem französishen König unterstellte, sie später zurückerhielt und sie ihm schließlich verkaufte.

Das Château Aguilar liegt zwar auf einem Hügel, aber keineswegs so uneinnehmbar wie die erwähnten Nachbarburgen. In den Kriegen zwischen Spanien und Frankreich wurde Aguilar wiederholt angegriffen, 1542 schwer beschädigt und vermutlich Ende des 16. Jahrhunderts ganz aufgegeben.

Das Château von Puilaurens

Wie eine Burg aus einem Traum erscheint das Château von Puilaurens, bevor man auf der D 117 nach Lapradelle hineinfährt. Im Ort biegt man beim Café links in das Tal der Boulzane ein. Nach dem Dorf Puilaurens kommt rechts ein asphaltierter Weg, der auf dem Parkplatz unterhalb der Burg endet. Von dort ist der Ansteig zwar kurz, doch recht steil geht es durch ein Wäldchen, ehe man zu der Schikane gelangt. Im Zickzack klettert man nun zum Burgtor hinauf.

Die umgebenden Wälder bezeugen, daß das Klima in diesem Tal, das im Mittelalter einen Verbindungsweg zwischen dem Fenouillèdes und den anderen Provinzen des Königreichs von Aragon darstellte, bereits atlantischem Einfluß unterliegt.

Wie alle Burgen erlebte Puilaurens nach der Übernahme durch die Franzosen erhebliche Veränderungen. Die große Festungsmauer, die das ganze Plateau des Hügels umfaßt, wurde zum Beispiel erst Ende des 13. Jahrhunderts errichtet. Der ursprüngliche Teil der Burg umschloß den Burgfried und die beiden nach Westen ausgerichteten Türme. Alle diese Bauwerke wurden später so sehr modifiziert, daß man nicht mehr mit Sicherheit auf ihre Form im 12. Jahrhundert schließen kann.

Puilaurens lag damals im Fenouillèdes, gehörte aber der Abtei Saint-Michel de Cuxa. Die Burg wurde jedoch Guillaume de Peyre pertuse unterstellt, der mit den Katharern sympathisierte. Überhaupt kam dem Fenchelland bis 1240 eine Sonderstellung zu. Es war Besitz der aragonesischen Krone und deshalb nicht direkt vom Kreuzzug betroffen, der sich in erster Linie gegen das Gebiet der Grafen von Carcassone und Toulouse richtete. Jahrzehnte lang diente es so den Katharern als letzte Zuflucht, von der aus viele im liberaleren Königreich Aragon eine neue Existenz suchten.

Reiterferien

In *Salvezines* zweigt rechts ein Sträßchen ab, das zu dem Dorf *Le Caunil* emporklettert. Hinter dem Dorf wird der Weg recht holprig und führt durch einen kleinen Tunnel hindurch. Bald weist links ein

Schild zu dem Hof von *Hans Reinheimer*. Hier auf 1000 m Höhe baute sich der tatendurstige Hans vor Jahren aus Naturstein Haus und Stall und begann Pferde und Ziegen zu halten. Nach einem kleinen Campingplatz für sechs Zelte ist nun eine Herberge mit fünf Doppelzimmern dazugekommen. Für eine Woche Reiten und Vollpension bezahlt man DM 325. Jeden Morgen führt ein gemeinsamer Ausritt auf einer anderen Tour in die schönen Wälder von *Bac Estaine, d'en Malo* oder *Resclause* oder zum *Château von Puilaurens*. Im September und Oktober organisieren Hans und Regula Ritte, die in mehreren Tagen von ihrem Hof bis zum Badeort La Franqui führen.

Hans Reinheimer, Prat d'Aille, Tel. 68 20 59 71.

▪ *Unterkunft: Camping Station des Pyrénées***, dort, wo die D 118 nach Axat abzweigt, direkt an der Aude unterhalb der D 117. 11500 Saint-Martin-Lys, Tel. 68 20 53 27 (von April bis Mitte Oktober).*

Le Pays de Razes

Während man heute die enge Passage durch das *Défilé de Pierre-Lys* erweitert, um sie für den Autoverkehr ungefährlicher zu machen - schließlich handelt es sich um eine Hauptverbindungsroute zwischen Mittelmeer und Atlantik -, gab es hier bis zum 19. Jahrhundert nur eine Sackgasse. Erst der Pfarrer von Saint-Martin-Lys öffnete den Weg nach Quillan, indem er ein Tor durch den Felsen meißeln ließ, das *trou du curé*.

Q u i l l a n , 50 km südlich von Carcassonne, an der Kreuzung N118/117, **i** vor dem Bahnhof, place de la Gare, 11500 Quillan, Tel. 68 20 07 78. In dem Kleinstädtchen mit seiner vernachlässigten Burgruine passiert nichts. In seinen Läden findet man alles, was man an Proviant oder Ausrüstung braucht. Bistros, um Kaffee zu trinken, acht Hotels und einen Campingplatz als Unterkunft. Quillan liegt zentral, wenn man Ausflüge in das Razès oder die westlichen Corbières, auf das Plateau de Sault, zu den Gorges de la Frau oder den Gorges de Rebenty oder ins Hochtal der Aude machen möchte.

Wer für mysteriöse Dinge etwas übrig hat, darf einen Besuch in R e n n e s - l e - C h â t e a u nicht versäumen. Das kleine, auf einer Bergkuppe gelegene Dorf, zu dem sich die Straße hinaufwindet, soll einst die Königsstadt Rhedae gewesen sein, die von den Westgoten im 5. Jahrhundert gegründet wurde. Ihre goldene Zeit erlebte sie und das umgebende Land unter einem späten Nachfahren, Amalric, im 11. Jahrhundert. Damals soll sie Carcassone geglichen haben.

Vor den Kreuzfahrern kapitulierte der Ort ohne größeren Widerstand und wurde Pierre de Voisin, einem Mitstreiter Montforts, als Lehen übergeben. Von da an herrschte die Familie Voisin gut über den Ort, doch Überfälle von Routiers und die Pest beraubten ihn seiner einstigen Bedeutung.

Die Geschichte begann mysteriös zu werden, als der Dorfpfarrer Bérenger Saunière Anfang dieses Jahrhunderts plötzlich in Geld schwamm. Er ließ sich eine prachtvolle Villa bauen, in der er gediegene Parties gab, zu denen allerlei Prominenz, Minister inklusive, erschienen. Außerdem gönnte er sich einen extravaganten Turm, in dem er seine Bibliothek unterbrachte.

Sein davor verstorbener Kollege Henri Boudet, Curé von Rennes-les-Bains, hatte die Magdalenenkirche von Rennes-le-Château restaurieren und nach eigenen Plänen ausschmücken lassen. Die von Saunières Haushälterin geführten Bücher verzeichneten Ausgaben von über 4,5 Millionen Goldfranken!

Diese Fakten und eine Reihe mysteriöser Umstände schüren das Rätsel von Rennes-le-Château, über das inzwischen etliche Bücher verfaßt wurden. Fast alle Autoren sind sich darüber einig, daß an diesem Ort Schätze verborgen waren, ob nun von Westgoten, Kelten, Katharern oder Templern.

Das Château der Dame von Blanchefort, die die Geheimnisträgerin gewesen sein soll, die Villa und den Turm kann man nur von außen beschauen.

▪ *Unterkunft: In Rennes-les-Bains, einem kleinen Thermalbad nordöstlich von Quillan, empfiehlt sich das Hotel de France**, DZ DM 59, Menüs von DM 18,50 bis 55, Tel. 68 69 87 03, ganzjährig geöffnet. Camping La Bernede, Tel. 68 69 87 01, ab Mai geöffnet.*

In Sougraigne, nach Rennes-les-Bains auf der D 74: Nett hergerichtet haben Marcel und Henny van der Sluis ihre fünf Gästezimmer (EZ DM 38, DZ DM 57). Billiger übernachtet man bei ihnen im Gîte d'Etape, nämlich für DM 11 im Schlafsaal. Außerdem Reiten und Table d'hôte.

L'Ecluse du Soleil, 11190 Sougraigne, Tel. 68 69 88 44 (von Ostern bis Weihnachten).

In Alet-les-Bains, dem ehemaligen Bischofssitz, ist in einem Teil dessen Residenz die Hostellerie de l'Evèche untergebracht. Viel Atmosphäre und die Ruinen der Kathedrale gleich nebenan. EZ ab DM 25, DZ ab DM 30, Menüs von DM 16 bis 55.

Empfehlenswert ist auch die Domaine de Coursilhac, eine Ferme-Auberge mit Gästezimmern. EZ 22, DZ 32 bis 48. Menüs nur auf Bestellung von DM 17.50 bis 48, eigener Tennisplatz, Swimmingpool und Pferde. 11580 Alet-les-Bains, Tel. 68 69 91 09 (5 km oberhalb des Kurbads).

Limoux

23 km südlich von Carcassonne, an der N 118 gelegen. Mit seinen engen Gassen und den alten Arkaden der Place de la République hat Limoux provinziellen Charme. Es ist die Stadt der *Blanquette*, eines Schaumweins, der nach Champagnermethoden hergestellt wird, sich aber rühmt, älter als dieser zu sein. Im *Maison de la Blanquette* an der Promenade du Tivoli, wo die Winzergenossenschaft ihre Produkte zeigt und auch probieren läßt, muß man unbedingt das *Fricassé de Limoux* probieren. Trotz des Andrangs eine gute Adresse für regionale Kost, mit Menüs zwischen 19 und 63 Mark.

Neben der umfangreichen Auswahl an Weinen der Coopérative gibt es einige private Erzeuger. Machen Sie einen kleinen Abstecher über die D 102 nach Malras, wo die *Domaine des Astruc* einen sehr schönen Sénéchal brut abfüllt.

i *: Promenade du Tivoli, Tel. 68 31 11 82.*

▪ *Übernachten: In Limoux im Hotel Moderne et Pigeon, 1, place Général Leclerc kann man ab 37 Mark übernachten und ab 23 Mark essen, schöne Terrasse.*

Auf dem Weg von Limoux nach Saint-Hilaire über die D 104 ein Gîte d'Etape. Auf dem Bauernhof von Adriana und Michel Chevet übernachtet man für knapp DM 13. Zuschlag für Bettwäsche: DM 2. Außerdem wird gekocht! Adresse: Domaine de Laux, 11300 Limoux, Tel. 68 31 41 28.

Nördlich von Limoux, Richtung St. Hilaire die gotische Pilgerkirche *Notre-Dame-de-Marceille*, in der eine Schwarze Madonna verwahrt wird. Einige Kilometer weiter in der Kirche von Saint-Hilaire ist außer dem schönen Kreuzgang der Sarkophag des Sankt Sernin in einer Seitenkapelle zu bewundern, eine hervorragende Arbeit des romanischen Bildhauers, den man Meister von Cabestany nennt.

Le Pays d'Olmes und Montsegur

Von Quillan nach Westen klettert die D 117 steil hinauf zum *Col du Portel*, von dem die D 613 nach Süden über das 1000 Meter hohe *Plateau de Sault* nach Aix-les-Thermes führt, eines der bekanntesten Kurbäder der Pyrenäen, das im Tal der Ariège, auf allen Seiten von Bergen umgeben, liegt. Auf der Hochebene bei *Camurac* befand sich im Mittelalter das Dorf *Montaillou*, etwas abseits von dem heutigen Weiler.

Lesetip: Wie das Leben in einem Pyrenäendorf zu Beginn des 14. Jahrhunderts aussah, wird in dem Buch 'Montaillou - Ein Dorf vor dem Inquisitor' ausfuhrlich beschrieben. Auf der Basis der Inquisitionsakten der Jahre 1294 bis 1324 hat Emmanuel Le Roy Ladurie seine Aspekte nachgezeichnet (Ullstein Sachbuch 34 114).

■ *Unterkunft: Um das waldreiche Plateau de Sault genauer zu erkunden, kann man im Camping les Sapins in Camurac, Tel. 68 20 38 11 oder in Belcaire im Hotel Bayle*, Tel. 68 20 31 05 (DZ von DM 27 bis 70) unterkommen.*

Das Château de Puivert

Das Château - an der D 117 - erinnert an die Bilder vom schönen Mittelalter der Troubadours und Turniere und hat eine ganz und gar andere Atmosphäre als die Fluchtburgen der Corbières. Zwar sind von der Anlage aus der Katharerzeit westlich vom Burgfried nur noch Steinhaufen geblieben, aber die Troubadoure überlieferten, daß man hier um die Mitte des 12. Jahrhunderts Lieder und Geschichten, Spiele und Lachen liebte.

Bernard de Congost, seine Frau Alpaïs und der Sohn Gaillard, der zu den Verteidigern von Montségur zählte, waren überzeugte Katharer. Die Burg selbst widerstand nur wenige Tage Montfort und seinem Heer. Neue Besitzer wurden schließlich die de Bruyères, die Puivert seine Form gaben. Der große rechteckige Innenhof scheint wie geschaffen für Wettkämpfe, aber Michel Roquebert machte darauf aufmerksam, daß man sich den Burgalltag eher bäurisch vorzustellen hat. Immerhin verraten die Deckenverzierungen im ersten und zweiten Stock des imposanten Burgfrieds, daß man auf Puivert Kunst schätzte und förderte. In der zweiten Etage, wo man Musiker mit verschiedenen Instrumenten als Motiv nahm, lud man wohl zu den *cours d'amours*.

Im Juli und August erlangt das Château während einiger Veranstaltungen des *Son et Lumières* festliches Leben. Das Dorf Puivert mit seinem kleinen See (und Freizeitflugplatz) hat sich auf Feriengäste eingestellt. Eine ganze Anzahl von Urlaubsquartieren wird angeboten.

▪ *Unterkunft: In Puivert - am zünftigsten steigt man bei Yves Delavaquerie in der 'Métairie d'en Bor', einem ehemaligen Pachthof, ab. Es gibt drei Gästezimmer, in denen man einzeln DM 38, zu zweit DM 67 und zu viert DM 102 bezahlt. In Yves' Gîte d'Etape kostet die Nacht DM 11, außerdem kann man zelten. Auch nur zum Essen kann man einkehren. Ausflüge zu Pferde oder zu Fuß. 11230 Puivert, Tel. 68 20 11 75. Beim Dorf gibt es den Camping Municipal de Fontclaire**, Tel. 68 20 08 58.*

Will man bei dem Schafzüchter Gérald Nicoine in seiner Ferme-Auberge tafeln, muß man sich vorher anmelden. Tel. 68 74 22 08. Man findet ihn - von Puivert kommend - in dem Flecken Les Bernots, *zu dem ein Weg in der Mitte zwischen Saint-Jean-de-Paracols und Rouvenac links von der D 12 abzweigt. Das Menü kostet DM 19. Ungezwungene ländliche Atmosphäre.*

Der See von Montbel und Canterate

Noch ist der Stausee von Montbel (nordwestlich von Puivert) fast unentdeckt. Das wird sich ändern, wenn sich die Bürgermeister der beteiligten Gemeinden haben einigen können, wer den größten Reibach machen darf. Pläne bestehen bereits. Trotzdem läßt sich wohl noch auf längere Sicht manch einsames Plätzchen daran finden, wo man zwischen Wiesen, Wald und Maisfeldern die Ruhe genießen kann. Allerdings behält nur der südöstliche Zipfel einen konstanten Wasserspiegel, immerhin 70 ha groß. Die übrigen 500 ha werden zur Bewässerung von landwirtschaftlichen Projekten eingesetzt.

Folgt man den Schildern 'Table d'hôte', erreicht man - an dem neuerbauten Touristenrestaurant vorbei - auf einem arg schmalen Sträßchen den Weiler Canterate, der auf 600 m Höhe über dem See liegt. Der im 11. oder 12. Jahrhundert von Mönchen gegründete Ort verwahrloste nach dem Ersten Weltkrieg, bis er vor einem Jahrzehnt von Alternativen übernommen wurde.

Inzwischen leben hier mehrere entschlossene junge Familien, die u.a. Käse, Milch und Honig erzeugen. Canterate ist ein Flecken, in dem man mehr über Land und Leute, versteckte Schönheiten und Probleme mitbekommt. Man kann reiten, wandern, natürlich in Seen baden oder windsurfen, sich Kanufahren beibringen lassen.

Oder mit Ingrid Sparbier französisch lernen. Ingrid bietet jeweils 14tägige Kurse mit 3 Stunden Unterricht täglich von April bis Oktober an (Tel. 61 68 29 14).

Zum Einkaufen fährt man nach Chalabre, einem unverfälschten südfranzösischen Provinzstädtchen, wo die Alten die Fremden noch skeptisch angucken; untrügliches Zeichen dafür, daß man richtig ist.

Camon - auf dem Weg nach Mirepoix - ist ein befestigtes Dorf, das gut erhalten ist. Die meisten Gebäude stammen aus dem 16. Jahrhundert, einschließlich der Abtei, dem Château und der Kirche.

▪ *U n t e r k u n f t in Canterate: Bei Pierrot und Joelle Croison kann man Gästezimmer in ihrer selbstrenovierten Herberge mieten. Die Zimmer sind einfach, aber liebevoll hergerichtet, haben zwei bis fünf Schlafmöglichkeiten und kosten für zwei Personen DM 38, für drei DM 50, für vier DM 64 - Frühstück inklusive! Außerdem serviert Joelle in dem schönen Gastraum oder draußen unter dem Heuschober gute Menüs für 18 Mark - auf Wunsch auch vegetarisch. Adresse: P. Croison, Hameau de Canterate, 09600 Laroque-d'Olmes, Tel. 61 68 18 45.*

Schönste Unterkunft in Camon ist ein Gästezimmer im Château: Dominique Dupont, 09500 Camon, Tel. 61 68 14 05. Mindestens zwei Tage im voraus anmelden. Nur eine Übernachtung wird - verständlicherweise - nicht so gerne gesehen.

In der Nähe kann man auf zwei Bauernhöfen zelten: auf La Besse, Tel. 61 68 01 15 und auf Le Cazalet, Tel. 61 68 12 14.

Mirepoix

Mirepoix (47 km südwestlich Carcassonne), wo man einen keltischen Friedhof ausgrub, wurde bereits im ersten Jahr des Kreuzzugs von Simon de Montfort eingenommen und seinem Mitstreiter Guy de Lévis übertragen. Der Bischof Philippe de Lévis trug wesentlich zum - sich über sechs Jahrhunderte erstreckenden - Bau der Kathedrale bei. In unserer Zeit knüpfte der Herzog de Lévis Mirepoix u.a. mit dem Roman 'Montségur' an die Geschichte seiner Familie an.

Mirepoix' ganzer Stolz ist sein zentraler Platz, den Guy de Lévis 1289 konzipieren ließ, nachdem zehn Jahre zuvor die meisten Dörfer der Region, Mirepoix einschließlich, überschwemmt und zerstört wurden. Ursache war der Bruch des natürlichen Dammes, der bei Puivert einen großen See gebildet hatte. Die den Platz umgebenden Häuser stammen aus dem späten 13., dem 14. und dem 15. Jahrhundert. Ihre Ladenfassaden sind zurückgezogen, so daß sich ein überdachter Gang bildete. Diese *couverts* machen viel von dem Charme aus. Zu Pfingsten findet darunter ein Antiquitäten- und Trödelmarkt statt. Rund um den Platz gibt es mehrere Bistros und Cafés, die Tische und Stühle unter die Couverts stellen, aber oft ist es drinnen uriger, z.B. im Café Castignolles.

Es gibt sogar eine Diskothek, 'Le Triangle' in der Rue Vigarozy. Sie hat von Donnerstag bis Sonntag abends geöffnet.

i *neben dem Rathaus - an der Place Maréchal Leclerc, 09500 Mirepoix, Tel. 61 68 83 76.*

▪ *E s s e n und U n t e r k u n f t : Hotel Le Commerce, ein traditionelles Haus mit Zimmern ab DM 32 (mit Dusche) bis DM 57 (mit Bad und WC). Es gibt verschiedene Menüs ab DM 16, und wenn es warm ist, kann man schön in dem schattigen Innenhof draußen essen. Cours du Docteur Chabaud, Tel. 61 68 10 29.*

Delikater, intimer und teurer ißt man im 'Colombage', 24 Cours Colonel Petitpied, mittags ein Menü für DM 35, abends à la carte um DM 60, Tel. 61 68 17 70.

Der Camping Municipal de Mirepoix liegt an der Straße nach Limoux, als Zwischenstation geeignet. Tel. 61 68 84 90.

Lavelanet

Das touristisch wenig interessante Städtchen 40 km südlich von Mirepoix gilt als Zentrum der Textilindustrie. Seit alters her ist das Pays d'Olmes ein Land der Wollspinner und Weber gewesen. Man berichtet stolz, daß bereits im Jahr 213 Stoff nach Rom verschickt worden sei. Ein großer Teil der Region, vor allem zwischen dem Kalkgebirge des Plantaurel und dem Gebirge von Tabe mit dem 2348 m hohen Saint-Barthélemy, eignet sich, sieht man von etwas Getreideanbau ab, nur für Viehzucht.

Im Mittelalter hatte sich die Tuchfabrikation fest etabliert, und manche der Weber zählten zu den Sympathisanten der Katharer. Oft reisten Perfecti als Weber oder Tuchhändler getarnt.

Wolle allein reichte jedoch noch nie aus, eine Gegend für Tuchfabrikation zu prädestinieren, schon gar nicht, wenn sie abgelegen war (heute importiert man sie aus Argentinien und Australien). Aber das granithaltige Wasser der Flüsse Hers und Touyre, das zum Waschen, Färben und Bleichen taugt, lockte etwa ab 1800 die Textilindustrie an. Ihr Zentrum wurde Lavelanet, das zu Anfang unseres Jahrhunderts sogar ausländische Arbeiter anwerben mußte.

Nach dem Zweiten Weltkrieg ging es zunächst bergab, ehe sich bis 1974 ein neuer Aufschwung einstellte, dem eine drastischere Krise folgte. Noch immer erzeugt man in Lavelanet Stoffe für Gardinen, Möbel- und Autositzbezüge und für die Modebranche. In den Werksläden kann man, wenn man zufällig im rechten Moment kommt, preiswert kaufen. Oft ist das Angebot jedoch enttäuschend.

▪ Im *Maison du Textile et du Peigne en Corne*, 65 rue Jean Jaurès - in der Hauptstraße, die Richtung Foix führt - erhält man Einblick in die Webtradition. Prunkstück ist eine rekonstruierte Bergspinnerei. Außerdem wird das alte Handwerk der Hornkammfertigung vorgestellt, das früher in La Bastide und Belesta beheimatet war. Von Mitte Juni bis Mitte September.

i *Foyer Municipal (an der Hauptkreuzung), 09300 Lavelanet, Tel. 61 01 22 20.*

▪ *Unterkunft: Empfehlenswert ist das Hotel d'Espagne***, 20, rue Jean-Jaurès, Tel. 61 01 00 78, wo man für DM 24 bis 64 gut übernachtet und im Restaurant 'Au Poivre rose' (Menü ab DM 18) ordentlich essen kann.*

*Camping Municipal***, ganzjährig geöffnet, Tel. 61 01 55 54. Etwas außerhalb liegt die Ferme de Gréolou mit einem Gîte d'Etape und Table d'hôte. Außerdem kann man bei Patrick Poiron reiten. Tel. 61 01 36 81.*

*Weitere Campingplätze gibt es in Montferrier: Font de Sicre**, Tel. 61 01 20 97 (ganzjährig) und den Camping Municipal in Belesta: Le Val d'Amour*, Tel. 61 01 60 02 (vom 1.6. bis 30.9.).*

Montségur: Symbol und Wunschreich

Die Burg liegt einmalig. Ihr Berg steht frei und ragt bis auf 1200 m empor. Montségur sitzt wie eine Krone auf seinem Haupt. Ein Gletscher trennte den Berg einst vom Massiv des Saint-Barthélemy, das ihm im Süden gegenüberliegt. Je nachdem, von welcher Seite man sich ihm nähert, gleicht er einmal einer Pyramide, ein andermal einem Kegel.

In knapp einer halben Stunde erreicht man vom Parkplatz aus das Burgtor. Wer allerdings eine faszinierende Festung erwartet, sieht sich enttäuscht. "Das Château erhebt sich wie ein seltsamer Steinsarg, einfach, nackt, leer ...", beschrieb es Kathareraütor Michel Roquebert. Abgesehen von dem grandiosen Blick gibt es nicht viel zu sehen, und doch ist Montségur besonders. Alle anderen sogenannten Bauten, auf wirksame Verteidigung ausgerichtet, mit Türmen, Schießscharten, Schikanen. Wenn auch das übergroße Tor später errichtet sein mag, und der Burgfried vielleicht anderswo stand, fällt auf, daß Montségur nicht trutzig wirkt.

Tatsächlich ist Montségur die einzige echte Katharerburg, denn allein sie wurde auf Wunsch der katharischen Bischöfe absichtlich als Zufluchtsort und Sitz gebaut. 1204 baten sie Raymond de Pereilhe, dem das Land gehörte, darum. Von den Ruinen einer älteren Anlage blieb nichts erhalten. Aufgrund einzelner Funde erhielt man Hinweise, daß der Berg bereits um 2400 v.Chr. besiedelt war.

Mag Montségur als Burg auch schon vor dem 13. Jahrhundert bestanden haben und mag es bis ins 16. Jahrhundert hinein benutzt worden sein, seine Bedeutung gründet sich auf einen Zeitraum von vierzig Jahren. Als die Katharer Montségur auserkoren, brauten sich erste dunkle Wolken gegen die ‘Ketzer’ zusammen, wenn auch der Kreuzzug erst fünf Jahre später begann. Manche besuchten bereits den *pog*, wie der besondere Berg genannt wurde, doch erst nach dem Vertrag von Meaux und der Verschärfung ihrer Verfolgung durch die Inquisiton 1232 wurde er zum Konzentrationspunkt ihres Glaubens und ihrer Anhänger, zum Sitz der leitenden Perfecti und damit der katharischen Kirche.

Mehr und mehr Verfolgte suchten Schutz auf Montségur. Oben

auf dem Berg bildete sich ein richtiges Dorf, in dem schließlich an die 500 Menschen lebten. Erst ein kleiner Teil ist davon bislang ausgegraben worden, doch machte man bereits mehr als 3000 Funde, von denen die bedeutsamsten im Museum von Montségur gezeigt werden (von Mai bis September täglich von 9.30-12.30 und von 14-19 Uhr).

Das Ende beschworen die Ritter, die Montségur verteidigten, selbst herauf. Im Mai 1242 ermordeten sie bei einem nächtlichen - minutiös geplanten - Überfall die Inquisitoren in Avignonet. Darauf beschloß das Konzil von Béziers 1243 die Vernichtung des Katharersitzes. Unter der Leitung von Hugues des Arcis begannen 6000 Soldaten im Frühjahr mit der Belagerung, die zehn Monate dauern sollte. Dann gelang es einem Stoßtrupp von Söldnern, zunächst den Wachturm oberhalb der Gorges du Carroulet, von dem nur noch die Grundmauern stehen, zu erobern. Von diesem Punkt aus drangen nun die Belagerer vor und installierten vor der Barbacane eine Kriegsmaschine. Als sie in einem Überraschungsangriff diesen vorgeschobenen Verteidigungsposten einnehmen und halten konnten, war das Schicksal Montségurs entschieden.

Raymond de Pereilhe, der Kommandant der Burg, handelte einen zweiwöchigen Waffenstillstand vor der endgültigen Übergabe aus, zwei Wochen der Besinnung. Dann bestiegen 205 Katharer freiwillig den Scheiterhaufen: nicht nur der Bischof Bertrand Marty und die Perfecti, auch die Frau, die Tochter und die Schwiegermutter des Kommandanten, Ritter und Soldaten und Menschen aus allen Ständen. Sie ließen sich lieber bei lebendigem Leibe verbrennen, als ihren Glauben zu verleugnen. Die anderen wurden nach Beichte und Verhör von den Inquisitoren mit relativ leichten Bußen entlassen. Nur vier Katharer entkamen vorher auf unbekanntem Wege mit geheimer Botschaft und dem Schatz ihrer Kirche.

Der Untergang von Montségur markiert das Ende einer Epoche der Toleranz und Hoffnung, der Feinsinnigkeit und Spiritualität. Die Burg war zum Symbol geworden, nicht nur zum Symbol des katharischen Glaubens, sondern zu dem eines freien Okzitaniens.

Nach Jahrhunderten des Vergessens ist sie es heute wieder Symbol eines neuen Interesses für alte Lehren und Wege. Die große Auswahl an Literatur, die im weitesten Sinn um dieses Thema kreist und die man in den beiden Buchhandlungen des Dorfes findet, beweist es. Manche Autoren, allen voran Otto Rahn, nahmen die Katharer zum Anlaß, sich ein mystisches Wunschreich zu erschwärmen, ohne sich dabei durch tatsächliche Überlieferungen und Funde irritieren zu lassen.

Das Dorf Montsegur am Fuße des *pog*, das erst nach dem Fall der Burg entstand, hat sich auf die zahlreichen Besucher eingestellt, die aus den verschiedensten Motiven angereist kommen: manche als Pilger, andere als Archäologen, einige als Astrologen, etliche als Bergfreunde und viele als Touristen. Im Dorf gibt es verschiedene Kunsthandwerkerläden, außerdem werden Produkte aus der Umgebung wie Honig und Käse angeboten.

i *Syndicat d'Initiative, 09300 Montségur, Tel. 61 01 10 27. Dort findet man, wenn man will, einen Bergführer. Außerdem werden die vom Dorf errichteten Gîtes vermittelt und die Genehmigung zum wilden Zelten - auf abgestecktem Terrain - erteilt.*

▪ *Essen und Wohnen: In der Pension Costes, Tel. 61 01 10 24, kann man für etwa DM 25 ein Zimmer erhalten, im Couquet, Tel. 61 01 10 28, ist es unwesentlich teurer. Dort zahlt man zwischen DM 19 und 30 für ein Menü.*

L'Occitadelle zeigt eine Diashow über die Katharer, stellt Bilder, Zeichnungen und Drucke aus und bereitet Menüs zwischen DM 20 und 58.

Ausflüge

Die Umgebung von Montségur ist reizvoll. Die *Montagne de la Frau* und ihre *Gorges* sind nah. Der *Pic de Barthélemy* und seine geheimnisvollen Seen locken. Im Winter kann man in den *Monts d'Olmes* Skilaufen.

Auch die kleine Burg *Roquefixade* lohnt den Abstecher. Gut 3 Kilometer hinter Lavelanet, rechts die kleine D 9 nehmen, die bis zu dem alten Dorf führt, von dem aus man die Ruine erreicht. Großartige Ausblicke.

Foix und die Grotten des Ariège

Foix (10.060 Ew.), die Département-Hauptstadt mitten im Katharerland, ist sich treu geblieben. Noch immer steht der Stadtkern innerhalb des Dreiecks zu Füßen der Burg, den früher Stadtmauern einschlossen, und viel mehr kam nicht hinzu. Die Ariège begrenzt ihn auf der einen, der Arget auf der anderen Seite. Die dritte Seite nimmt die breite *Allée de Villote* ein, wo jeden 1., 3. und 5. Montag im Monat ein großer Markt stattfindet. In den engen Gassen schnuppert man noch die Stimmung vergangener Jahrhunderte, ohne daß es große architektonische Höhepunkte gäbe, abgesehen von der gotischen Kirche *Saint-Volusien*.

Belebteste Geschäftsstraße ist noch immer die *Rue des Marchands*. Hundert Meter vom Kirchplatz entfernt erweitert sie sich zu einem kleinen Platz, wo man in und vor *Vanille & Chocolat* gutes Eis essen kann. Daneben gibt es noch eine herrliche alte Eisen- und Haushaltswarenhandlung.

▪ Feste: In der zweiten Juliwoche blüht Foix auf. Zum Mittelalter-Festival, das natürlich Gaston Phoebus gewidmet ist, kleiden sich Geschäftsleute und andere Einwohner in alte Kostüme, man hält mittelalterlich Markt, belustigt sich bei einem Ritterturnier und inszeniert eine Episode aus dem wilden Leben des ehemaligen Stadtherrn. Höhepunkt des Septemberfestes ist am 1. Sonntagabend der öffentliche Ball und das Burgfeuerwerk. Über zwei Wochen erstrekken sich die Veranstaltungen.

Die Burg

Die Grafen von Foix, deren Linie aus dem Haus von Carcassonne hervorging, waren neben den Grafen von Toulouse die mächtigsten Herrscher im freien Okzitanien. Viermal belagerte Simon de Montfort die auf einem 60 m hohen Felsen über der Stadt thronende Burg ohne Erfolg. Dort waren katharische Perfekte gern gesehene Gäste. Die Schwester des Grafen Raymond-Roger, Esclarmonde, war selbst eine Eingeweihte.

Erst 1272 bewegte der französische König Philippe le Hardi den Grafen von Foix zum Einlenken. Damals bestanden bereits die beiden rechteckigen Burgtürme, die im folgenden Jahrhundert verstärkt wurden. Graf Roger-Bernard III fand wenig Gefallen daran, Untergebener des Königs zu sein. Durch seine Heirat Herr des Béarn, das unabhängig war, zog er es vor, in Pau zu weilen.

Gaston III Phoebus, der von 1331 bis 1391 lebte, benutzte als letzter die Stammburg, residierte jedoch in Pau, in dessen Schloßpark eine Statue daran erinnert. Gaston war eine schillernde Figur mit leuchtend rotem Haar (daher der Beiname), ein Draufgänger auf allen Gebieten, versessen auf die Jagd, der ein Traktat der Kunst des Jagens widmete, ein Freund von Poesie und Musik, doch ein despotischer Herrscher, aufbrausend und brutal, der in einem Wutanfall seinen einzigen Sohn erschlug. Die Grafschaft von Foix fiel endgültig an Frankreich, als der letzte Graf, Heinrich IV von Navarra, französischer König wurde.

Der dritte runde Turm der Burg stammt aus dem 15. Jahrhundert. Er beherbergt einen Teil des *Landesmuseums des Ariège*. In ihm werden vor allem die vorgeschichtlichen Funde aus den Grotten des Ariège ausgestellt. Täglich von 9.45-11.30 und von 14-18 Uhr geöffnet, im Sommer ab 8.30.

▪ *E s s e n und U n t e r k u n f t : Als Hauptstadt des Ariège hat Foix es schwer, sich gegen Pamiers, das eineinhalb mal so groß ist, und gegen Saint-Girons zu behaupten. Kulinarisch gesehen ist es unangefochten die Kapitale. Zwar hat es keine Starköche aufzuweisen, aber eine bemerkenswerte Anzahl guter und meist nicht zu teurer Restaurants.*

Zur Zeit gilt 'Au Camp du Drap d'Or' in der Rue Noël Peyrevidal - hinter dem Syndicat d'Initiative rechts um die Ecke - als beste Adresse. Die Küche ist traditionell und qualitätsbewußt, die Atmosphäre etwas erdrückend, die Menüs für DM 22 und DM 32 den Preis wert.

Nett ist 'Ecuelle' in der Avenue de Lérida (der D 117), wo man im ersten Stock gemütlicher sitzt und Menüs mit typischen Gerichten wie dem Cassoulet für 20 Mark erhält.

Rustikal ist das Dekor im 'Médiéval', 42, Rue des Chapelier, nah bei der Burg, wo Jean-Claude Merlin gewitzter zu zaubern versteht. Menüs für DM 20 und 34.

*Mein Lieblingshotel ist das Audoye Lons*** *an der kleinen Place Georges Duthil, dessen Terrasse auf die Ariège hinausgeht. Die ehemalige Poststation mit ihrer bürgerlich gepflegten Atmosphäre hat komfortable Zimmer zwischen DM 40 und 70. Vier Menüs zwischen DM 15 und 30 stehen zur Auswahl (Vorspeisenbüffet). Tel. 61 65 52 44.*

*An dem kleinen Stausee von L a b a r r e , kurz vor Foix - von Pamiers kommend - gibt es einen Campingplatz, Tel. 61 65 11 58 und ein angenehmes ländliches Hotel, Le Couloumié***, *Lac de Labarre, 09000 Foix, Tel. 61 02 72 20, DZ von DM 50 bis 80. Schöne Seeterrasse. Menüs von DM 19 bis 95.*

Die Grotten

Von Foix das nun enger werdende Tal der Ariège flußauf erreicht man schnell *Tarascon*. Dort überquert die N 20, die weiter über *Ax-les-Thermes* nach Andorra geht, den Fluß. Rechts zweigt die D 8 in das Tal des Vicdessos ab, auf der man nach knapp 4 km *Niaux* erreicht. Im Ort führt links ein Weg direkt bis zur *Grotte de Niaux*, deren Höhlenmalereien es mit denen von Lascaux aufnehmen können.

N i a u x präsentiert zunächst eine enorme natürliche Eingangshalle, an deren Ende man durch einen künstlichen Tunnel in die Höhle gelangt. Die aus Kalkgestein bestehenden Vorberge der Pyrenäen setzten den Gletschern der Eiszeit, ihrem Schmelzwasser und den vielen Flüssen zwar eine Barriere entgegen, doch keine undurchdringliche. So entstanden endlose Höhlensysteme und Grotten, die bei unseren Urahnen als Zufluchtsorte und Kultstätten sehr geschätzt waren. Begegneten wir in Tautavel einem aufrechten, doch gehirnmäßig recht beschränkten Vorfahren, erwarten uns in Niaux die Zeugnisse des Homo sapiens. Fast einen Kilometer spaziert man nun durch Galerien, Korridore und hohe Hallen in den Berg hinein, ehe man den berühmten 'Schwarzen Saal', der eine Rundform hat, betritt. Auf seinen Wänden haben Menschen vor 10 000 Jahren und mehr in magischen Zeichnungen Wild gebannt. Bisons, Hirsche und Pferde, die damals begehrte Jagdbeute waren, wurden gekonnt abgebildet. Markierte Pfeile beweisen, daß man auf diese Weise das Jagdglück beschwor. Die Kalkablagerungen über einigen Strichen gaben zuerst Aufschluß über das erstaunliche Alter dieser archaischen Meisterwerke.

Von Ostern bis Oktober Führungen um 11, 15 und 16.30 Uhr. Dauer etwa 75 Minuten. Tel. 61 05 85 10.

In der Grotte von **Bedeilhac** (nordwestlich von Tarascon, an der D 618) sind die künstlerischen Botschaften aus der Altsteinzeit vielfältiger, aber weniger gut erhalten. Dafür sind der Fels von Soudour und die Grotten imposant. Es gibt eine kolossale natürliche Vorhalle, auch im Inneren öffnet sich ein grandioser Saal, der sich über 500 Meter erstreckt. Das Besondere der Darstellungen besteht in der Nutzung der Gesteinsformungen, um das Motiv besser auszudrücken, bei dem Renntier sehr gelungen.

Von April bis Oktober nur nachmittags, außer dienstags, um 15 und 16.30 Uhr. Zur Hauptsaison auch um 10 Uhr morgens.

Die Grotte von **Lombrives**, die man in *Ussat-les-Bains* (4 km südöstlich von Tarascon, an der N 20) betritt, gilt als eine der größten Europas. Insgesamt erstrecken sich ihre Höhlen über 3,6 km auf zwei Ebenen, die durch 153 Stufen voneinander getrennt sind. Berühmt ist die 'Kathedrale', ein beeindruckend hoher Saal im Berg. Berühmt sind die vielen Tropfsteingebilde, allen voran der 'Mammouth'. Berühmt sind auch Zeichnungen und Einritzungen, Symbole und Graffiti, die die Grotte birgt und die von 4000 v.Chr. bis gestern reichen. Zahlreiche Funde bestätigen, daß Lombrives als Schutz-, Kult- und Bestattungsort diente. Es wird sogar behauptet, Lombrives habe den Katharern als Einweihungsort und letztes Versteck gedient, was in mehreren Büchern ausgeführt wurde. Allerdings wurden dafür keinerlei Anzeichen entdeckt. (Von Ostern bis Oktober an Wochenenden geöffnet, von Juli bis September täglich. Ein kleiner Zug erleichtert den Touristen den Besuch.)

CHARCUTERIE
CHARCUTERIE NEGRE ROTISSERIE
MELON
Frs
300
Kilos
PECHES
3 Kilos
12,00 F

Pamiers

Eigentlich gibt es in Pamiers (11.600 Ew., 19 km nördlich von Foix) nichts Besonderes. Der Bischofssitz liegt am Rande der großen Ebene von Toulouse. Bei klarem Wetter zeichnet sich die Kette der Pyrenäen schön ab. Im Stadtkern scheint die Zeit stehengeblieben zu sein. Am Dienstag ist Markt. Während die Hausfrauen die Einkäufe tätigen und jede Tomate befühlen, stehen Gruppen alter Männer herum und tauschen alte Neuigkeiten aus. Die Kirche ist uninteressant bis auf den aus dem 14. Jahrhundert stammenden Backsteinturm und das Portal.

Die Geschäftsstraße *Rue Gabriel Perrin* bietet Läden, Bistros, kleine Restaurants und die 'Boucherie moderne' mit ihren schmukken Art-Déco-Außenkacheln. Parallel verläuft die *Rue Lakanal*, wo man nah am Kirchplatz den Bioladen 'Naturalis 'findet und gegenüber einen Schuster. Die Seitengassen sind ausgestorben. Hunde dösen in der Sonne. Hinter halbgeschlossenen Fensterläden schielen Alte den Fremden nach. Provinz.

Genau das Richtige
für Frankreichfanatiker . . .

Auf dem stillen Platz Albert-Tournier *träumt das* H o t e l d e l a P a i x *vor sich hin. Übersieht man die Schlachtschiffschinken, passen Einrichtung, Ambiance und Menüs genau zu der Provinzstadt. Alles ist so herrlich (süd)französisch, fast muß man sagen, altfranzösisch, so absolut durchschnittlich, daß es schon wieder gut ist. Einheimische, Handwerker und Reisende mischen sich zur Mittagszeit, dem déjeuner, mit verwelkten Parisern, die vielleicht zwischen abblätternder Wandfarbe und Stuck Jugenderinnerungen auffrischen. Für DM 22 gibt es ein Menü für alle, mit täglich wechselnden Regionalfavoriten. Der Salat ist etwas ölig, der Reis etwas matschig, das Hauptgericht recht ordentlich, nur der Hauswein aus dem Aude ist hervorragend: für DM 3,20 die Flasche! Genau das Richtige für Frankreichfanatiker.*

▪ *Hotel de la Paix**, 4, place Albert-Tournier 09100 Pamiers, Tel. 61 67 12 71 (nah am Champs de Mars). EZ ab DM 32, DZ ab DM 42.*

▪ *Feinschmecker kehren besser im Hotel du Parc - am schönen kleinen Stadtpark - ein, wo man delikate und günstige Menüs für DM 22, 29 und 40 erhält. Vorsicht: à la carte wird's teuer. Ordentliche Zimmer von DM 32 bis 52.*

Hotel du Parc, 12, rue Piconnières, 09100 Pamiers, Tel. 61 67 02 58.

Bergtouren im Westen von Tarascon

Auf den P i c d e s T r o i s S e i g n e u r s . Am leichtesten erreicht man den Gipfel von dem 1517 m hohen *Port de Lers* aus.

Das Gebiet wird von verschiedenen Wanderwegen durchkreuzt, und es gibt mehrere Gîtes d'Etape: Das von Liers liegt 4 km links hinter Massat (zunächst über die D 618 von Saint-Girons oder Tarascon). Adresse: Martine Hucteau, Tel. 61 96 94 67.

Zum Gîte von la Freyte nimmt man in Tarascon ebenfalls die D 618 und biegt in Surba - nicht davor - links ab. Das Gîte findet man etwa 2 km nach Rabat-les-Trois-Seigneurs. Catherine Fornasari, Tel. 61 05 94 95.

Für Exkursionen zu den Gipfeln und Seen zwischen dem P i c R o u g e d e B a s i è s und dem M o n t V a l i e r eignen sich die Gîtes d'Etape von Aulus-les-Bains - Anne Drillaud und Didier Lefèvre, Tel. 61 96 02 21 -, Saint-Lizier bei Ustou - Sylvie und Jean-Pierre Zeeghers, Tel. 61 96 52 13 - und von Esbints bei Seix - Michel Blavet, Tel. 61 66 95 79 -, wovon die beiden letzten auf dem GR 10 liegen.

Die R e f u g e d e s E s t a g n o u s , die auf 2240 m unterhalb des 2839 m hohen *Mont Valier* liegt, verfügt über 75 Plätze und gibt damit die Chance auch zur Hochsaison einen zwei oder drei Tage langen Ausflug ins Hochgebirge zu machen.

Anfahrt: Von Saint-Girons fährt man zunächst südwestlich auf der D 618 bis zur Kreuzung von Audressein. Links geht es weiter bis

Castillons-en-Couserans. In Les Bordes biegt man rechts ab und nach zwei km links in das Tal des Riberot. Nach sechs km erreicht man den Parkplatz, wo man den Wagen läßt. Er liegt auf 950 m.

Der Aufstieg folgt dem Fluß, an dem schönen Wasserfall von *Nerech* vorbei. Bei der *Cabane des Caoussis* befindet man sich auf 1858 m. Ist es noch zeitig am Tag, kann man von hier aus zunächst zum *Etang rond* und *Etang long* klettern, muß dann allerdings wieder zurück zur Cabane, um zur Refuge zu gelangen. Dort erhält man alle Tips, die man braucht, will man den Gipfel erklimmen oder an dem Gletscher von *Arcouzan* vorbei zurückgehen.

Die Refuge ist vom 1.7. bis zum 15.9. geöffnet. Tel. 61 96 76 22.

i *Weitere Auskünfte vom Office de Tourisme du Cousernan, Quai du Gravier, 09200 Saint-Girons, Tel. 61 66 14 11.*

Für andere Strecken Informationen von den Syndicats d'Initiative in Aulus - Tel. 61 96 01 79 -, Auxat-Vicdessos, Tel. 61 64 88 47 -, Massat, Tel. 61 96 96 33 -, Seix, Tel. 61 66 83 55 und Tarascon-sur-Ariège, Tel. 61 05 63 46.

Merkwürdiger Straßentunnel

Nordwestlich von Foix erreicht man schnell den unterirdischen Fluß von *Labouiche*, ein weiteres Beispiel dafür, welche bizarren Welten Wasser in Kalkgebirgen schafft. Man kutschiert in einer Barke - mit Umsteigen - unter der Erde an Zuflüssen und Wasserfällen vorbei. Von Ostern bis Pfingsten täglich von 14-18 Uhr, dann bis Ende September zusätzlich von 9-12 Uhr.

Nimmt man nichtsahnend die D 119, die die *Montagnes du Plantaurel* durchkreuzt und *Saint-Girons* mit *Pamiers* verbindet, traut man seinen Augen kaum, denn auf einmal taucht die Straße in den Berg hinein, und zwar nicht in einen üblichen Tunnel, sondern in eine grandiose 420 m lange, bis zu 70 m hohe und bis zu 50 m breite Höhle, die sie gemeinsam mit dem Fluß *Arize* verläßt.

Seit frühester Zeit nutzten Menschen diesen faszinierenden Unterschlupf. In Schächten und Sälen des Berges stieß man auf Funde aus den verschiedensten Epochen. Besondere Bedeutung kam der

Entdeckung des Archäologen Edouard Piette 1887 zu. Er legte eine Schicht frei, in der sich Zeugnisse fanden, die die Verbindung zwischen der Alt- und der Jungsteinzeit herstellen: gefärbte Kiesel, die mit seltsamen Zeichen versehen waren, Alter 9500 v.Chr. Nach dem Fundort beim Dorf Mas-d'Azil wurde diese Epoche der Menschheitsgeschichte *Azilien* getauft.

Während der Teil der Höhlen, in dem Malereien aus der Altsteinzeit konserviert sind, geschlossen bleibt, zeigt das Museum der Vorgeschichte - ebenfalls im Berg untergebracht - die wichtigsten Ausgrabungsstücke. Im Saal 'Mandement' bekommt man einen Mammouthschädel und andere Tierfunde zu sehen. Im Saal des 'Temple' sind Überreste einer uralten christlichen Kapelle erhalten. Während der Religionskriege im 17. Jahrhundert diente er Protestanten als Versteck.

Grotte du Mas-d'Azil, von April bis September von 14-18 Uhr, ab Juli auch morgens von 10-12 Uhr geöffnet. Beim Dorf ist ein Stück eines gallo-romanischen Weges entdeckt worden, an dem mehrere Dolmen stehen. (Die Pyrenäen verfügen noch über zahlreiche weitere bedeutende Grotten, von denen viele besucht werden können.)

▪ *Unterkunft: In diesem Bereich des Plantaurel kommt man am besten, ob man campt oder ein Zimmer vorzieht, privat unter. Campings à la ferme gibt es bei Jacqueline Eychenne, 'Fouychet', 09290 Mas-d'Azil, Tel. 61 69 85 43, im Nachbardorf bei Joseph Soula, 'Couly', Gabre 09290 Mas-d'Azil, Tel. 61 69 92 76 und ebenfalls in Gabre bei Pierre Delmas auf 'Mondely', Tel. 61 68 95 60.*

Ganz in der Nähe - bei der D 628 - liegt auch Montegut-Plantaurel, wo man bei M. und Mme. Dedieu auf dem Château de la Hille, 29120 Varilhes, Tel. 61 05 36 15 sein Zelt aufschlagen kann.

Bei Hélène Baudeigne 'Les Rives' 09120 Varilhes, nah am Ort, kommt man in behaglichen Gästezimmern in einem schönen Haus mit Park und Swimmingpool unter. Tel. 61 60 73 42.

Auf der Domaine de Pourgues, 09130 Le Fossat, gibt es bei der Familie Garrigues fünf Gästezimmer und Bewirtung. Spezialität ist Lamm. Tel. 61 68 54 80.

Kanu und Kayak im Ariège

Das Ariège ist nicht nur reich an Grotten, sondern auch an Flüssen, auf denen man Kanu oder Kayak fahren kann und zwar in allen Schwierigkeitsgraden: von einer gemütlichen Bootstour bis zu sportlich härtesten Prüfungen. Auf dem Hers, der Arize, der Ariège und dem Arac findet man lange einfache bis mittelschwere Abfahrten. In den Tälern des Sarlat, Alet und Garbet wird es zum Teil wesentlich schwieriger. Die Abfahrten sind in den Wanderkarten mit Schwierigkeitsgraden eingetragen. Genaue Beschreibungen findet man in Laurent Puyhardy/José Arènes 'Rivières Occitanes - Parcours de Canoë-Kayak'.

▪ *Bootsvermietung: in Tarascon, La Maison de la Rivière, Tel. 61 05 53 88; in Foix, Foyer Léo Lagrange, Tel 61 65 09 05; in Seix, Seix Kayak Club, Tel. 61 96 52 90; und in Saint-Girons, Parc de Palètes, Tel. 61 66 06 79.*

Die Comminges

Saint-Girons mit dem benachbarten *Saint-Lizier*, früherer Erzbischofssitz, in dem sich zwei Kathedralen und der Palast des Kirchenfürsten drängen, liegen auf dem Wege zu den zentralen Pyrenäen und der Atlantikküste. Verzichtet man auf die schnellere Route, die dem Salat folgt, erhält man einen Einblick in das *Couserans*, wo die Täler weiter, die Berge runder werden, wo sich Weiden und Obstgärten abwechseln - eine noch nicht überlaufene Gegend.

■ *Essen und Unterkunft: Kulinarischer Höhepunkt der Region ist das Hotel de la Poste in Oust, 09140 Seix, Tel. 61 66 86 33, wo man gepflegt ißt und schläft. Schöne Menüs für DM 32, 45 und 67.*

Eine gute Station ist auch das kleine Hotel La Terrasse in Argein an der D 618. Zimmer kosten zwischen DM 29 und 57, und man ißt typische Gerichte der Region wie Wildschweinpfeffer zum Beispiel. Menüs für DM 17,50, 25, 30 und 50. Mittags wird auf der Terrasse serviert, wenn es das Wetter erlaubt.

Montrejeau (3 800 Ew., 468 m), auf einem Hügel gelegen, bietet einen angenehmen Halt. Es gibt mehrere einfachere Hotels und Restaurants wie das Hotel d'Atagnan direkt an der quadratischen Place.

Saint-Bertrand-de Comminges

Das mittelalterliche Saint-Bertrand (230 Ew.) liegt im Tal der Garonne, 9 km südlich von Montréjeau. Seine Kathedrale mit dem trutzigen Glockenturm wird von Festungsmauern umsäumt und ragt hoch von der isolierten Kuppe auf. An diesen besonderen Ort wurde auf Drängen von Pompejus 72 v.Chr. Lugdunum Convenarum gegründet, eine schnell wachsende Siedlung, die von einer - auf besagter Kuppe errichteten - Festung gesichert wurde.

Im 1. Jahrhundert sollten Herodes und seine Gemahlin Herodia, die für den Tod Johannes des Täufers verantwortlich war, von Caligula in die damals bedeutende Stadt ins Exil geschickt worden sein. Im Jahre 408 zerstörten Vandalen die Stadt, während sich die Burg verteidigen konnte. Sie wurde im 6. Jahrhundert von dem Burgunderkönig Gautran durch Verrat eingenommen und geschleift.

500 Jahre lang schien sich niemand mehr auf den Hügel getraut zu haben, bis um 1120 Bertrand de Isle-Hourdain, Bischof von Comminges und später heiliggesprochen, von seiner Besonderheit gefangengenommen wurde und beschloß, darauf eine Kathedrale zu errichten und seinen Bischofssitz dorthin zu verlegen. Unterkünfte für Priester und Mönche entstanden, und der Ort belebte sich wieder. Als 200 Jahre später die romanische Kathedrale zu klein geworden war, erweiterte sie der Nachfolger Bertrand le Got, als Clemens V erster Papst in Avignon, erheblich.

Die Fassade, der Vorbau und das Portal der Kathedrale stammen aus dem 12. Jahrhundert, der Hauptbau aus dem 14. Ein Meisterwerk ist das Chorgestühl aus dem 16. Jahrhundert, aber der schönste Teil ist der im wesentlichen romanische Kreuzgang mit seinen reizvollen Kapitellen, der sich auf der einen Seite auf das Tal hin öffnet.

▪ Im Juli und August findet in Saint-Bertrand-de-Comminges ein F e s t i v a l mit klassischen Konzerten und Ballettaufführungen statt. Informationen und Vorbestellungen unter Tel. 61 88 32 00.

▪ *U n t e r k u n f t im Hotel de Comminges, DZ etwa DM 45, Tel. 61 88 31 43.*

Eine ganz andere Atmosphäre herrscht bei und in der nahegelegenen *Basilika Saint-Just* in V a l c a b r è r e (2 km nach Nordosten, auf der D 26), einem romanischen Bau, den man zum Teil aus den vorgefundenen Materialien des einstigen *Lugdunum Convenarum* erbaute. Auch der alte Friedhof mit seinen prächtigen Zypressen bewahrt antike Reste.

Bagnères-du-Luchon

3600 Ew., bekannter Thermalkurort und Wintersportort.

Natürlich fanden schon die Römer die Vorzüge der heißen Quellen von Luchon heraus, was die Fundstücke im Museum illustrieren. An die 80 Quellen treten aus dem Berg von *Superbagnères* aus. Sie gehören zu den schwefelhaltigsten und radioaktivsten der Welt. Aufschwung nahm der Ort im Tal des Pique, eines Zuflusses der Garonne - zunächst gegen den Widerstand der Bergbauern - in der zweiten Hälfte des 18. Jahrhunderts, als sich der Baron d'Etigny dafür begeisterte. Ihm gelang es, Richelieu dazu zu bewegen, dort eine Kur zu verbringen. Dem gefielen die Quellen und die antiken Funde - seine Leidenschaft - so gut, daß er noch ein zweites Mal kam. Die Haute Volée folgte.

Dic nach d'Etigny benannte Allee führt auf das Kurbad zu, das von großartigen Bäumen überragt wird. Die Quellen helfen hauptsächlich bei Lungenerkrankungen und Rheumatismus. Eine Führung durch die Bäder beginnt mittwochs, donnerstags und freitags um 14 Uhr (von April bis Oktober). An Wochenenden und während der Schulferien kann man das berühmte Radio-Vaporarium als Sauna benutzen.

i *18, Allée d'Etigny, 31110 Bagnères-du-Luchon, Tel. 61 79 21 21 - hier auch Informationen über Skimöglichkeiten in Superbagnères und in der Vallée du Lys.*

Ausflüge

Zum Wasserfall und zur Gipfelkette: Ein schöner Ausflug führt von Luchon zunächst nach *Saint-Aventin* mit seiner zweiturmigen romanischen Kirche. In *Castillon* nimmt man links die kleine Straße, die in das Tal von Oô führt und der *Neste d'Oô* folgt. An den *Granges d'Astau* - der dortige Wasserfall heißt 'die Haare der Magdalena' - parkt man den Wagen, um zu Fuß auf dem GR 10 in gut einer Stunde zum L a c d ' O ô hinaufzusteigen. Grandios stürzt an seinem Ende der Wasserfall eine fast 300 m hohe Felswand herab.

Das Tal der Neste d'Oueil mit seinen kleinen Dörfern von grünen Berghängen eingerahmt bietet Einblick in die Pyrenäen der Hirten und Bergbauern.

▪ *Ü b e r n a c h t e n : In* Bourg d'Oueil *gibt es das einfache, doch sympathische Hotel Le Sapin Fleuri, 31110 Luchon, Tel. 61 79 21 90, wo man für DM 35 bis 58 absteigen kann. Die Halbpension kommt auf gut DM 50.*

Auf den Mont Né: Die Straße führt bis auf 1855, von wo man in weniger als einer Stunde den knapp 300 Meter höheren Mont Né erklimmt. Der Ausblick lohnt sich. Hinter der Gipfelkette, die die Grenze zu Spanien bildet, zeichnen sich die Gipfel des *Maladetta* ab, die höchsten der Pyrenäen.

Bei der Rückfahrt kann man an der Wegkreuzung links über den *Port de Balès* durch den Wald hinabkurven, bis sich das Tal der Ourse öffnet. Es ist mit Dörfchen übersät. Schließlich kommt man zurück nach *Saint-Bertrand-de-Comminges*.

Das Bigorre

Die Strecke auf der Nationalstraße 117 von Montréjeau über Lannemezan nach Tarbes gefällt mir nicht sonderlich, auch wenn man durch das nette Kleinstädtchen T o u r n a y kommt, an dessen Platz man bei *Gailhou-Durdos* gute Foie gras in Konserven erhält. Auf der D 938 fährt es sich gemächlicher durch Bauernland. Nach *Capvern* wird es schön. Bald kommt das Dorf M a u v e z i n mit seiner klotzigen Burg, einst Festung Gaston Phoebus. Von ihrem intakten Burgfried hat man bei klarem Wetter einen schönen Blick auf den *Pic du Midi de Bigorre* und seine Nachbarn. In der Burg ist ein privates Landesmuseum untergebracht.

Viele Jahre lang bestand in einer alten hergerichteten Scheune am Weg zur Burg, der *Grange des Artisans*, eine umfangreiche und vielseitige Verkaufsausstellung von Künstlern und Kunsthandwerkern der Hautes-Pyrénées. Leider ist ihr Fortbestehen in Frage gestellt. Sollte sie weiter existieren, was zu wünschen ist, lohnt sich ein Blick hinein.

Nun führt die Straße in das Tal des Arros hinab und zur Abtei von Escaladieu.

Die Abtei von Escaladieu

1986 erwarb der Förderverein *Rencontres de Barèges* das frühere Zisterzienserkloster. Seither bemüht man sich um dessen Restaurierung und Wiederbelebung. Dies geschieht durch individuelles Engagement, das in Spenden, aber nicht weniger gerne im Zupacken bei den Bauarbeiten bestehen kann. Wer sich dafür interessiert, sollte nicht zögern und mit der Abbaye de l'Escaladieu, 65130 Bonnemazon, Tel. 62 39 13 13 Kontakt aufnehmen.

Das Kloster wurde im 12. Jahrhundert von Bernhardinermönchen aus dem Burgund gegründet. Gemäß den strikten Regeln ihres Ordens arbeiteten die Mönche einen Teil ihrer Zeit und machten das Land urbar, um sich selbst zu ernähren. Von Escaladieu ausgehend entwickelten sich in der Gascogne und im Navarra Töchterklöster. Wiederholt überfielen Straßenräuber und protestantische Truppen die Abtei. Im 17. und 18. Jahrhundert instandgesetzt, kam sie nach der Revolution als 'nationales Gut' unter den Hammer und wurde als Bauernhof benutzt. Obwohl die Kirche im 14. Jahrhundert beschädigt wurde, geht sie im wesentlichen auf die Mitte des 12. Jahrhunderts zurück und gibt ein Beispiel für Strenge und Harmonie zisterziensischer Bauweise.

▪ Von Juli bis Oktober dient sie für *Les Heures Musicales de l'Abbaye de l'Escaladieu* als Konzertsaal. Dann findet in den im 18. Jahrhundert zugefügten Mönchszellen eine Kunstausstellung statt. Von Juni bis Mitte September von 10-18 Uhr geöffnet, im Mai mittags geschlossen, den Rest des Jahres nur an den Wochenenden zu besichtigen.

▪ *Essen: Oberhalb der Straße liegt die Auberge de l'Arros, ein nettes einfaches Restaurant, Menüs für DM 13, 18 und 23.*

Malerische Bergtäler

Bagnères-de-Bigorre (9600 Ew., 556 m) bildet das Tor zum Tal des *Adour*, eine alte Kurstadt, in der alte Leute die Parkbänke bevölkern. Es wimmelt von Pensionen, möblierten Zimmern, Hotels, aber die meisten machen einen leicht verstaubten Eindruck. Die Glanzzeiten scheinen dahin, und selbst das Casino muß nun mit beißender Neonreklame zum Glücksspiel locken. An manchen Stellen hat man gräßlich stillose Neubauten in das alte Stadtbild gesetzt, vielleicht um darauf hinzuweisen, daß man auch Industriestadt ist. Dennoch geht es im Zentrum rund um die *Allée des Coustous* gemütlich zu. Die bequemsten Stühle bietet das *Café de Londres*. Wenn man einen langen gemächlichen Spaziergang machen möchte, gibt es den großen schönen *Parc Thermal de Salut*.

Zwei Kilometer südlich, ein Stück das Tal hinauf, liegt die Grotte de Médous rechts nahe der Straße. Hier schuf sich der Adour einen unterirdischen Lauf, auf dem man in einer Barke kutschiert wird, während bizarre Tropfsteingebilde fast kitschig aufleuchten. Die Kahnfahrt endet im gepflegten Park des heruntergekommenen Schlosses. Die Grotte kann zwischen April und Mitte Oktober besucht werden, doch finden sich außer in der Hauptsaison oft nicht die nötigen 12 Personen ein.

▪ *Essen und Wohnen: Direkt am Ufer des Adour die Hostellerie d'Asté**, Route des Cols, 65200 Bagnères-de-Bigorre eine gute Station vor dem Aufstieg (Zimmer von DM 40 bis 70). Im Sommer kann man auf der Terrasse die Spezialitäten des Hauses genießen: frische Meeresfrüchte und Grilladen. Mehrere Menüs von 22 bis 60 Mark. Tel. 62 95 20 27.*

Im winzigen Beaudéan zweigt ein Sträßchen ab, das in das Tal von *Lesponne* führt und immer wieder den Blick auf den *Pic du Midi* oder nach Norden auf den *Montaigu* freigibt. Nach einem schönen, doch wegen der Steigung recht anstrengenden Marsch erreicht man den *Lac Bleu,* der von 2500ern umrahmt wird; mit Aufenthalt ein 5-Stunden-Ausflug.

Sehr zu empfehlen ist 'La Petite Auberge' in Beaudéan, wo man bei Christiane Ledoux die Gerichte der Bigorre wie bei Muttern futtert, natürlich auch die patriotische Kohlsuppe, *la gabure*, und ausgezeichnete Bratkartoffeln. Wenn das keine Empfehlung ist! Man ißt à la carte für das Gebotene günstig um die DM 30.

Ein grandioser Ausblick bietet sich vom *Col d'Aspin*, hinter dem die Straße sich hinab in das Tal des Aure und nach Arreau windet, einem reizvollen Marktflecken. Die D 929 verbindet - durch den *Tunnel de Bielsa* - das Departement Hautes-Pyrénées mit Spanien.

Saint-Lary kann als Ausgangspunkt für Wanderungen in den Tälern der Grenzkette oder im *Massif de Néouville* dienen. Im Winter ist es durch eine Seilbahn mit den Skistationen *Espiaube* und *la Cabane* verbunden, wo 35 Abfahrtpisten zur Verfügung stehen.

Eine kleine Straße führt das Tal der *Neste de Couplan* hinauf zu den Stauseen von *Cap de Long* und *d'Orédon* und zu den gestaffelten Seen *Aubert* und *Aumar* ins Herz des Néouville.

Die Route de Pyrénées

Von Sainte-Marie de Campan (857 m) auf der D 918 über den Col du Tourmalet (2115 m)

Vorsicht: Radfahrer! Denn wenn man bei *Sainte-Marie de Campan* auf die Route des Pyrénées biegt, befindet man sich auf der Strecke zum *Col du Tourmalet*, der - aus der entgegengesetzten Richtung - eine der härtesten Prüfungen der Tour de France ist. Den will natürlich jeder begeisterte Radfahrer auch einmal bezwingen, die vorsichtigeren erst einmal von dieser leichteren Seite.

Einige Kilometer geht es an einem Wald mit majestätischen Tannen hinauf, wie man sie schon oberhalb des Col d'Aspin bewundern konnte. Dann wird es kahl, und La Mongie (1800 m) erscheint, Wildwest in den Bergen. Außerhalb der Saison spazieren Pferde auf den Straßen. Man wäre nicht weiter erstaunt, wenn sich ein o-beiniger Cowboy in der Mitte der staubigen Straße aufbauen würde. Aber es ist ja bekannt, daß Skistationen keine Schönheiten sind. Im Winter deckt der Schnee die größten Bausünden zu, dann triumphiert La Mongie mit Pisten aller Schwierigkeitsgrade und Skiwanderwegen, die bis nach Saint-Lary reichen.

Der Pic du Midi de Bigorre (2877 m) ist Touristenpflicht. Schließlich sah man ihn schon oft genug von unten. Vom *Col de Tourmalet* (2115 m) führt ein 7 km langes mautpflichtiges Sträßchen bis nach *Les Laquets* (2640 m) und seinem Berghotel. Sie ist vom 1.7. bis zum 10.10. geöffnet. Hat es allerdings geregnet oder etwas geschneit, bleibt nur der Weg zu Fuß, bei dem dann wenigstens keine Autos stören (ca. 2-Stunden-Wanderung bis zum Straßenende). Zum Pic gelangt man nun entweder mit der Drahtseilbahn oder man kraxelt, wenn man gut bei Puste ist, in einer halben Stunde hinauf.

Im Juli 1878 wurde der Grundstein für eine Wetterstation auf dem Gipfel gesetzt, die vier Jahre später ihre Arbeit aufnahm. Das war erst der Anfang und ständig wurde und wird umgestaltet und erweitert. Besondere Bedeutung erhielten die astronomischen Beobachtungen, denn die außerordentliche Luftklarheit prädestiniert den Pic du Midi dafür. Von dem Observatorium aus ließ zum Bei-

LOCATION DE SKIS
SKI-SHOP
MALSANG-SPORTS
VENTE LOCATION DE SKIS
SKI SHOP
LOCATION DE SKIS
BRAU NOGUÉ - DABAT
RESTAURANT
LE YETI
SPORT 2000
RESTAURANT
BAR Le YETI
RESTAURANT
BAR LE YETI

La Mongie

spiel die NASA die Mondoberfläche für die Landung von Apollo erkunden. Heute beherbergt es das größte Teleskop in Frankreich, 206 cm Durchmesser. Allein der Blick auf die Erde ist phantastisch. Eine Orientierungstafel hilft die Gipfel zu identifizieren.

B a r è g e s (324 Ew., 1219 m) wirkt anheimelnd, ein gewachsenes Kurbad, das seit 300 Jahren insbesondere Verletzte empfing. Alles spielt sich auf der Hauptstraße ab. Im Winter, als Basis für die Skistation Super-Barège, die mit La Mongie einen Skikomplex bildet, ist der Ort sehr belebt.

Vor Barèges geht links ein asphaltierter Weg ab, der bis zum Parkplatz von L i e n z führt, wo man am Rande des Nationalparks der Pyrenäen steht.

■ *E s s e n und U n t e r k u n f t : In Barèges ein sehr gepflegter Campingplatz. Hôtel de l'Europe**, Rue Raymond, ein relativ großes Familienhotel, in dem noch der Hauch vergangener Epochen in den Wänden lungert. DZ ab DM 48, Halbpension ab DM 34. Tel. 62 92 68 04.*

In Lienz die Auberge de Lienz 'Chez Louisette', Tellergerichte ab DM 11. Die große Terrasse, auf der zu allen Jahreszeiten die Sonne scheint, könnte so auch in Österreich stehen, doch die Küche spiegelt die Vorliebe der Pyrenäenbewohner wider (auch Übernachtung).

L u z - S a i n t - S a u v e u r (1040 Ew., 711 m) zeigt sich als ein lebendiges Dorf. Stattliche Häuser aus dem 18. und 19. Jahrhundert bezeugen, daß man sich schon damals der Gunst wohlbetuchter Gäste erfreute. Die sehenswerte Kirche stammt aus dem 12. Jahrhundert. Die Befestigungen mit dem Wehrgang wurden im 14. Jahrhundert hinzugefügt. Saint-Sauveur mit seiner einzigen Straße liegt gegenüber auf dem anderen Ufer des *Gave de Gavarnie*. Das kleine Thermalbad verdankt seinen Zulauf besonders Kaiserin Eugénie, die es mehrmals besuchte.

Mit ihren zahlreichen Wasserläufen, tiefen Tälern und großen Bergseen boten sich die Pyrenäen als Energiespender an. Ab 1879 installierte man erste, noch kleine Wasserkraftwerke. Technisch revolutionär war 1910 O r l u , oberhalb von Ax-les-Thermes. *Es nutzte das im* Lac de Naguilles *gestaute Wasser, das in einem Fall von 980 m auf die Turbinen traf. Die gewonnene Energie leitete man nach Toulouse weiter, eine für damalige Verhältnisse unglaubliche Entfernung.*

Zwischen den Kriegen verelffachte sich die Energie auf der französischen Seite des Gebirges - die Spanier sind bis heute im Rückstand -, trotzdem kam der großangelegte Ausbau erst seit 1950. Das beste Beispiel ist das Kraftwerk von P r a g n è r e s vor der Gorge de Saint-Sauveur, *das größte der Pyrenäen. Es empfängt den wichtigeren Teil seines Antriebswassers aus dem Stausee von* Cap de Long, *den wir vom Tal des Aure aus besuchten. Dabei beträgt der Fall 1250 m! Mit einer Kraft von 150000 kW erzeugt es jährlich 170 Millionen kWh. In den Stunden niedrigen Konsums wird die überschüssige Energie genutzt, Wasser in einen Reservesee hochzupumpen. Pragnères mit seinem beeindruckenden Turbinensaal steht Besuchern offen.*

Bemerkenswert ist die Architektur dieser Wasserkraftwerke. Eines der schönsten steht in Licq-Athérey. *Von außen könnte man es für einen baskischen Bauernhof halten.*

Cirque de Troumouse

Wo einst Tucholsky beschaulich ritt . . . "Durch Pferdetrupps und Rindviehherden hindurch; die Pferde auf Urlaub wiehern dem, auf dem ich sitze, die neusten Nachrichten aus dem Gebirge zu, und das Pferd nickt mit dem Kopf: Ja, ja, die Zeiten werden immer teurer ... Stunden und Stunden. Dann: Troumouse."

So beschwerlich und beschaulich wie Kurt Tucholsky gelangt man längst nicht mehr zum *Cirque de Troumouse*. Man nimmt ganz einfach die Straße von *Gèdre*, auf der man an der längst wieder aufgebauten Kapelle vorbeirollt. Tucholsky sah die Trümmer, die die Lawine von 1915 hinterließ. Dann kommt man an ein Häuschen, wo man seinen Obolus entrichtet und sich freut, daß in dieser Bergwelt ein Arbeitsplatz geschaffen wurde. Die Straße klettert nun dem Halbrund der Bergriesen entgegen, aber zunächst sieht man nur mit Felsschutt übersäte Hänge. Dann überwindet das Auto die letzte Hürde, und der Cirque de Troumouse und einer der schönsten Parkplätze Frankreichs erscheinen.

"Wir stehen in der Mitte des riesigen Kessels. Er ist größer als der von Gavarnie, in seiner völligen Verlassenheit viel schöner. In der Mitte, in dieser ungeheuren Mitte steht die Vierge des Neiges, *in seltener Instinktlosigkeit weiß gegen den hellgrauen Hintergrund gestellt und fast verschwindend. Das Standbild war ursprünglich aus dunkler Bronze, aber sie haben sie angepinselt. Von einem schneebedeckten Gebirgspaß her weht eisiger Wind .. Weit sieht man über die Berge; Felsen, etwas Schnee, und dieses stumpfe büschelweis aufgesetzte Dunkelgrün, das in den ganzen Pyrenäen zu finden ist. Stille."*

Verlassenheit? Dazu muß man andere Wege einschlagen. Selbst auf beschwerlichsten Pfaden ist sie nicht mehr garantiert. Stille? Der Parkplatz war bei weitem nicht gefüllt, was zur Hochsaison wohl geschehen kann. Aber diese paar Schrottkisten und diese paar Dutzend Männeken, was konnten die der eigentlichen Stille dieser Berge schon anhaben?

Wer es einsamer möchte ...

Eine 8-Stunden-Wanderung: Man läßt den Wagen beim Zahlhäuschen stehen und schlägt auf dem Weg links gleich die linke Abzweigung ein. Nachdem es steil in einem trockenen Bachbett hinaufgeht, erreicht man ein Plateau, auf dem Brunnen und Gebetshäuschen der Sainte-Famille stehen. Danach hält man sich rechts. Über einen steilen Hang erreicht man eine Alm. An einer Steinhütte zieht sich der Weg an dieser entlang - sie ist an manchen Stellen morastig -, umgeht einen Fels und führt an den Hängen des *Gélas* weiter. Zwischen dessen Gipfel und dem des *Gerbats* gibt es eine Senke, die man erreicht, indem man den Hang hinaufklettert. Dort steht man auf dem Kranz von Troumouse und blickt hinab in sein Amphitheater und rundherum auf die Nachbargipfel.

Cirque de Gavarnie

"Das mysteriöseste Werk des mysteriösesten Architekten" befand Victor Hugo, Tucholsky nannte den Cirque de Gavarnie "eine nationale Zwangsvorstellung". "Die Felswände stehen im gigantischen Halbkreis, oben liegt etwas Schnee, und das Ganze ist schön anzusehen. Aber mehr nicht - und warum so ein Geschrei daraus gemacht wird, weiß ich nicht", schrieb er. Mehr nicht? Nutzt sich ein Wunderwerk der Natur ab, weil es von ungezählten Besuchern bestaunt wurde?

Gewiß bewirken diese 1400 m aufragenden Felsen, deren höchster Gipfel der 3248 m hohe *Marboré* ist, intensiver, wenn man sie nicht in dem dichten Strom der sommerlichen Touristen erlebt. Immerhin muß man zu dem majestätischen Halbkreis hinpilgern. Zum Glück liegt er im Nationalpark der Pyrenäen, und zum Glück für die Einwohner des Dorfes G a v a r n i e muß man dort das Auto stehenlassen. Dort hat man sich ganz auf den Andrang eingestellt. Maultiere und Pferde warten seelenruhig darauf, die nächste Ladung gehfauler oder reitlustiger Urlauber aufzunehmen, denen sie ganze 30 Minuten Augenschmaus gönnen, bevor sie zurücktippeln.

Der steinige Weg führt an dem Gave entlang. Zu Fuß braucht man etwa 1 1/2 Stunden bis zu dem Hotel und dem klassischen Aussichtspunkt. Kommt man im Frühjahr, wenn es reichlich Wasser gibt, stürzt die *Grande Cascade* in einem Fall von 422 m tosend herab. Im Sommer zweiteilt sie sich. Man erreicht sie in einer halben Stunde. Insgesamt besitzt der Cirque dreizehn Wasserfälle.

Tarbes

Die Hauptstadt des Départements Hautes-Pyrénées (54.050 Ew., 20 km nördlich von Lourdes) erweckt keinen sehr einladenden Eindruck, wenn man auf ihrer Ringstraße durch die Außenbezirke geleitet wird. (Kommt man vom Atlantik und will ans Mittelmeer, muß man sich - bis kurz vor Saint-Gaudens - immer Richtung 'Toulouse' halten). An Sehenswürdigkeiten hat die Stadt am Fuße der Zentralpyrenäen nichts Überwältigendes zu bieten. Dennoch hat sie ihre Reize und ihren Charme, der auf ihrer Lebendigkeit beruht. Trotz eines empfindlichen Rückgangs in den siebziger Jahren ist Tarbes noch immer eine Industriestadt, besitzt aber nur ein kleines Zentrum, in dem sich das geschäftliche und kulturelle Leben konzentriert.

Berühmt ist der Marktplatz *Marcadieu* mit seiner im 19. Jh. errichteten Halle, wo jeden zweiten Donnerstag ein besonders großer Markt mit allen Spezialitäten der Umgebung stattfindet.

▪ Ein Schmuckstück ist der Jardin Massey, den der in Tarbes geborene spätere Direktor des Versailler Parks konzipierte. In ihm wachsen einige exotische Bäume, die bereits vor 150 Jahren gepflanzt wurden. Außer Büschen und Blumen, Enten und Pfauen gibt es ein altes Gewächshaus mit modernen Plastiken. Das Museum im Schloß des Gartens enthält außer einer Gemäldesammlung ein internationales Husarenmuseum. Dies steht in enger Verbindung mit Tarbes' Tradition, zu der ein bekanntes Gestüt und Heeresquartiere gehörten. Der Jardin Massey hat täglich von 8 bis 18 Uhr geöffnet, im Frühjahr und Herbst bis 20 Uhr.

▪ E s s e n *und* U n t e r k u n f t : *Tarbes eignet sich als Zwischenstation. Es hat 30 Hotels, eine Anzahl guter Restaurants und eine Internationale Jugendherberge. Auberge Internationale de Jeunesse, 88, rue d'Alsace Lorraine, 65000 Tarbes, Tel. 62 36 63 63, ganzjährig.*

*Hotel Foch*** 18, place de Verdun, Tel. 62 93 71 18, im Zentrum der Stadt, gepflegte Zimmer, alle mit Farbfernsehen für DM 67 bis 89.*

*Le Normandie**, 33, rue Massey, Tel. 62 93 08 47. Gegenüber von dem Park gelegen, ruhig und angenehm, ohne Restaurant. DZ von DM 29 bis 52.*

Hôtel de France, 11, rue François Mousis. Mitten in der Stadt, einfache Zimmer für DM 26, nette, frische Atmosphäre, regionale Spezialitäten für DM 15-26 das Menü. Tel. 62 34 29 34.*

Bestes Restaurant am Platze - gegenüber der Markthalle in der Rue Larrey - ist das Amphytrion. Claude Ribardière serviert eine Küche, die sehr auf das aktuelle und regionale Angebot eingeht und es mit viel Delikatesse komponiert. Dazu passen ausgezeichnet die von seiner Frau Christelle ausgewählten Crus des Südwestens. Menüs für DM 42 und 60. Tel. 62 34 08 99.

Charmant ist der Petit Gourmand, 62, Avenue Bertrand-Barère, Tel. 62 34 26 86. Angenehme Atmosphäre in einer Einrichtung, die den Stil der Speiselokale der Jahrhundertwende nachempfindet. Ideenreiche und feine Küche mit Menüs für DM 20, 27, 31 und 52.

Etwas außerhalb in C h i s *an der Straße nach Rabastens-en-Bigorre liegt die Ferme Saint-Ferréol**, ein schöner, von prächtigen Bäumen umgebener Landsitz mit sympathischen Wirtsleuten. Zimmer zwischen DM 40 und 80. Menüs von DM 8 bis 56. 65800 Chis, Tel. 62 36 22 15.*

Unvermeidliches Lourdes

Dank der Erscheinungen, die die kleine Bernadette Soubirous ab 1858 - insgesamt achtzehn - hatte, ist Lourdes (17.620 Ew., 410 m) zum christlichen Pilgerort Nr. 1 geworden, noch vor Rom. Jährlich zählt man mehr als vier Millionen Besucher. Die Kranken stellen davon nur einen geringen Prozentsatz. Und jedes Jahr gibt es wieder ein paar wundersame Heilungen.

Der religiöse Komplex liegt auf der linken Seite des Gave de Pau. Auf der rechten befindet sich das Zentrum der Stadt und darüber auf einem 80 m hohen Fels das Château.

Im Mittelalter war Lourdes, das am Eingang des Tals und zu Füßen der Bergregion des Lavedan liegt, ein wichtiger Marktplatz. Die Grafen und Gräfinnen saßen sicher in ihrer Burg auf der natürlichen Felsenfestung. In der Bigorre waren auch die Frauen erbberechtigt. Anfang des 13. Jahrhunderts nahm Comtesse Pétronille Nuno Sanchez, den Prinzen von Aragon, zum Gemahl. Aus Gründen zu enger Verwandtschaft wurde diese Ehe annulliert. Simon de Montfort trat als nächster Freier an. Die wackre Petronille brachte es auf fünf und viele Töchter.

Als die Engländer im Südwesten Frankreichs regierten, widerstand Pierre Arnaud de Béarn ihrer Belagerung im Jahre 1373. Nach seiner Ermordung durch Gaston Phoebus hielt Jean de Béarn die Burg knapp weitere drei Jahrzehnte, während das umliegende Land von den Belagerern verwüstet wurde. Unter Henri IV wurde sie Citadelle royale, aber ab dem 17. Jahrhundert Staatsgefängnis. Heute beherbergt sie das Pyrenäenmuseum.

▪ Sehenswert: Das Pyrenäenmuseum im Gebäude des Staatsgefängnisses. Täglich von 9 bis 11 und von 14 bis 17 Uhr geöffnet, im Winterhalbjahr dienstags geschlossen. In dem Museum wurde alles zusammengetragen, was in und für die Pyrenäen Bedeutung hat: Gemälde, Aquarelle, Zeichnungen, Plastiken, Lithographien oder Fotos der Landschaft, typischer Szenen und berühmter Pyrenäisten; eine Ausstellung, die der Pilgerschaft und religiösen Orden gewidmet ist; eine andere zeigt die Fauna des Gebirges. Es gibt eine bearnaisische Küche und eine typische primitive Molkerei, etc., und draußen einen herrlichen Blick auf die Pyrenäen.

Und wenn Sie bislang noch keine Mitbringsel gefunden haben, hier finden Sie eine große Auswahl an religiösem Kitsch (übrigens meist aus Fernost)...

▪ *Unterkommen: Hotel Le Tara**, 6 Ave. Peyramale, Tel. 62 94 22 33. DZ von 50 bis 75 Mark. Modern, praktisch, groß.*

Im Lavedan

Argelès-Gazost liegt am Schnittpunkt der wichtigsten Täler des Lavedan, der Bergregion der Bigorre. Jedes der sieben Täler bewahrte lange Zeit seine eigenen Gebräuche und genoß politisch seine Unabhängigkeit, die sich Bergbauern und Hirten - ganz gleich, wer glaubte, sich ihr Herr zu nennen, nicht nehmen ließen. Argelès-Gazost hat eine schmucke Oberstadt, von der aus man das Tal des Gave de Pau überblickt.

Eine winzige Straße führt nach Saint-Savin, einem Bergdorf, wo sich der Aufenthalt aus zwei Gründen lohnt: Die romanische Kirche mit ihrem schönen Portal stammt aus dem 11. Jahrhundert. Sie wurde errichtet, um die Gebeine des Heiligen Savin aufzunehmen, dessen Grab aus schwarzem Marmor erhalten ist. Im 14. Jahrhundert befestigte man sie, indem man einen Turm und innen einen Wehrgang hinzufügte. Sehenswert ist die Christusstatue aus dem 13. Jahrhundert und das mit Masken verzierte Orgelgehäuse. Das kleine religiöse Museum kann nachmittags besichtigt werden.

▪ *Der zweite Grund heißt* Viscos *wie der nahe Berg, ein Hotel** (DZ um DM 60) und Restaurant, in dem man ebenso gute wie interessante Gerichte in einer behaglich modernen Atmosphäre oder auf einer schönen Terrasse genießen kann. Menü DM zwischen 28 und 60 Mark. Hotel Le Viscos, 65400 Saint-Savin, Tel. 62 97 02 28.*

Cauterets

Ein florierender, von bewaldeten Hängen umgebener Ort, der auf dreifache Weise von seiner Lage profitiert: Einmal von den zehn heißen Quellen, die zur Zeit der Romantik sehr in Mode waren, dann von der landschaftlichen Schönheit und dem angrenzenden Nationalpark der Pyrenäen und schließlich von den Skimöglichkeiten. Da letztere in einem nach Norden ausgerichteten Kessel liegen, reicht der Schnee oft noch im Mai oder gar Juni zu Abfahrten. Wie in Luz-Saint-Sauveur und in Saint-Lary versuchen die Cauteresiener den Skiläufern das Thermalbadevergnügen nahezubringen. Nun kann man pauschal abfahren und einweichen, *remise en forme* heißt die Zauberformel.

Cauterets dient als Ausgangspunkt für viele Wanderungen und die Besteigung des berühmten *Vignemale*. Erste auf dem 3298 m hohen Gipfel war am 7.8.1837 eine gewisse Miss Lister. Erfolgreich wieder unten, machte ihr Bergführer dem Prinzen der Moskowa, der gerade zur Kur weilte, die Sache schmackhaft. Vier Tage später stand der russische Prinz im Hochgefühl, der erste zu sein, auf dem Vignemale. Dieses Gefühl ließ er sich auch nicht nehmen, als sein Führer bekennen mußte, daß das - arg erboste - englische Fräulein ihm zuvorgekommen war; er blieb weiterhin - wenigstens für sich und seinen Anhang - der Urbezwinger.

Jedes Jahr am 16. Juli wird der Vignemale um die Wette bezwungen. Um halb acht morgens geht es los. Der Rekord liegt bei 4 Stunden und 51 Minuten. Es winkt die Trophée du Vignemale.

▪ *Unterkunft: Die Hauptstraße führt aus dem Ort hinaus und zunächst zum Wasserfall von* Lutour. *Kurz danach biegt links ein Forstweg nach* La Fruitière *ab. Völlig einsam liegt das Familienhotel auf 1400 m im Tal, eingerahmt von den Weiden des Hochgebirges. DZ für DM 42, Halbpension pro Person ab DM 50. Auberge de la Fruitière, Vallée du Lutour, 65110 Cauterets, Tel. 62 92 52 04.*

Ausflüge

Das malerische enge Tal von Jéret bietet gleich drei beachtliche Wasserfälle. Dann erreicht man am Ende der Straße den Parkplatz und kann vom *Pont d'Espagne* aus den temperamentvollen Zusammenfluß des *Gave de Gaube* und des *Gave de Marcadau* bestaunen. Vom Parkplatz aus kann man zwei sehr frequentierte, aber lohnende Wanderungen unternehmen.

Wanderung auf das Plateau du Marcadau: *Marcadau* bedeutet Marktplatz. Das Plateau du Marcadau diente seit alten Zeiten als Treffpunkt der Bigourdaner und der Aragonaisen. In dieser Bergwelt tauschten sie friedlich ihre Waren. Man erreicht es in etwa zwei Stunden Marsch: Zunächst geht es am rechten Ufer des Gave de Marcadau auf einem Schotterweg entlang, an den sich dort, wo von links ein Bach hineinmündet, ein Wanderweg anschließt. Er wechselt über eine Brücke auf die andere Seite des Sturzbachs. Ein Stück vor der *Refuge Wallon* betritt man das Plateau über eine weitere Brücke.

Von der Refuge gelangt man, indem man sich immer auf der linken Seite des Bergbachs hält, zu zwei Seen. Beim zweiten, dem *Lac du Pourtet*, schwenkt der Weg fast rechtwinklig in das östliche Tal. Über den Rand einer Hochebene kommt man zum Ende des Schotterwegs zurück und von dort zum *Pont d'Espagne*. Man sollte gut sechs Stunden kalkulieren.

Der *Lac de Gaube* gehört zu den schönsten - und meistbesuchten - Seen der Pyrenäen. Man steigt durch einen Wald auf der rechten Seite des Gave de Gaube auf; der Weg ist ausgeschildert und führt bis ans Seeufer und zur Hotellerie. Dunkel schimmert der See, von steilen, steinigen, teils bewaldeten Hängen umrahmt. An seinem Ende jedoch gibt er den Blick frei auf den Vignemale, dessen Nebengipfel und Gletscher. Wanderzeit: hin und zurück 2 Stunden.

Das Tor zum Nationalpark

Von *Arrens* fährt man auf der D 105 zur *Porte du Parc National* des *Pyrénées Occidentales du Plan d'Aste*. Dieses Tor zum Nationalpark liegt am Anfang des Tales des Azun und besteht aus einem Gebäude, in dem man alle notwendigen Informationen über diesen Teil der Pyrenäen erhält (Tel. 62 97 02 68). Von hier aus werden die Besteigungen des *Balaïtou* mit seinem Gletscher *de la Néous* unternommen.

Ein weiterer Klassiker der Tour de France folgt, nur nimmt sie ihn wieder aus der entgegengesetzten Richtung. Nach dem *Col de Soulor*, von dem aus man noch einmal einen Blick auf die Bigorre werfen sollte, beginnt das Sims der Pyrenäen, *la Corniche des Pyrénées*, und das Gebiet des *Béarn*. Man fährt hoch über dem *Cirque du Litor* auf der D 918 hinauf zum *Col d'Aubisque* mit seinem großartigen Panorama. Dann kurvig zum Skiort *Gourette*, dessen Pisten zwischen 1400 und 2400 m liegen. Und weiter in das bewaldete Tal von *Les Eaux-Bonnes*. Nach den Granitlandschaften der Hochpyrenäen befindet man sich hier in ihren vorgelagerten Kalkbergen, die wie der *Pic du Ger* erhebliche Anforderungen an Bergsteiger stellen.

Pau und das Béarn

Pau

Unter den Städten am Fuße der Pyrenäen hat Pau (90.000 Ew., Département-Hauptort) am meisten Stil, noch dazu einen sehr eigenen, fast britischen, ist man versucht zu sagen. Dabei tat es sich in seiner Geschichte schwer, Bedeutung und Größe zu gewinnen. Es begann mit Palisaden auf der Kuppe, hinter der sich ein paar Männer verschanzten, die die Furt durch den Gave bewachten. Pau ist das bearnaisische Wort für Pfahl. Im 12. Jahrhundert entstand eine erste solide Befestigung.

Gaston Phoebus, der hier zu weilen und zu jagen liebte, übertrug seinem Baumeister Sicard de Lordat den Ausbau der Burg.

Der Burgfried aus Ziegelsteinen, ein zweigeschossiger Südflügel und der Mühlen- bzw. Münzturm wurden konstruiert. Damals - gegen Ende des 14. Jahrhunderts - besaß Pau drei Straßen mit 125 Häusern. Erst Gaston IV kam zwei Generationen später auf den Gedanken, Pau zur Hauptstadt des Béarn zu machen, nachdem schon Lescar, Morlaas und Orthez diese Ehre innegehabt hatten. Er erweiterte das Schloß wesentlich.

Henri d'Albret, König von Navarra, Graf von Foix und Béarn, und seine Gemahlin Marguerite d'Angoulême verliehen um 1530 dem Bau Renaissance-Charakter. Die liebenswerte Autorin des Heptamerons, einer Sammlung galanter Geschichten in der Art von Boccaccios Dekameron, machte das Paloiser Schloß zu einem Treffpunkt der Dichter. Als Königin von Navarra verfolgte sie alles, was katholisch war, und Schöngeister waren ihr ein Greuel.

Am 13. Dezember 1553 gebar sie im Château zu Pau ihren Sohn Henri, der durch seinen Vater, Antoine de Bourbon, Anspruch auf den französischen Königsthron erhielt. Im Schloß zeigt man den Panzer einer Riesenschildkröte, der angeblich als Wiege gedient haben soll. Die meisten Einrichtungsstücke und die zahlreichen Gobelins - eine der bedeutendsten Sammlungen der Welt - stammen aus dem 17.-19. Jahrhundert. Das Andenken an den späteren Heinrich IV, den die Bearnaiser besonders verehren, wird durch eine Fülle von Erinnerungsstücken und Darstellungen, darunter einige aus seiner Lebenszeit, beschworen. Täglich von 9.30-12 und von 14-16.45/17.45 Uhr Führungen. Das Landesmuseum befindet sich ebenfalls im Schloß.

Henri wuchs auf dem *Château de Coarraze* auf (20 km von Pau an der D 937, von Juli bis September zu besichtigen). Nach dem Tod seiner Mutter war er Führer der Hugenotten. Wenige Tage nach seiner Hochzeit mit Marguerite de Valois kam es zu den Morden der Bartholomäusnacht. Als französischer König hielt er an der Eigenständigkeit des Béarn fest, aber nur der Übertritt zum Katholizismus sicherte ihm die Macht. Scin Sohn Ludwig XIII vereinte Béarn und Frankreich endgültig und gründete in Pau das Parlament von Navarra.

Golf, Steeple-chase und 5 o'clock tea

Unter Ludwig begann sich die Stadt auszudehnen, doch zählte sie noch Ende des 18. Jahrhunderts erst um die 8000 Einwohner. Dazu nahm das Handwerk - vor allem Textil- und Lederverarbeitung - Aufschwung. Die eigentliche Veränderung brachten die Briten. Zunächst waren es pensionierte Offiziere aus Wellingtons Armee, die von Klima, Jagdgründen und Pyrenäenromantik angezogen wurden. Dann schwärmte der schottische Arzt Alexander Taylor in einem 1842 erschienenen und weitverbreiteten Buch von den Vorzügen des Paloiser Klimas. 1856 fanden sich genügend Briten zusammen, um vor Pau den ersten Golfclub des Kontinents zu gründen. Man organisierte wie zuhause Fuchsjagden und steeple-chases. Mit der Eisenbahn rollten ab 1866 Touristen zahlreicher und von ferneren Ländern heran, um den Winter in Pau zu genießen: distinguiert mit 5 o'clock tea und Bällen im Palais d'hiver, dem jetzigen Casino im Parc Beaumont.

Der Stadt brachten die Touristen gleichzeitig steten Zuwachs an Einwohnern. Das günstige Klima und die geographische Lage zogen Geschäftsleute und Betriebe an. 1957 zählte man 48 000 Einwohner, doch der eigentliche Boom sollte noch kommen. Heute hat man 90 000 erreicht. Allein die 1972 gegründete Universität hat so viele Studenten wie früher die ganze Stadt Einwohner, nämlich 8000.
Golf und Reiten gehören noch immer zu den gefragtesten Sportarten in Pau.

Der alte Golfplatz wurde 1987 neugestaltet. Golf de Billére, avenue de la Plaine, 64140 Billère, Tel. 59 32 02 33. Ein zweiter Platz: Golf Club d'Artiguelove - Domaine Saint-Michel, Tel. 59 83 09 29. Reiten im Centre Equestre, route de Bordeaux, 64140 Lons, Tel. 59 32 14 41.

Stadtbummel

Der berühmteste Spaziergang führt auf dem *Boulevard des Pyrénées*, einer gigantischen Terrasse, vom Schloß zum *Park Beaumont*. Bei klarem Wetter zeichnen sich am Horizont die Pyrenäen ab, in ihrer Mitte der Zuckerhut des *Pic du Midi d'Ossau*. Zu Füßen des Boulevards liegt der *Palmengarten*. Pfingsten findet dort und im *Parc Beaumont* ein Formel-2-Rennen statt, das einzige städtische Frankreichs.

Vor allem lädt Pau zum Schaufensterbummel ein. Touristenstrom und bevölkerte Siedlungen in der Peripherie bringen den Läden im Zentrum genügend anspruchsvolle Kunden, um ihnen ein manchmal beachtliches Maß an Exklusivität oder Originalität zu erlauben. Natürlich - wie könnte es in Pau anders sein - steht Angelsächsisch hoch im Kurs.

Die *Place Georges Clemenceau* ist mehr ein Verkehrsknotenpunkt. Außer Busstationen, Kaufhaus und einigen Cafés - die 'Brasserie La Coupoule' ist das gediegenste - wird nichts Besonderes geboten, nimmt man die grazile Jugendstilstatue der Flußnymphe aus, der man einen Square mit Wasserbecken gönnte.

In der Rue *Serviez* gibt es viele kleine Boutiquen und Läden, darunter auf der linken Seite 'Café Clos' mit einer guten Auswahl an Kaffees und Tees, aber einen verlockenden an kandierten Früchten und an Nüssen. Die Straße mündet auf die *Place des Sept Cantons*, wo sich Paloiser gern vor oder in dem 'Café de la Paix' treffen, einer Brasserie, die für ihre Meeresfrüchte bekannt ist. Nur ein paar Schritte links um die Ecke im Restaurant Saint-Vincent erhält man ein Tagesmenü für DM 21, kann aber auch recht gute Salate für etwa DM 12 bestellen. Der Speisesaal hat einheimische Atmosphäre mit Spiegeln und hellgestrichener Holzvertäfelung, und Leute aus der Nachbarschaft kehren ein.

In der *Rue Montpensier* können Spielnarren im 'Fou du Rois' verrückt werden. Außer fabrikmäßigen Anfertigung faszinieren originelle Holzspiele - wie das Schach zu dritt - und Puzzles.

Zur Altstadt

Von der Place Clemenceau die *Rue Maréchal Joffre* hinauf kommt man zum ältesten Teil Paus. Gleich links hat die Bar Napoléon bis spät geöffnet, ein großes, helles, ungemütliches, doch vielbesuchtes Bistro, in das nicht nur die Kinogäste von nebenan einkehren.

Käseliebhaber sollten unbedingt bei Bachelet, Rue Maréchal Joffre Nr. 24 - auf der rechten Straßenseite - hineinschauen, wo man wirklich besondere und gereifte Sorten findet, außerdem ein gutes Weinangebot mit interessanten Sonderposten.

Etwas weiter hinauf eignet sich die kleine *Place Reine Marguerite* zum Draußensitzen, z.B. an den Tischen von 'Les Jardins de la Reine' (s.u.) In den Gassen zu Füßen des Châteaus findet man andere kleine Restaurants und Pizzerien, Boutiquen und Andenkenläden.

Wo die Revolutionäre konspirierten

Die *Rue des Cordeliers* ist eine der schicksten Einkaufsstraßen Paus, natürlich Fußgängerzone. In ihrer Mitte gibt es eine Brücke, die den tiefen Graben des Hédas überspannt. Eine alte Treppe führt durch das angrenzende Haus hinab zum ehemaligen Flußbett. Hier liegt das Restaurant 'Palmarium' mit seiner schönen Veranda (s.u.).
Der heute übermauerte Bach Hédas diente in früheren Zeiten den Paloisern als Sand- und Tongrube. In seinem Umkreis deckten sie ihre Häuser mit Tonziegeln statt mit den sonst üblichen Schieferplatten. Aus dem alten Brunnen sprudelte frisches Quellwasser. Heute ist er an die städtische Wasserleitung angeschlossen.

Von Norden führt die *Rue de la Fontaine* heran. Bis zur Erweiterung der Stadt unter Ludwig XIII bildete sie den einzigen Zugang aus dieser Richtung. Zwischen ihr und der *Rue des Cordeliers*, die nach den Franziskanern und ihrer Kirche benannt ist, siedelten sich Handwerker an. Am Hédas selbst entstanden früh Herbergen und Hotels, von denen das Hôtel des Balances* (s.u.) noch erhalten ist.

In dem unübersichtlichen Altstadtviertel trafen sich Revolutionäre und Studenten. Dieses Flair blieb ein wenig erhalten, obwohl es längst brav und bürgerlich zugeht. Daß das den Bürgern Hédas nicht ganz geheuer war, kann man auf dem großen Kachelbild im Restaurant 'La Table d'Hôte' entnehmen. Darauf wird Hédas als Domäne Luzifers dargestellt, wo es raucht und faucht, Wesen mit langen Krallen lechzen, Totenvögel und Fledermäuse auf Opfer harren.

Heutiger Anziehungspunkt sind die Eßkneipen, obwohl die Stadt mit einem gelungenen modernen Sport- und Kulturzentrum einen neuen Akzent setzte. Im Table d'Hôte (s.u.) findet man eine angenehme, ungezwungene Atmosphäre mit guter Bandmusik und bisweilen einem Akkordeonständchen zu später Stunde.

Schräg gegenüber liegt 'La Gousse d'Ail', das sich auf zwei Weisen präsentiert: einmal als moderne Bar mit Pizzeria und aktueller Musik, zum anderen als gepflegtes rustikales Restaurant. Christian Marcoux, der frühere Smutje von Kommandant Cousteaus Calypso, kocht am einfallsreichsten und feinsten im Viertel Hédas (s.u.).

Der Eingang zum 'Chat Luné' liegt ein paar Stufen auf oben erwähnter Treppe zur Rue des Cordeliers. Der launische Kater erweist sich als eine sympathische, von jungen Leuten geführte Kneipe, in der dunkle Balken, Schieferboden, Stierkampfplakate, unbequeme Stühle und Knoblauchduft für Atmosphäre sorgen. Ist viel los, und das passiert oft, vergißt man öfter mal die Kassette zu wechseln. Dann gibt es z.B. die Gypsie King satt. Das Essen ist nicht schlecht (s.u.).

■ Sehenswert: Das Museum der Schönen Künste mit seiner Sammlung von europäischen Malern der letzten sechs Jahrhunderte findet. Rue Mathieu-Lalanne, gegenüber vom alten Krankenhaus. Daneben steht die Staatsbibliothek.

Gute Adressen

i *Maison du Tourisme, Rue Jean-Jacques de Monaix, 64000 Pau, Tel. 59 30 01 30. Hier auch Infos über Veranstaltungen, Festivals und Exkursionen.*

■ *Unterkunft: Ein großes Hotelangebot, über 40. - In der* Rue du Maréchal Foch *steht der Klassiker unter Paus Hotels, das Continental***, Tel. 59 27 69 31, in dem man weiterhin die Tradition hochhält, auch was Service und Zimmereinrichtung betrifft. DZ zwischen DM 64 und 125. Auch im Restaurant zieht man klassische Gerichte vor. Menü DM 30, sonst um DM 60.*

*Das Hotel Arcade**, Rue Samonzet Nr. 26, bietet moderne funktionelle Zimmer. DZ um DM 70. Tel. 59 83 71 83.*

*Das Hotel Montpensier***, Rue Montpensier hat den Vorteil, zentral zu liegen und doch ruhig zu sein. Die alte bürgerliche Stadtresidenz hat großzügige, modern ausgestattete Zimmer, meist mit Farb-TV. Netter Empfang, kein Restaurant und für die 3-Sterne-Klasse preiswert mit DZ von DM 42 bis 75. 36, rue Montpensier, Tel. 59 27 42 72.*

*Das Grand Hotel du Commerce** in der Altstadt, Rue Maréchal Joffre, hat kleine, gut ausgerüstete, doch recht laute Zimmer. Es wird viel von Reisegruppen gebucht und eignet sich eher für Geschäfts- oder Alleinreisende mit seiner Formel 'Soirée-Etape': dîner, chambre, petit déjeuner für ca. DM 80. Sonst DZ 64 bis 75. Tel. 59 27 24 40.*

Hôtel des Balances, 8, rue René Fournets, Tel. 59 27 31 62, DZ zwischen DM 23 und 35.*

Preiswert übernachten kann man in dem vielsprachigen kleinen Ho-

tel Mon Auberge, 9, rue de Foix, Tel. 59 27 48 38, wo das EZ DM 25, das DZ etwas über DM 30 kostet.*

*Auf der Anhöhe zwischen Pau und Gan, den Coteaux de Guindalos, an der winzigen D 234 liegt die Hostellerie du Bourbail**. Hier findet man moderne und gepflegte Zimmer mit Farb-TV, eine ruhige Atmosphäre und netten Empfang, aber eine etwas enttäuschende Küche. DZ um DM 64. 64110 Gelos, Tel. 59 21 54 60.*

▪ *E s s e n : Im 'Les Jardins de la Reine' an der Place Reine Marguerite in der Altstadt kann man einen kleinen Hunger mit Salaten oder Pizzen für etwa DM 10 bis 15 beschwichtigen.*

La Bonne Mine in der Rue de Foix serviert drinnen in netter Atmosphäre Menüs für DM 14 bis 27.

Table d'Hôte in der Altstadt - man ißt recht gut - Menüs für DM 27 und 46, à la carte für etwa 50 Mark, allerdings an sehr kleinen Tischen, und der freundliche Kellner ist hoffnungslos überlastet. Die gute Auswahl regionaler Weine läßt ältere Jahrgänge vermissen.

Schräg gegenüber La Gousse d'Ail, *moderne Bar mit Pizzeria und aktueller Musik und gepflegtes rustikales Restaurant (s.o). Beste Küche, allerdings sind die Portionen etwas zu 'elegant'. Menü DM 28, à la carte etwa DM 70.*

Chat Luné, an der Treppe zur Rue des Cordeliers, Menüs ab DM 19, à la carte um DM 40, läßt etwas kulinarischen Pfiff vermissen. Das Weinangebot ist leider sehr dürftig. Im Sommer wird auf der schönen Terrasse serviert.

Köstlicher Jurançon

Lou Nouste Henric, wie die Bearnaiser liebevoll ihren großen Heinrich nennen, wurden gleich nach seiner Geburt die Lippen mit Knoblauch eingerieben und mit dem Wein von Jurançon benetzt.

Voilà! Im Südwesten hat man Gelegenheit, beides reichlich kennenzulernen. Allerdings findet man nur in Restaurants, die auf sich halten, die besten Jurançons, nämlich die von den kleinen Domainen. Es lohnt sich, sie selbst zu besuchen, denn das Jurançon ist eine richtig hübsche Bauerngegend mit Hügeln und Tälern, Wäldchen und Bächen. Bis auf wenige Ausnahmen gibt es keine Nur-Winzer, denn der Wein reift ausschließlich auf den Südhängen. An den Nordlagen weidet Vieh.

Im Jurançon ist die Bauernwelt noch weitgehend in Ordnung und mancher Hof noch autark. Und welche Autarkie! Außer Gemüse, Obst, Milchprodukten, Schinken und Würsten, herrliches Federvieh, hausgemachte Confits und Foie gras. Dazu dann ein *Jurançon moelleux*, ein lieblicher, der von einigen nur aus dem Petit Manseng als eine Art Trockenbeerenauslese gekeltert wird. Königlicher Genuß à la Nouste Henric.

Das Weingebiet des Jurançon

Es liegt auf der linken Seite des *Gave de Pau*. Der gleichlautende Ort ist inzwischen mit Pau zu einer Stadt zusammengewachsen. Man fährt aus Jurançon auf der D2 Richtung Mourenx heraus, bis man an eine Kreuzung kommt, an der es rechts nach Saint-Faust, geradeaus zur Chapelle de Rousse geht. Der schmale Weg links führt auf den Kamm hinauf. Ein Schild weist zum Clos Lapeyre. Von dem Sträßchen hat man immer wieder einen schönen Blick über das Land. An mehreren Höfen vorbei erreicht man nach etwa drei Kilometern den Clos Lapeyre, eine der schönsten Lagen des Weingebiets. Die Rebstöcke, die im Jurançon bis zu einer

Höhe von zweieinhalb Metern wachsen, stehen auf halbkreisförmigen Terrassen.

■ Bernhard Larrieu ist ein junger sympathischer und engagierter Winzer, der ungewöhnlich feine Weine macht, die man in seinem netten Probierkeller verkosten kann. Seine Meisterstücke sind die in Eichenfässern ausgebauten lieblichen Weine, aber auch der trockene überzeugt.

Hinter seinem Weingut geht die Straße rechts den Hang hinab - vorher ein schöner Blick auf die Weinberge - und verläuft an der *Chapelle de Rousse* vorbei in einem Bogen, um dann rechts steil hinab nach *Gan* zu führen.

Das Zentrum des Weinanbaus ist die Gemeinde M o n e i n . Der Ort, in dem davon nichts zu spüren ist, wird von einer befestigten Kirche überragt. Sie besitzt einen grandiosen Dachstuhl. Gegenüber gibt es einen alten Gemischtwarenladen, der mit Reklameschildern aus der Zeit zwischen den Kriegen wirbt. Am großen Platz steht der klotzige quadratische Bau des Rathauses, unter dessen Arkaden der Markt stattfindet. Im Café des Voyageurs treffen sich die Alten, die noch nie gereist sind, aber außer zur Sommerzeit keine Reisenden.

■ Um den C l o s U r o u l a t zu besuchen, verläßt man Monein auf der Straße nach Navarreux. Nach 1,5 km zweigt links ein asphaltierter Weg ab, und ein Schild weist zur *Domaine von Charles Hours*, zu der es noch etwa 3 km sind. Charles Hours ist einer der wenigen Nur-Weinbauern. Der studierte Önologe zog es vor, Winzer zu werden. Sein kleines Gut ist noch in der Aufbauphase begriffen. Im Faßkeller werden die Weine probiert, die sich durch Eleganz und Finesse auszeichnen.

■ Mein dritter Tip ist die *Domaine Gaillot*. Von Monein aus fährt man auf der D 34 Richtung Lacommande. Zwei Kilometer hinter dem Wasserturm geht rechts ein Weg ab. Gleich rechts findet man die Zufahrt zum Bauernhof der Gaillots, die noch den alten autarken Lebensstil praktizieren. Vater Gaillot ist ein Winzer nach altem Schrot und Korn, dessen Weine auf Jahrzehnten von Erfahrung basieren. Bei ihm bekommt man auch ältere Jahrgänge, eine Seltenheit im Jurançon. Der 1982 ist besonders gelungen.

▪ *Essen: Einfach, ordentlich, typisch und für DM 15 das Einheitsmenü - Wein inklusive - ißt man in La Vieille Auberge in Lacommande, einem kleinen Dorf, das von der imposanten, im 12. Jahrhundert gegründeten Komturei geprägt wird.*

Wer kennenlernen möchte, was in einem jurançonnaiser Bauernhof aufgetischt wird, sollte sich zu einem Mahl bei Maryse und André Labasse in der Ferme-Auberge Bellegarde anmelden.

In Monein die Straße nach Oloron *nehmen und 500 m nach den letzten Dorfhäusern rechts einbiegen. Dann noch etwa 2,5 km geradeaus. Tel. 59 21 33 17.*

▪ *Unterkunft: In Monein - am Ende des Platzes, an dem die Straße nach Navarrenz den Ortskern verläßt, findet man das Hotel Estaminet*, 64360 Monein, Tel. 59 21 30 18, in dem man sechs Zimmer zur Auswahl hat, drei mit und drei ohne Dusche (DM 26 bzw. DM 38), alle mit knarrenden Böden, mächtigen alten Betten und Blümchentapete, aber echt ländliche Note. . In dem dazugehörenden Restaurant ißt man gut und reichlich für DM 24 oder 38 das Menü. Günstige Weine.*

*Camping Municipal du Stade**, 64360 Monein, Tel. 59 33 31 77 von Juli bis Mitte September*

Camping à la ferme: Robert Portalieu, Le Chenelière, 64290 Lasseube, Tel. 59 04 22 49 - 6 Plätze.

Camping à la ferme: M. Lescaray, 64290 Lasseubetat, Tel. 59 21 51 45, 25 Plätze.

Gave d'Ossau

Von Pau aus erreicht man das von Gletschern geschaffene Tal des Gave d'Ossau über die D 934 bei A r u d y , dem Hauptstädtchen des unteren Tals, das stolz auf seine Metallwerke und Marmorsteinbrüche ist und über ein kleines Museum verfügt, in dem vorgeschichtliche Werkzeuge aus den Pyrenäen gezeigt werden. Die Straße führt schnell an dem auf der anderen Flußseite liegenden romantischen C a s t e t mit dem achteckigen Turm seiner mittelalterlichen Burg vorbei. Man muß bereits in Louvis-Juzon den Gave überqueren, um es zu erreichen.

L a r u n s ist Kantonsort. Man verwaltet 250 qkm Gebirge. Folglich eignet sich der Ort als Ausgangspunkt für die Erkundung des *Haut-Ossau* und eines Teils des Pyrenäen-Nationalparks. Besonderes zu sehen gibt es in Laruns nicht. Trotz des Tourismus bewahrte sich der Ort seinen ländlichen Charakter.

i Syndicat d'Initiative, Place de la Mairie, 64440 Laruns, Tel. 59 05 31 41 und das Bureau des Guides, Tel. 59 05 32 15. Von beiden erhält man die nötigen Informationen für Bergwanderungen.

▪ *E s s e n und S c h l a f e n : In Castet - Im Dorf gibt es eine Wirtschaft, Ort und Umgebung sind noch ursprünglich und wenig verändert. Campingplatz bei J. Cazenave, 64260 Castet, Tel. 59 05 88 26.*

Bielle dagegen hat sich schon mehr auf den Tourismus eingestellt. Drei einfache Hotels, ein Feriendorf und der mittelgroße Camping de l'Ayguelade, *Tel. 59 05 64 62, der von Mitte Juni bis Mitte September geöffnet hat, warten auf Feriengäste.*

*Laruns hat sechs Hotels, acht Campingplätze und mehrere Restaurants. Im Hotel d'Ossau** am zentralen Platz bekommt man ordentliche Zimmer ab DM 30 (Tel. 59 05 30 14). Das Bistro und die überdachte Terrasse sind auch bei Dorfleuten beliebt. Die Wirtsleute sind nett, und im schmucklosen Eßsaal wird eine schmucklose Pyrenäenküche serviert. Menüs ab DM 15. Die Bar Le Central, schräg gegenüber, hat etwas mehr Atmosphäre. Im Käseladen daneben werden die Produkte des Tals angeboten.*

In der Auberge Bellevue - am Dorfeingang rechts einbiegen - ißt man Spezialitäten des Tals und hat von der Terrasse einen schönen Über-

blick. Menüs ab DM 19. Die Pizzeria L'Arregalet serviert auch Menüs ab DM 19. Die Einrichtung ist neurustikal und sehr simpel, und wer nicht pünktlich zum Essen erscheint, hat Pech gehabt, ordentliche Qualität.

Pic du Midi d'Ossau

Das winzige Bergnest G a b a s ist sehr touristisch. Die parkenden Autos lassen kaum Platz, weiterzufahren. Man kauft Pyrenäenkäse, sieht sich kurz an, wie er eingesalzen wird, wirft einen Blick in die alte Kapelle, die von der - im 10. Jahrhundert gegründeten - Pilgerstation übrigblieb und nimmt das Déjeuner, das Mittagessen ein.

Ein Stück weiter auf der D 934 erreicht man den *Lac de Fabrèges* und kann mit der Seilbahn zur *Sagette* hinauffahren. Von dort rattert der kleine rote Zug auf einer Höhe von fast 2000 m zum See von *Artouste*. Die Schienen ziehen sich an einem Berghang hoch über dem Tal entlang, und man hat atemberaubende Ausblicke. Von der Endstation braucht man eine halbe Stunde bis ans Seeufer. Natürlich ist dies ein sehr frequentierter Ausflug, aber deshalb sollte man sich nicht unbedingt abschrecken lassen. Im Winter wird in Artouste Ski gelaufen.

Eine schöne schmale Bergstraße führt hinter Gabas links an einem Bergbach entlang und an kleinen Wasserfällen vorbei. Fast glaubt man sich allein. Zum großen Schrecken sieht man sich an ihrem Ende nicht selten mit Parkplatzsorgen konfrontiert, denn am Stausee von *Bious-Artigues* scheint sich an schönen Wochenenden halb Pau hier ein Stelldichein zu geben.

Umrundung des Pic du Midi d'Ossau (6-Stundenwanderung):

Der Lavaberg *Pic du Midi d'Ossau* ist gewiß einer der faszinierendsten Gipfel der Pyrenäen. Zu den großen Klassikern unter den Pyrenäenwanderungen zählt seine Umrundung.

Ausgangspunkt ist der Parkplatz vor der *Refuge des Pyrenéa-Sportclubs*, von dem aus man in gut einer Stunde den *Col Long de*

Magnabaigt erreicht. In dessen Tal steigt man bis zum *Col de Peyreget*, der 2322 m hoch ist. Zwischen und über Felsbrocken wandert man zu zwei kleinen Seen hinab, um dann über die Hochebene von *Bious* den Weg bis zum Parkplatz zurückzufolgen. Die Tour beträgt rund 20 km, und man braucht eine gute Kondition, um sie in sechs Stunden zu schaffen.

Zu den Lacs d'Ayous (5-Stundenwanderung):

Den schönsten Blick auf die beiden Gipfel des *Pic du Midi d'Ossau* hat man von den *Lacs d'Ayous,* in denen sie sich an windstillen Tagen spiegeln.

Dazu folgt man vom Parkplatz dem GR 10 bis zur *Refuge von Ayous*, von der man in einem Bogen an dem höchsten und größten See, dem *Lac Bersau*, vorbei und über einen Paß auf den schon im Mittelalter vielbegangenen Weg zum *Col des Moines* trifft, der nach *Bious-Artigues* hinabführt. Mindestens fünf Stunden einkalkulieren.

Das Vermächtnis des Kreuzritters

Oloron-Saint-Marie sieht von weitem beeindruckend aus. Das Viertel *Sainte-Croix* erstreckt sich auf einem Hügelrücken über dem Zusammenfluß des *Gave d'Aspe* und des *Gave d'Ossau*, überragt von dem mächtigen Turm der befestigten Kirche.

Sehenswert ist das romanische Portal der Kirche *Sainte-Marie*. Der berühmte Kreuzritter und Vicomte des Béarn, Gaston IV, stiftete es, um an die Einnahme Jerusalems, an der er entscheidend beteiligt gewesen war, zu erinnern. Das Marmorportal ist wunderbar erhalten. Während das Hauptrelief die Abnahme vom Kreuz zeigt, sind zwei der Zierbögen von besonderem Interesse. Der eine, der die Erde symbolisiert, zeigt das Landleben im 12. Jahrhundert, der vergoldete die 24 Alten der Apokalypse als Repräsentanten des Himmels.

■ *Das* Hôtel du Béarn**, *4, place de la Mairie, 64400 Oloron-Sainte-Marie, Tel. 59 39 00 99 empfiehlt sich als Zwischenstation. Die Zimmer sind mit viel Geschmack renoviert worden und behaglich (DZ von DM 45 bis 75). Aber der besondere Clou des Hauses ist der Speisesaal: original aus den 30er Jahren - mit passendem Geschirr! - und Lüstern aus dem alten Biarritzer Miramar von 1925.*

Das junge sympathische Trio Luc, Guy und Fanfan Darroze - die zu der wohl berühmtesten Gastronomenfamilie des Südwestens gehören - versuchen dem einst renommierten Restaurant und Hotel neue Glanzlichter aufzusetzen. Die Küche ist fein und einfallsreich - Menüs für DM 21 und 42 -, die Weinauswahl faszinierend. Zu den mit Kenntnis ausgewählten jüngeren Jahrgängen kommen Kostbarkeiten aus altem Bestand, so daß das Lesen der Weinkarte allein schon ein Abenteuer ist. Besonderer Genuß: der hauseigene Armagnac, Jahrgang 1939.

Bereits einige Kilometer die N 134 nach Süden zum Col de Somport hinauf findet man das *Relais Aspois***, 64400 Gurmençon, Tel. 59 39 09 50. In der ehemaligen Schäferherberge übernachtet man für DM 35 bis 54 und speist klassisch béarnaisisch, natürlich Gabure und Confits. Menüs für DM 15, 21, 28 und 45.

Gave d'Aspe

Obwohl die Nationalstraße zum Col de Somport das ganze Jahr über befahrbar ist und eine wichtige Verbindung über die Pyrenäen nach Spanien darstellt, hält sich der Tourismus im Tal des Aspe in Grenzen. Zwar gibt es in allen Dörfern Unterkunftsmöglichkeiten, aber relativ wenige. Im unteren Teil hinüber zum Gave d'Ossau und zur Soule erstrecken sich ausgedehnte Wälder, die von verschiedenen Wanderwegen durchkreuzt werden.

Sarrance: Die Kirche und der Kreuzgang des ehemaligen Klosters verdanken ihre Entstehung der wunderwirkenden Statue der Notre-Dame-de-Sarrance, deren Entdeckung in alten Holzreliefs dargestellt ist.

In Bedous zweigt links die Straße nach dem malerischen Aydius ab, einem Hirtendorf, wo man Ziegenkäse kaufen kann.

▪ *Essen und Unterkunft: Am Eingang von Sarrance findet man zwei sehr einfache urtümliche Hotels, in denen man zu zweit etwa DM 20 für die Übernachtung und DM 15 für ein Menü bezahlt.*

*In Bedous gibt es einen Camping municipal**, Tel. 59 34 70 45, der von März bis Oktober geöffnet hat.*

Reitfreunde finden beim Nachbardorf *Accous* die Auberge 'Cavalière' von Michel Bonnemazou, Tel. 59 34 72 30, in der es Gästezimmer und ein Gîte d'Etape gibt, und von wo aus man Reitausflüge über einen oder mehrere Tage unternehmen kann.

Pyrenäenwanderungen

L e s c u n mit seinen grauen schiefergedeckten Steinhäusern ist eines der schönsten Bergdörfer der Pyrenäen und idealer Ausgangwpunkt für Wanderungen. Es liegt am Rande einer von hohen Bergen und Wäldern umschlossenen Hochebene, die in Weiden aufgeteilt und mit Ställen und Heuschobern übersät ist.

Im Winter kann man in Lescun skiwandern. 15 km Pisten sind arrangiert und beim Col de Somport weitere 20 km in verschiedenen Schwierigkeitsgraden.

Durch das Dorf hindurch kann man mit dem Wagen bis zur *Refuge de Labérouat* fahren. Wenn man keine weite Wanderung, aber einen schönen Spaziergang machen will, läßt man das Auto am besten beim Viehrost stehen. Rechts sieht man die kahle steile Wand der *Oueillarisse*, an die sich die *Orgues de Camplong* anschließen. Hier folgt man dem GR 10. Bald öffnet sich ein Talkessel. Gegenüber erhebt sich der *Pic de la Brecque*. Ein Wasserfall stürzt gischtend herab. Dieser Ort, den man auf dem tiefergelegenen Weg mit dem Auto erreichen kann, ist im Sommer sehr besucht, aber noch weit bis in den Herbst hinein zugänglich.

Auf den A n i e (4 Stunden): Von der Refuge aus kann man in etwa vier Stunden den 2504 hohen Gipfel des *Anie* erreichen. Vorher im Refuge nach den neusten Wettermeldungen fragen, denn diese Gegend ist für plötzliche Wetterwechsel bekannt.

Vom Ort aus führen verschiedene Wege über das Plateau. Einer folgt dem *Gave de Lescun* und dem *Gave d'Ansabère*. Auf einem befahrbaren Weg erreicht man L h e r s und von dort den westlichsten Zipfel des Nationalparks.

■ *U n t e r k u n f t : In Lescun gibt es außer einem Gîte d'Etape und einem Camping Municipal** auch das Hotel du Pic d'Anie**, Tel. 59 34 71 54. In Lhers ebenfalls ein Gîte d'Etape.*

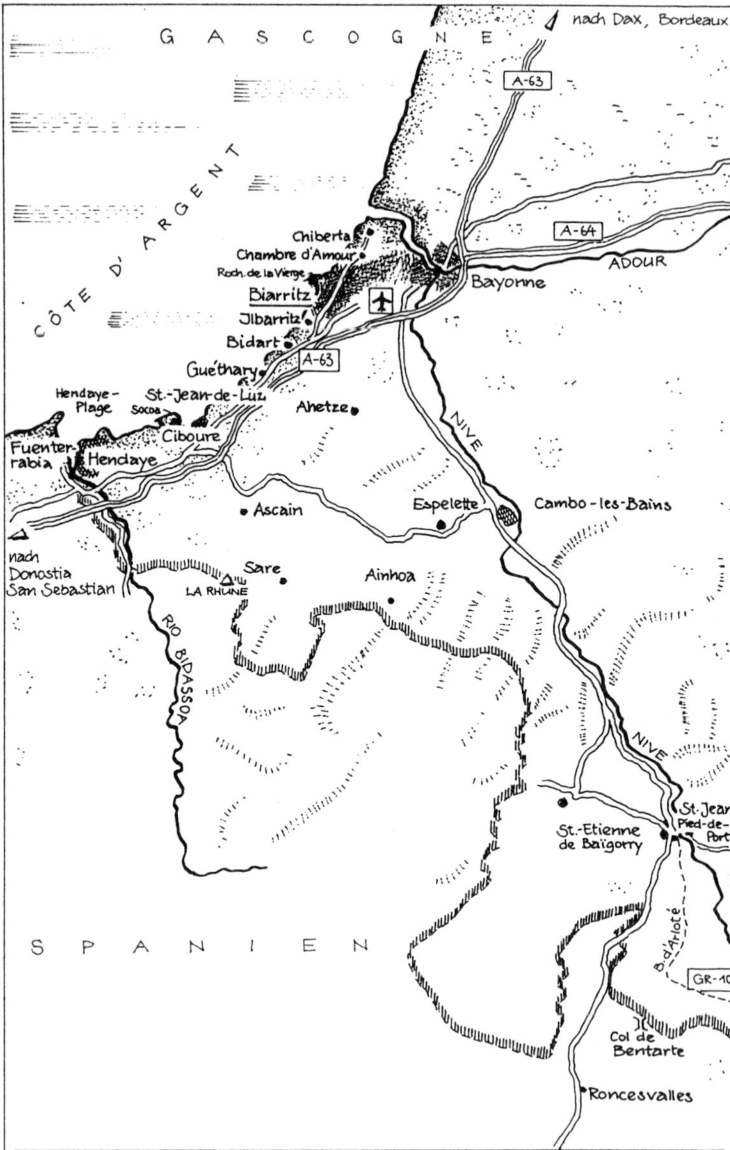

Die baskische Küstenprovinz Le Labourd

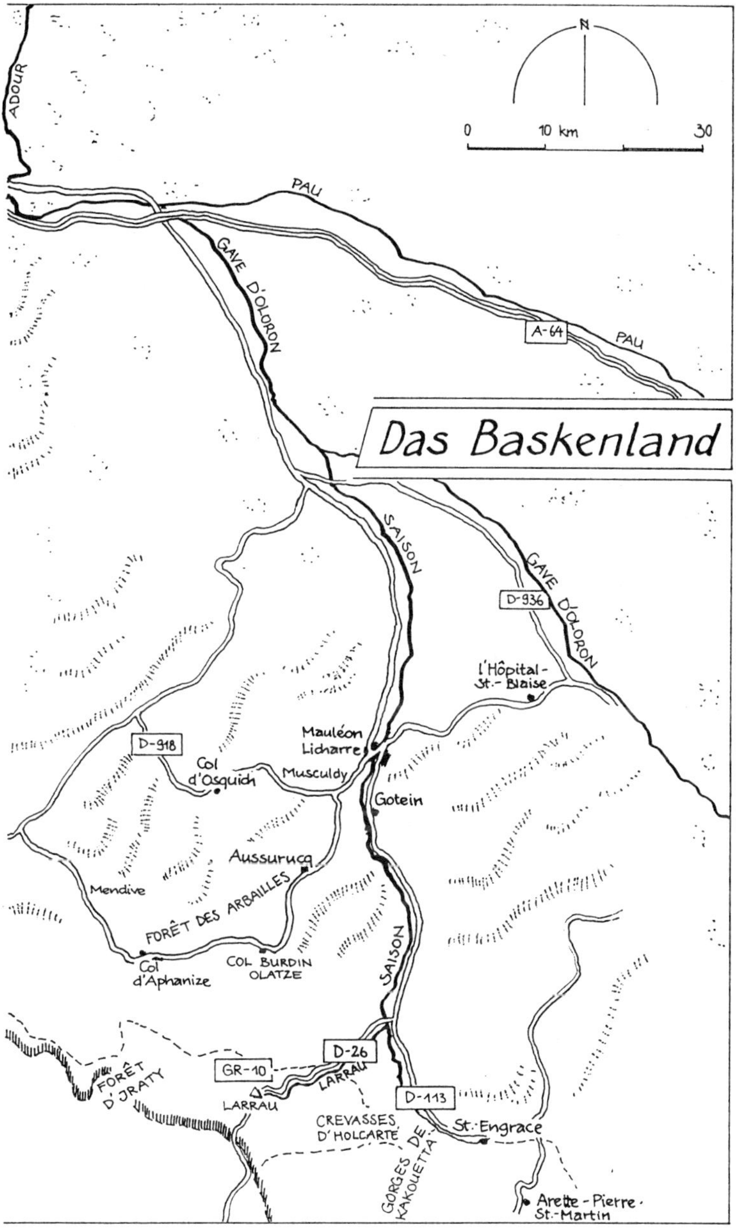
Das Baskenland
N
0
10 km
30
ADOUR
PAU
GAVE D'OLORON
A-64
PAU
SAISON
GAVE D'OLORON
D-936
l'Hôpital-St.-Blaise
Mauléon Licharre
D-918
Col d'Osquich
Musculdy
Gotein
Aussurucq
Mendive
FORÊT DES ARBAILLES
Col d'Aphanize
COL BURDIN OLATZE
SAISON
D-26
GR-10
LARRAU
FORÊT D'IRATY
LARRAU
D-113
CREVASSES D'HOLCARTE
GORGES DE KAKOUETTA
St. Engrace
Arette-Pierre-St.-Martin

Das Baskenland

Für Ethnologen sind Basken ein Leckerbissen. Immer wieder aufs Neue rätseln sie über die Ursprünge dieses Volks, das den westlichsten Teil der Pyrenäen auf beiden Seiten bevölkert. Während im Süden vier der sieben baskischen Provinzen liegen und annähernd zwei Millionen Menschen leben, gibt es in den drei französischen - *Labourd, Basse-Navarra* und *la Soule* - nur etwa 200 000 Basken. Auf der spanischen Seite des Golfs der Biskaya spielt Industrie eine große Rolle, im nördlichen Teil existiert fast keine. Besonders in den Pyrenäentälern bewahrten die Basken ihre Sprache und ihre Sitten bis heute. Ihre Sprache gehört nicht zur großen indogermanischen Familie. Überraschende Übereinstimmungen wurden mit dem Kaukasischen entdeckt. Was die Herkunft betrifft, bestehen Theorien, die eine direkte Linie zu den Steinzeitmenschen knüpfen, auf deren Zeugnisse man in den Höhlen der Westpyrenäen stieß.

Geschichtlich betrachtet hatten die Basken ihr Goldenes Zeitalter unter Sancho dem Großen, der Anfang des 11. Jahrhunderts das Königreich Navarra, die Gascogne, die Grafschaft von Toulouse, Aragon und Kastilien beherrschte. Als aber Henri Plantaget, König von England und Herzog von Aquitanien, im Jahrhundert darauf die Küstenprovinz Labourd erhält, wird der politische Zerfall der *Zaspiak Bat*, "der Sieben, die Eine bilden", offensichtlich. 1307 fällt auch die Soule an den englischen König. Heinrichs IV Macht bezieht sich nur auf die drei nördlichen Provinzen, während im Süden die Spanier regieren. Obwohl die Basken immer wieder danach streben, unabhängig zu sein, ergeht es ihnen wie den Katalanen. Im Pyrenäenvertrag von 1659 einigten sich Spanien und Frankreich, daß das Gebirge Grenze sein soll.

Man braucht keine Hinweisschilder, um zu erkennen, daß man im Baskenland ist: die Häuser zeigen es an. Sie sind weißgekalkt, das Fachwerk der oberen Etagen und die Läden sind meist rotbraun gestrichen. Die Bauernhäuser stehen mit der Kehrseite gen Westen, woher der Regen kommt. Jedes Haus, selbst die kleineren neueren Wohnhäuser in den größeren Ortschaften, trägt seinen Namen über dem Eingang und oft sein Geburtsdatum.

In den Kirchen, die meist nur ein einziges Schiff haben, reihen sich zwei, manchmal drei hölzerne Galerien übereinander, auf denen die Männer während des Gottesdienstes Platz nehmen. Das Parterre ist den Frauen vorbehalten. Auf den alten Friedhöfen sind die Grabsteine bemerkenswert, dicke Scheiben mit einem Fuß, auf denen das eigentümliche baskische - vorchristliche - Kreuz hervortritt, das manchmal einer *Swastika* ähnelt.

Baskische Spielereien

In jedem Dorf fällt die große Steinwand auf, vor der ein Platz angelegt ist, der *Fronton*. Dies ist das Terrain, wo das beliebte Ballspiel *Pelote* gespielt wird.

Ebenfalls sehr populär ist das *Chistera*, bei dem man gegen drei Mauern spielt. *Trinquet* - ein Name, der überall auftaucht - heißen die Hallen des Pelote. Es gibt noch viele andere Eigenheiten, die man bei den Basken entdecken kann, darunter natürlich die Mütze, aber die wichtigste bleibt ihre Sprache, das Euskara.

La Soule

Die Soule - die Berge und Täler links und rechts des *Saison*, der aus dem Zusammenfluß des *Gave de Sainte Engrâce* und des *Gave de Larrau* entsteht und auch *Gave de Mauléon* genannt wird - ist wie ihre beiden westlicheren Nachbarprovinzen Nieder-Navarra und Labourd im wesentlichen ein Land der Viehzüchter und Hirten. Zwar wird in den tieferen Zonen Mais angebaut, den die Basken als erste in Europa zu Beginn des 16. Jahrhunderts kultivierten, aber überwiegend besteht sie aus Weiden und Wäldern.

Es regnet reichlich auf dieser Nordseite der Pyrenäen, deren Berge nur an der Grenze 1500 m Höhe überschreiten. In ihrem Kalk schufen sich die Wassermengen Höhlen und unterirdische Läufe und gruben sich faszinierende Canyons. Es trieft vor Nässe. Dichte Nebel steigen oft zwischen den Hängen auf und schieben sich über die Kuppen der Berge. Die Natur strotzt vor Grün. Die Buchen wachsen zu gigantischer Höhe. Farne und Gräser wuchern üppig.

Seit uralten Zeiten sind die Nutzrechte für Wald und Weiden geregelt. Das meiste Land ist gemeinsamer Besitz. Die Gemeinden haben sich zu einem Rat, dem Syndicat, zusammengeschlossen, der ihn verwaltet. In der Soule entscheidet er über gut 15 000 ha. Vier bis fünf Monate verbringen die Herden auf den Almen. Man hält auch Kühe, doch vorwiegend Milchschafe.

Der Pyrenäenkäse ist ausgezeichnet, vor allem wenn er aus kleinen Käsereien oder von den Höfen selbst kommt und natürlich gereift ist. Der feste Schnittkäse hält sich gut. Außerdem beliefern die baskischen Molkereien die Schimmelkäsefabrikanten von Roquefort.

i *Auskünfte über Ausflüge, Wanderungen und Feste in der Soule im Office du Tourisme, Place des Allées, 64130 Mauléon-Licharre, Tel. 59 28 02 37.*

Erster Halt im Baskenland, wenn man aus dem Béarn kommt, sollte das Hôpital Saint-Blaise sein, eine wunderliche kleine Kirche und ein winziges Dorf an der D 25. Die Kirche wurde im 12. Jahrhundert gebaut. Ihren besonderen Reiz macht die maurisch beeinflußte Form aus.

▪ *Essen und Unterkunft: Neben der Kirche von St.-Blaise steht die Auberge du Lausset**, *Tel. 59 66 53 03, die das ganze Jahr - bis auf den Oktober - geöffnet hat. Der alte einfache Gasthof ist der rechte Ort, wenn man sich für diesen tieferen, hügeligen und reichbewaldeten Teil der Provinz der Soule interessiert. Viel Komfort darf man nicht erwarten. EZ DM 25, DZ DM 29. Typische Gerichte wie Piperade, das pikante baskische Omelett, Confit und Magret de Canard. Vier Menüs von DM 13 bis 29.*

Sainte-Engrâce - Wo die Geier wohnen

Pünktlich, wenn die Schafherden auf die Almen der Haute Soule getrieben werden, stellen sich die Geier aus Ägypten ein und verweilen, bis die Tiere den Rückweg ins Tal antreten. Die Geier ernähren sich ausschließlich von verendeten Schafen und Rindern. Wenn sie auch nicht sehr zahlreich sind, ist ihr Anblick auf den Almen des Baskenlandes keine Seltenheit.

Die Männer eines Dorfes teilen sich die Arbeit. Jeweils einige Tage lang hütet ein Hirte die Tiere seiner Gemeinde. Dann kommt Ablösung herauf. *Cayolars* heißen die Steinhütten, die ihnen als Quartier dienen und die über den ganzen Gebirgsstreifen zwischen dem Forst von *Iraty* und der Skistation *Arette-La Pierre-Saint-Martin* verstreut liegen, manche noch in Benutzung, andere halbverfallen.

Die D 113 schlängelt sich durch die Schlucht des *Gave* nach der Gemeinde Sainte-Engrâce. Sainte-Engrâce ist kein Dorf im üblichen Sinn, sondern eine *Commune* von Bauernhöfen, die entlang des Tals an den grünen Hängen stehen, inmitten der von Hekken begrenzten Weiden, zwischen denen bisweilen ein Gebüsch oder ein Wäldchen wächst. Zwar wird wie in jedem französischen Dorf ein Gemeinderat gewählt, doch wichtige Entscheidungen trifft wie eh und je die Versammlung der Familienoberhäupter.

Dic romanische Kirche birgt in ihrem Chor interessante Säulenkapitelle. Auf einem erscheint der Elephant der Königin von Saba. Auf dem Kirchfriedhof stehen im hohen Gras einige uralte baskische Stelen.

▪ *In Sainte-Engrâce gibt es ein Gîte d'Etape, eine Gastwirtschaft und den Camping Oyhanart**, R.D. 113, Tel. 59 28 60 59.*

Ausflüge

Durch die *Gorges d'Enhujarré* im südöstlichen Teil der Gemeinde werden die Herden während der Transhumance auf die Alm getrieben. Etwa drei Stunden braucht man, um die Höhen zu erreichen. Grandios sind die *Gorges de Kakouéta* (südwestlich von St. Engrâce), ein Canyon von drei Metern Breite und 200 m Höhe. Auf Stegen gelangt man bis vor einen Wasserfall. Ob es sinnvoll war, dort einen Picknickplatz anzulegen, darüber läßt sich streiten.

Wer Einsamkeit sucht, braucht sich nur auf die Höhen zu begeben. Verschiedene Wege, - einige sind befahrbar - führen hinauf. In einem bequemen Tagesmarsch kann man die Gorges von der D 113 auf dem Wege, der kurz vor *Buruchouritéguia* beginnt, umwandern. Es wird davor gewarnt, auf eigene Faust in den Canyons zu klettern.

Berühmt sind auch die *Gorges d'Holzarté*. Nur muß man sich ein bißchen mehr anstrengen, sie zu sehen. Man nimmt die D 26 Richtung Larrau und parkt beim Café Logibaria. Von dort ist es knapp eine Stunde bis zum Canyon.

▪ Wer ausgedehntere Wanderungen in diesem Gebiet machen möchte, sich für Höhlen oder Kanufahrten auf den Wildwassern interessiert, sollte mit der *Association Découverte du Milieu Montagnard* in 64470 Sainte-Engrâce Kontakt aufnehmen.

Über *Larrau* - hinter dem Ort rechts, nach 2 km links abbiegen - erreicht man den Forêt Iraty, der als größter Laubwald Europas gilt. Gemeinsam haben die Gemeinden der Soule dort eine Ferienanlage geschaffen. Sie besteht aus 30 Chalets, die jeweils in einigem Abstand zum Nachbarn stehen. Im Sommer und Herbst kann man sich dort zum Wandern und Reiten, im Winter für Skilanglauf einmieten. Adresse: Les Chalets d'Iraty Larrau, 64560 Licq-Athérey, Tel. 59 28 51 29.

Auch auf der Seite des Nieder-Navarra hat man weite Skistrecken angelegt. Unterkunft im Tal der Cize. Im Unterschied zu den tieferen Lagen des Baskenlandes, in denen selten Schnee fällt, ist die Haute Soule darauf abonniert.

i Auskünfte über die Telefonnummer 59 37 01 26 oder das Office de Tourisme von Saint-Jean-Pied-de-Port (s.u.).

Im Tal der Saison

Von Süden nach Norden: Das Tal der Saison hinab verläuft die Straße (D918) auf seinem rechten Ufer. Unbedingt sollte man einen Augenblick in Gotein anhalten, um sich das vielleicht typischste Beispiel der Kirchenarchitektur der Soule anzusehen. Der Glockenturm besteht aus drei Steinsäulen. Vor dem Eingang befindet sich ein Vorbau mit schrägem Dach, fast eine Art Wartehäuschen. Innen sieht man die typischen Galerien. Das Ganze wirkt sehr archaisch.

Mauléon-Licharre ist stolz auf seine Industrie. Seit 150 Jahren werden hier Espadrilles angefertigt. Inzwischen sind nicht nur Sandalen dazugekommen, sondern auch Schuhwerk aus Gummi. Ein Arbeitsplatz in dieser kleinen Industrie war und ist begehrt, vor allem bei Frauen. Früher kamen Mädchen über die Berge zu Fuß, um hier Arbeit zu suchen.

Halt in der alten Postkutschenstation von Mauléon

Weder die lange Straße mit den mittelmäßigen Geschäften, noch der große Platz mit dem obligatorischen Fronton, weder die Burgruine auf dem Hügel über dem Städtchen, noch das im Ort stehende prächtige Renaissance-Schloß Château d'Andurain machen für mich den Reiz von Mauléon aus. Mich zieht das *Bidegain* an. Die ehemalige Postkutschenstation wird seit sechs Generationen von einer Familie geführt. Wie es in diesem Gebiet auch bei Herrschaftshäusern üblich war, wurde das Zepter des Bidegain meist über die weibliche Linie weitergereicht.

Der Charme dieses Hotels resultiert aus dieser Tradition. Jede Generation fügte etwas hinzu, veränderte, erneuerte, aber schätzte und bewahrte das Alte. Die Garage, die einst Stall für die Pferde war, der Garten, der an den Fluß grenzt, der Empfangstresen, an dem man liebenswürdig von Monsieur Dabbadie begrüßt wird, das Treppenhaus und die Korridore und jedes einzelne Zimmer wissen von dieser Geschichte zu erzählen, alle gemeinsam und jedes auf eigene Weise: ein beseeltes Museum. Da stört mich plötzlich die Blümchentapete nicht mehr, die mich anderswo auf die Palme gebracht hätte, im Gegenteil.

Doch dies ist nur die eine Hälfte des Reizes. In dem um 1900 möblierten, lichten Eßsaal kostet man von Madame Dabbadies Künsten. Sie sind eine kulinarische Illustration des Baskenlandes, ziehen ihre Kraft aus den guten Produkten der Region und aus besagter Tradition, finden aber ihre Schmackhaftigkeit und Finesse durch die Begabung der Küchenchefin. Übrigens kann man darauf hoffen, daß sich das Bidegain noch lange treu bleiben wird. Die Nachfolge ist gesichert. Schon bereitet sich die Tochter auf die zukünftige Aufgabe vor.

Adresse: Hôtel Bidegain**, 13, rue de la Navarre, 64130 Mauléon-Licharre, Tel. 59 28 16 05 (vom 15.12.-15.1. geschlossen). Zimmer von DM 32 bis 65. Menüs für DM 18, 22, 35 und 54.

▪ *Camping à la ferme: Arnaud Boscq - La Ferme Laudran, auch Chalets, Gîte de groupe und Farmprodukte, sehr schöne Lage. 64130 Ordiap, Tel. 59 28 19 55.*

Basse-Navarre

Klassische Verbindungsroute zwischen der Soule und dem Nieder-Navarra ist die D 918 über den *Col d'Osquich*. Hinter *Musculdy* steigt die Straße an und bald hat man einen weiten Blick über die sanften Hügel des unteren Baskenlandes.

Jedes Jahr im Oktober erlebt der Col d'Osquich (und mit ihm viel Hügel dieses Gebiets) seine großen Stunden. Es ist die Zeit, wenn die Ringeltauben vom Norden nach dem Süden ziehen und ihren Weg über die Berge des Baskenlandes nehmen. Dann kann nichts die Basken halten. Zwei, drei Wochen lang hat sie das Jagdfieber gepackt.

Die Tauben nehmen immer wieder dieselben Passagen. So werden an einer günstigen Stelle zwischen die höchsten Bäume Netze gespannt, während sich zu beiden Seiten Treiber auf Bäumen und Hochständen verstecken. Sie dirigieren die Tauben mit nachgeahmtem Gurren. Mit Tüchern erschrecken sie die Vögel und bringen sie dazu, ihren Flug zu senken, so daß sie in die Netze gehen. Andere Basken halten diese Methode mit ihrer Weidmannsehre nicht vereinbar. Sie bauen sich auf Pässen und Bergkämmen, über die die Tauben ziehen, gutgetarnte Baumhäuser, von denen aus sie die Vögel anlocken und auf sie zielen.

Als Städter aus dem Norden hat man Mühe, für die Jagdleidenschaft der Südländer Verständnis aufzubringen. Aber so lange liegt die Zeit noch nicht zurück, in denen die Jagd kein Freizeitvergnügen, sondern notwendige Bereicherung des oft mageren Küchenzettels war. Ein *Salmi de Palombe*, eine Ringeltaube in Sauce, ist für viele Basken noch immer Lieblingsgericht und die Jagd Ritual und Fest zugleich.

Eine Alternativroute nach *Saint-Jean-Pied-de-Port* führt durch den herrlichen *Forêt des Arbailles*. Man verläßt Mauléon auf der D 918, wendet sich aber nach 3 km an der Kreuzung nach links. Hinter *Aussurucq* führt die Straße in den Wald. Am Geiergipfel vorbei erreicht sie den *Col Burdin Olatze*, von dem aus man einen schönen

Blick auf die Gipfel des Forsts von *Iraty* hat. Über den *Col d'Aphanize* und durch die Dörfer des Tales der Cize kommt man zur ehemaligen Hauptstadt von Nieder-Navarra.

Neue Straßen - In den letzten Jahren wurden überall in den französischen Pyrenäen neue Straßen und Forstwege geschaffen. Sie erschließen nicht nur Berge und Wälder, sondern stellten oft - bislang fehlende - Verbindungen her. Heute ist es möglich, die hohen Pyrenäen auf kleinen malerischen Strecken zu durchfahren. Besorgen Sie sich deshalb allerneueste Karten in großem Maßstab, aber bedenken Sie, wenn Sie hochgelegene Routen wählen, daß auf den Pyrenäen oft bis in den Juni hinein noch Schnee liegt.

Leuchtende Häuser

Hatten die Häuser der Soule oft noch starken béarnaisischen Einfluß und waren aus blankem grauen Stein errichtet und mit Schiefer gedeckt, leuchten in der Basse-Navarre - und im Labourd - die echten baskischen Domizile, verputzt, weißgekalkt mit rot-braungestrichenem Balkenwerk und gebrannten Dachziegeln. Sie setzen freundliche Flecken in diese oft von Regen heimgesuchte Region. Gegen das dunkle Grün und den schweren Himmel wirken sie leicht. Erstaunt stellt man fest, daß sich bei älteren Gebäuden bis zu einem Meter dicke Natursteinmauern dahinter verbergen: Solidität und eine gewisse Schwere. Die Architektur scheint die Menschen getreu widerzuspiegeln, deren überraschende Gastfreundlichkeit und liebenswerter Umgang mit dem Traditionsbewußtsein und der Dickköpfigkeit eines alten Volks verbunden sind. Ein Zugezogener erwiderte auf die Frage, ob man gut im Baskenland aufgenommen würde: "Wenn die Basken einen akzeptiert haben, dann ist es einfach, doch daß sie einen akzeptieren, ist nicht einfach. Für sie gibt es entweder Ja oder Nein, aber nichts dazwischen."

Als Besucher scheint einem von überallher ein Ja zuzulächeln, denn Basken sind hervorragende Gastronomen. In ihrem Zipfel der

Pyrenäen findet man die meisten Hotels, einfache und ordentliche Familienpensionen, gute und gemütliche 2-Sterne-Häuser, Luxusherbergen und Spitzenrestaurants. Vielleicht ist diese Tradition den Pilgerwegen nach Santiago de Compostela zu verdanken, auf denen - nachdem der Bischof von Puy 951 die erste Wallfahrt zum Grab des Heiligen Jakobus machte - Hunderttausende nach Galizien zogen.

Saint Jean-Pied-de-Port

Das Städtchen Saint-Jean gedieh, denn es lag am Fuß - *pied* - des Übergangs - *port* - über die Pyrenäen. Die nächste Station war das berühmte Kloster *Roncesvalles*, doch davor lag der Aufstieg durch wildes, waldiges Gebiet, wo nach der Legende der Held Roland 778 beim Überfall einer baskischen Bande auf die Nachhut des Heeres Karls des Großen fiel.

Der historische Pilgerweg führt von Saint-Jean-Pied-de-Port an dem Wald von *Arlote* vorbei zum *Col de Bentarte*, um dann bei der *Puerta de Ibaneta* auf die Straße zu treffen, die dem Lauf der *Nive d'Arneguy* folgt, der heutigen Route. In dem Städtchen, in dem das Kloster eine Herberge unterhielt, sammelten sich die Pilger, um gemeinsam das gefährliche Wegstück zurückzulegen.

Die alte Oberstadt betritt man durch die *Porte de Navarre*, ein Stadttor aus dem 13. Jahrhundert. Links führt eine Treppe zum erhaltenen Wehrgang hinauf. Die *Rue de la Citadelle* wird von Häusern aus dem 16. und 17. Jahrhundert gesäumt. Darunter befindet sich das *Prison des Evêques*. Die schmale Straße führt steil hinauf zur *Porte Saint-Jacques*, durch die die Pilger ihren Weg fortsetzten. Den Hügel krönt die *Citadelle Vaubans*. Von dort überblickt man die Alt- und Neustadt und das weite Tal. Am anderen Ende der Gasse betritt man über den Vieux Pont die *Rue d'Espagne*, die quirligste Geschäftsstraße des Ortes.

i *Syndicat d'Initiative, place Général-de-Gaulle, 64220 Saint-Jean-Pied-du-Port, Tel. 59 37 03 57.*

▪ *Unterkunft und Restaurants: Hôtel Ramuntcho*, 1, rue de France, Tel. 59 37, 03 91, ein altes baskisches Haus innerhalb der Stadtmauern, EZ DM 35, DZ ab DM 41, Menüs ab DM 19.*

Hôtel Ikalpea, 5, place du Trinquet, Tel. 59 37 03 66, sehr einfache Zimmer, DZ um DM 32; langer rustikaler Speisesaal, typische baskische Küche, Menüs von DM 12 bis 50.

*Hôtel Etche-Ona**, 15, place Floquet, Tel. 59 37 01 14, auf der linken Seite der Nive, traditionell und gepflegt, DZ ab DM 40. Gutes Menü für DM 20, sonst teurer.*

*Camping Municipal**, avenue du Fronton, Tel. 59 37 00 92, mittelgroßer Platz am Ufer der Nive, nur 200 m von der Rue d'Espagne.*

In der Umgebung von Saint-Jean-Pied-de-Port gibt es vier Bauernhöfe, auf denen man zelten kann. Jeder verfügt über 25 Stellplätze: Dominique Teillagorry, 'Achuritzea', 64220 Saint-Saint-Jean-le-Vieux, Tel. 59 37 04 16,

Madame Diriart, 'Etchemendy Beheria', 64780 Suhescun, Tel. 59 37 62 27.

Pierre Bachoc, 'Tchemendy Garaya', 64780 Suhecun, Tel. 59 37 60 83.

Pierre Lekumberry, 'Mendikoa', 64780 Osses, Tel. 59 37 70 29.

▪ **Der kulinarische Gipfel der Pyrenäen** *liegt vor der Altstadt an der Place du Général de Gaulle und ist wegen seiner vorgestreckten überdachten Terrasse gar nicht zu übersehen: 'Les Pyrénées'. Firmin Arrambide hat die von seinem Vater praktizierte 'Cuisine du terroir' als Basis genommen, um sie zu einer Verfeinerung zu führen, die nichts mehr mit dem zu tun hat, was man unter regionaler Küche versteht. Zum Symbol der Vermählung wurden die mit Kabeljau gefüllten kleinen roten Pfefferschoten aus dem nahen Espelette.*

Was man aber auch bestellt, Meisterkoch Arrambide versteht es aus den Erzeugnissen seiner Heimat, ob Foie gras oder Steinpilze, Lachs oder Austern, Taube oder Ente, frischen Gemüsen und Gewürzen Gerichte zu komponieren, die noch den anspruchsvollsten Feinschmecker befriedigen, ohne ihre Wurzeln zu verraten.

Der Komfort ist darauf abgestellt. Man sitzt bequem, ob auf der behaglichen Terrasse oder im lachsrosafarbenen Eßsaal und wird aufmerksam bedient. Die Weinkarte erweist sich als ein kleines Buch, in dem man so ziemlich alles findet, was Rang und Namen unter den Crus hat. Preiswert sind Irouléguy, Jurançon und Madiran. Das einzige, was ich vermißte, waren davon ältere Jahrgänge aus dem eigenen Keller. Menüs für DM 48, 70, 90, 110.

*Das dazugehörende Hotel*** wird gerade erweitert und umgestaltet. Zwar gab es bereits gut und geschmackvoll gestaltete Zimmer für bis zu DM 185, aber die günstigeren für DM 82 waren bislang fast schäbig möbliert. Adresse: Les Pyrénées, 19, place du Général de Gaulle, Tel. 59 37 01 01, 64220 Saint-Jean-Pied-de-Port.*

▪ *Ob William oder Framboise . . . Feinschmeckern ist Saint-Jean-Pied-de-Port aus einem weiteren Grund ein Begriff: Frankreichs bestes* Eau-de-Vie-de-Poire William *wird hier von Etienne Brana gebrannt. Seine kleine Destillerie - deutlich ausgeschildert: 23, Rue du 11 Novembre - liefert vier erlesene Obstschnäpse, deren Werdegang der Meisterbrenner überwacht: mit aller erdenklichen Sorgfalt, besonders bezüglich des Abstichs. Ob William oder Framboise, Pruneau oder Marc, sie alle überzeugen durch die Intensität ihrer Arome und durch den reinen, feinen und sanften Geschmack. In dem netten Familienbetrieb findet man außerdem eine gute Auswahl regionaler und spanischer Weine und ab 1991 sogar eigene Tropfen, die an den roten Steilhängen des Tals gedeihen.*

Baskenwein

Wer das Baskenland besucht, ob die Küste oder das Hinterland, findet auf jeder Weinkarte und auch dort, wo es keine Weinkarten gibt, den *Irouléguy*. Die baskischen Winzer, die sich nach 1945 entschlossen, den fast verschwundenen Wein wieder aufleben zu lassen, hatten nie Probleme, ihn zu verkaufen. Nicht nur Feriengäste stürzen sich darauf, vor allem auch die zahlreichen Basken, die ins Ausland ausgewandert sind. Der spritzige Rosé paßt so richtig zum baskischen Sommer. Zeigte sich der Rotwein bislang zwar angenehm, aber uninteressant, hat sich dies geändert, seit es die Cuvée *Premia* und vor allem den *Domaine de Mignaberry* gibt. Mit ihm wollen die Winzer beweisen, daß baskischer Wein durchaus Charakter und Eleganz haben kann. Man erhält ihn in der Coopérative in Saint-Etienne-de-Baïgorry, dem bisher einzigen Erzeuger von baskischem Wein, dessen Gesamtfläche dem eines großen Bordeaux-Guts entspricht.

Die Umgebung von Saint-Etienne-de-Baïgorry ist reizvoll, besonders das Tal der *Aldudes* und der gleichnamige Ort mit seinem schmucken Kirchplatz.

■ *Beste Adresse in Aldudes ist das Hôtel Arcé***, Tel. 59 37 40 14, etwas außerhalb des Ortes am Ufer der Nive. In dem schönen Baskenhaus erhält man große und gemütliche DZ ab etwa DM 80. Die Küche ist so typisch und so edel wie das ganze Anwesen. Herrliche Terrasse. Menüs von DM 19 bis 60.*

Das Hôtel Manechenia ist in einem früheren Bauernhaus bei Urdos - links von der D 948 - untergebracht. Zimmer und große Gaststube sind einfach und anziehend. Man übernachtet im DZ für DM 33 und speist für DM 19 bis 38 reichlich und gut. Tel. 59 37 41 68.*

i *Über weitere Hotels und den Camping Municipal, über Wanderwege, Reiten, Kanufahren, Fischen und anderes informiert das Syndicat d'Initiative, 64430 Saint-Etienne-de-Baïgorry, Tel. 59 37 47 28.*

Le Labourd

Das Labourd ist die Küstenprovinz und schließt die Badeorte ebenso ein wie Bayonne. Hier wollen wir das Hinterland vorstellen. In Cambo-les-Bains, das wegen seines milden Klimas und seiner Quellen renommiert ist, genas der französische Erfolgsdramatiker *Edmond Rostand* von schwerer Krankheit und leistete sich Anfang des Jahrhunderts eine prächtige Villa im Baskenstil. Die Einrichtung spiegelt jedoch auch den Jugendstil wider. Auf einer Hügelkuppe über dem Tal der Nive mit Blick auf die Pyrenäen gelegen, umgab Rostand sein Domizil mit französischen Gärten. Von Ostern bis Oktober ist die Villa Anuga täglich geöffnet.

Espelettes Ruhm gründet sich auf zwei Dinge: die bereits erwähnten roten Pfefferschoten, die eine beachtliche Größe erreichen und im Herbst getrocknet viele Küchen, Restaurants und Privathäuser verzieren, und die Ponies, die *Pottoks*.

▪ *Reiten: Die* Association Nationale du Pottok, Club Ichtaklok, *64250 Espelette, Tel. 59 29 91 73, bietet Reitstunden für DM 16, Tagesausritte für DM 80 an. Kurse mit Vollpension DM 65 pro Tag.*

Traditionelle baskische Küche: André Daraïdou gehört zu den großen Bewahrern der traditionellen baskischen Küche, fast muß man sagen, zu ihren Entdeckern, denn viele alte Rezepte entdeckte er wieder. Wenn man einen echten 'Ttoro', ein Fischragout genießen oder herausfinden möchte, wie die 'Tripotcha' (Blutwurst vom Schaf mit Espeletter Pfeffer) schmeckt, ist man bei ihm im imposanten 'Euzkadi' an der Hauptstraße richtig. Menüs ab DM 21. DZ zwischen DM 45 und 54.

*Adresse: Hôtel Euzkadi**, 64250 Espelette, Tel. 59 29 91 88.*

Ainhoa - das Bilderbuchdorf

Ainhoa sollte man gewiß nicht im Hochsommer besuchen, denn dann würde man vermutlich vor Feriengästen die Häuser nicht mehr sehen. In der Vor- oder Nachsaison gewinnt der Ort umgehend seinen Charme zurück. Dann leuchten die jedes Jahr frischgekalkten Bauernhäuser aus dem 16. und 17. Jahrhundert einladend.

▪ *Essen und Unterkunft: Sehr gediegen im 'Hotel Ithurria', der Inhaber, Maurice Isabal ist ein Meister der baskischen Küche - unbedingt Tisch reservieren: Tel. 59 29 92 11, Menüs DM 40 und 70.*

Mir hat es das 'Ohantzea' angetan. Das im 17. Jahrhundert erbaute Bauernhaus wurde vor mehr als 60 Jahren in ein Hotel verwandelt. Dabei wurden - so hat man den Eindruck - einfach einige Zimmer - zehn insgesamt - für zahlende Gäste bestimmt und Badezimmer eingebaut. Alles ist echt in diesem Haus, gebraucht, gealtert, manchmal bereits ein wenig verschlissen, dabei gewissenhaft sauber, und alles zusammen -

einschließlich der leicht anzüglichen alten Stiche an den Zimmerwänden - bildet ein Ganzes von unwiderstehlichem Charme, der bereits eine Spur leiden würde, wenn die Fußböden nicht knarrten.

*Die junge Wirtin ist sehr nett, und ihr Mann steht in der Küche und bereitet aus guten Grundprodukten einfache, schmackhafte Gerichte. Der Speisesaal, der einst Stall war, und in dem man die dicken Hauswände bestaunen kann, führt auf einen angenehmen, von Platanen beschatteten Garten hinaus. Große Zimmer mit Bad für DM 64, zwei einfachere für DM 48, eines für DM 38. Menüs zwischen DM 23 und 54. Hotel Ohantzea**, 64250 Aïnhoa, Tel. 59 29 90 50 (von Mitte Februar bis Ende November).*

Sare und die Laminaks

Sare liegt nur wenige Kilometer von der spanischen Grenze entfernt, die man am *Col de Lizuinaga* und am *Col de Lizzarieta* überschreiten kann. Zwischen den Zollstationen existieren verschiedene Ventas, die 'Schmuggelgut' und Andenken anbieten.

Das Dorf wird von dem mächtigen Turm seiner Kirche überragt, der ein schwedischer Kapitän die Glocke stiftete. An dem schönen Platz steht das Rathaus, das Syndicat d'Initiative und das urige Café de la Mairie, wo die alten Saratars hocken.

▪ Um das Dorf wurden sieben leichte Wanderungen ausgeschildert.

▪ Touristenpflicht ist die Z a h n r a d b a h n der *Rhune*. Dementsprechend drängt man sich, um gut vier Kilometer weit auf den 900 m hohen Gipfel zur Fernsehantenne hinaufkutschiert zu werden. Der Blick reicht bei klarem Wetter über die Küste von San Sebastian bis Bayonne und weit über das Baskenland und auf die Pyrenäen. Im Mai, Juni, Oktober bis Mitte November fährt die Bahn nur an Wochenenden und Feiertagen um 10 und 15 Uhr. Von Juli bis September alle 35 Minuten ab 9 Uhr morgens.

▪ Die prähistorische Höhle von Sare enttäuscht zunächst. Gleich daneben liegt der Steinbruch, was den eigentlichen Reiz des Ortes erheblich stört. Von dem 30 m tiefen Saal der Höhle zweigen verschiedene Galerien ab, die bis zu 300 m Länge aufweisen. Funde belegen, daß sie vor 20 000 Jahren bewohnt waren. Trotz einiger bizarrer Formen im Inneren gibt es keine spektakulären Tropfsteingebilde - wie z.B. in den Grotten von Oxocelhaye bei Saint-Martin-d'Arberque -, noch hat man sonstige überragende Entdeckungen gemacht. Also ließ man sich etwas einfallen, erfand die *Laminaks*, 'das kleine Nachtvolk unserer Grotten' und inszenierte eine Lightshow mit Musik, Texten und Bildern, bei der man den benachbarten Steinbruch vergißt. In dem Pavillon, in dem man die Eintrittskarte löst, werden Funde aus der Grotte ausgestellt.

▪ *Essen und Unterkunft: Sare hat insgesamt 8 Hotels und 3 Campingplätze.*

*Am Kirchplatz das 'Arraya'. Diese Jahrhunderte alte Pilgerherberge mit ihrer eleganten Terrasse ist ein weiterer Tempel baskischer Gastronomie, in dem die Atmosphäre bedächtig herangereift ist. Menüs für DM 32 bis 58, DZ von DM 70 bis 115. Hôtel Arraya***, 64310 Sare, Tel. 59 54 20 46 (von Ende Mai bis Anfang November). Im Sommer verkauft man vor der Tür selbstgebackene* Gâteaux basques.

Seitlich gegenüber steht das einfache kleine Hotel de la Poste, wo man zu zweit für DM 30 schläft. Tel. 59 54 20 06. Ganzjährig geöffnet.*

*Im Quartier Lehembiscay im Pikassaria**, einem alten Baskenhaus, bezahlt man für das DZ DM 30 bis 50. Typische und gute Menüs zwischen DM 25 und 37. Tel. 59 54 21 51 (von März bis November).*

Ascain ist ein großes Dorf mit einem kleinen Zentrum, wo sich Kirche, Hotels und Fronton aneinanderreihen. Im 'Sagarnotegi Mattin' bekommt man für DM 23 ein gutes Menü, ißt ausgezeichnet Xanguro au Gratin, *gefüllte und überbackene Krebse für DM 16 oder* Morue Biscaienne *für DM 13. Aber es gibt zwei weitere Spezialitäten. Der junge, etwas brummige, doch sympathische Wirt sammelt Popmusik der 70er Jahre, die er in seinem Bistro spielt, alles, was man immer schon mal wieder hören wollte. Man trinkt baskischen Apfelwein, der von der anderen Seite kommt,* Sidre Sec. *Er muß aus der Luft in feinem Strahl ins Glas geschenkt werden, um sein frisches Aroma richtig zu entfalten.*

Es gibt noch viele Dörfer im Hinterland der Küste, die wir hier nicht berücksichtigen können, aber die ähnliche Reize bieten, wie die erwähnten. In dieser sanften, hügeligen Landschaft, in der sich Maisfelder, Weiden und Wäldchen abwechseln, Bauernhäuser, Villen und Ferienhäuser verstreut sind, stößt man überall auf baskische Gasthöfe, findet Reitmöglichkeiten und Wanderwege, hat in den Dörfern Tennisplätze und manchmal Schwimmbäder zur Verfügung und sieht sich ganz allgemein freundlich und gut aufgenommen.

Die Baskenküste

Von der Mündung des Adour bis zu der der Bidassoa bei Hendaye sind es gut 30 km, von der Mündung des Adour bis zu der der Gironde gut 200 km, kein Wunder also, wenn man an den Stränden der Landes de Gascogne und der Landes Girondines eher ein einsames Plätzchen findet. Der gesamte Küstenstreifen, der eine fast gerade Linie bildet, trägt den Namen *Côte d'Argent,* doch der baskische Teil unterscheidet sich erheblich. Mag der lange Sandstrand der Landes wie Silber funkeln, blinken weiter nördlich Felsklippen und Geld.

Biarritz zog in der zweiten Hälfte des letzten Jahrhunderts hauptsächlich im Herbst und Winter Adel und Reiche an, Franzosen, Engländer, Russen, Spanier. Auch zur Belle Epoque und während der roaring twenties florierte der Badeort als exklusiver Treff. Nach einer Flaute folgte der Tourismus. Nicht zuletzt die ausgezeichneten Golfplätze lockten in den letzten Jahren erneut mondäne Gäste. Daran schließen sich inzwischen alle denkbaren Varianten der *remise en forme* an. Längst sind Biarritz, Anglet und Bayonne zu einem städtischen Komplex - mit drei Städträten - verschmolzen, der insgesamt 120 000 Einwohner zählen mag.

Vom *Chambre d'Amour* an bis nach *Hendaye* treten die Ausläufer der Pyrenäen als Steilküste hervor, die sich bis zu 50 m über dem Meeresspiegel erhebt. An manchen Stellen ragen die Felsen bis ins Wasser hinein, an anderen sind sie bewachsen. Es gibt eine Reihe kleinerer Buchten mit oft nur schmalen Stränden, die diese Küste abwechslungsreicher und reizvoller machen als die der Landes. Vor allem verleiht das interessante Hinterland mit seinen charmanten Dörfern und Städtchen, Wäldern und Bergen der baskischen Küste mehr Anziehungskraft.

Hendayes drei Viertel

Hendaye gehört die rechte Seite der Mündung der *Bidassoa*. Auf der linken liegt *Fuentarrabia* mit dem Flugplatz von *San Sebastián*. Dort erkennt man Fabrikschornsteine, und selbst aus der Entfernung scheint es geschäftiger. Tatsächlich ist die Küstenregion des spanischen Baskenlandes sehr industriell.

Auf der schmalen *Fasaneninsel* in der Mitte des Flusses wurde 1659 der bedeutsame Pyrenäenvertrag geschlossen. Schon immer zählte in Hendaye der Grenzverkehr, heute mehr denn je. Zwischen dem großen Bahnhof und dem Autoport erstreckt sich ein ganzes - uninteressantes - Viertel. In *Hendaye-Ville* sitzt man auf der Place de la République vor dem Café de la Bidassoa wie auf einem Dorfplatz, nur daß die Passanten überwiegend spanische Tagesbesucher sind. In der *Baie de Chingoudy* machen Fischerboote und Yachten fest. Dort befindet sich der Club Maritime und das Centre Nautique, wo man Segeln und Windsurfen lernen kann.

Hendayes Stolz jedoch ist der drei Kilometer breite Sandstrand, der als einer der harmlosesten der Côte d'Argent gilt und folglich bei Familien mit Kindern besonders beliebt ist. An ihm entlang zieht sich eine kleine Strandpromenade, von Tamarisken beschattet. *Hendaye-Plage* ist ein ruhiges Viertel mit Villen, Ferienhäusern und Privatgärten, in denen exotische Pflanzen gedeihen. Exotisch mutet auch das Casino an, dessen Architektur maurisch inspiriert wurde.

Gute Adressen

i *12, rue des Aubépines*

▪ *Unterkommen: Im kleinen Hotel Gitanitta**, 52, Blvd. Général du Leclerc. Tel. 59 20 04 65. 7 Zimmer, DZ DM 75.-*

*Hotel Abbadie**, 12, rue d'Elissacillo, Tel. 59 20 05 49. Ein mittelgroßes Hotel, an der Baie de Chingoudy, nahe den Sportanlagen gelegen, DZ zwischen DM 45 und 65.*

Saint Jean-de-Luz

Von Hendaye führt der Weg an der Steilküste, der *Corniche basque*, entlang, an der der Atlantik mit Macht nagt. Saint-Jean-de-Luz (12.300 Ew.) ist das Schmuckstück dieser Küste, das Collioure der Basken. Die natürliche Bucht diente bereits frühzeitig Fischern als Hafen. Schon im 11. Jahrhundert gingen sie von hier auf Walfang und verfolgten die Wale bis Grönland.

Als kriegerische Zeiten Handel und Fischfang beeinträchtigten, besonders als den luziener Fischern die Fanggründe Anfang des 18. Jahrhunderts beschnitten wurden, nutzten sie ihre seetüchtigen und gutbewaffneten Boote und machten ihre Beute als Piraten. Noch immer hat der Fischfang seine Bedeutung in dem Städtchen, vor allem der Thunfisch.

In der Stadtgeschichte gilt der 6. Juni 1660 als der glorreichste Tag. An ihm heiratete Ludwig XIV die spanische Infantin Maria Theresia mit allem Pomp. In der Kirche wurde das Portal, durch das das königliche Paar hinausgeschritten war, zugemauert. Die Orgel stammt aus dieser Zeit. Damals residierte der König im Haus Lohobiague, das einem reichen Reeder gehörte. Es wird noch immer von seinen Nachfahren bewohnt. Einige Räume bewahrten das Mobiliar aus dem 17. Jahrhundert. Sie können von Anfang Juni bis Ende September täglich von 10.30-12 und von 15-18.30 Uhr besichtigt werden. Die Braut wohnte in dem auf den Hafen blickenden Haus der Familie Haraneder.

Saint-Luz wurde 1558 von einem Feuer zerstört, doch aus dem 17. und 18. Jahrhundert sind im Zentrum viele Häuser erhalten. Die malerischste und belebteste Gasse ist die *Rue de la République*, die auf den Strand zuführt. Parallel verläuft die *Rue de la Tourasse*, in der sich ein Besuch im 'Tourasse' lohnt, gute Küche ohne baskische Folklore (s.u.).

Die *Rue Gambetta* ist eine schnieke Einkaufsstraße mit interessanten Geschäften und exquisiten Boutiquen. Man findet verschiedene Feinkostläden und Metzgereien, in denen Konserven mit den genannten Spezialitäten angeboten werden, einen Schreibwarenladen mit schönem Papier und originellen Ordnern, den erlesenen Pralinenmacher Dodin, aber auch gute Gemüseläden und Fromagerien mit großer Auswahl an Schafs- und Ziegenkäse.

Am *Boulevard Hugo* liegt der Marktplatz mit der Halle, wo dienstags und freitags viele Kleinbauern ihre Stände aufbauen. An der Ecke blitzt das Superfischgeschäft Jokin und daneben das nicht weniger gediegene Comptoir des Cafés. Ein paar Schritte weiter Richtung Bahnhof treffen sich Chez Pablo in der *Rue Mademoiselle Etcheto* Arbeiter und Angestellte zu deftigen Menüs (s.u.).

Zu den Spezialitäten der baskischen Küche gehören außer dem erwähnten *Ttoro*, einem Fischragout, und den Tauben *Chipirons*, kleine Tintenfische in eigener Tinte, oder *Merlu Koskera*, Seehecht mit Tomatenpaprikagemüse. Die *Piperade*, das baskische Omelett mit Tomaten und Pfefferschoten, aß ich vermutlich an der falschen Adresse: es war nie pikant. Trotzdem reicht die Küchenpalette über den ganzen Südwesten und bezieht Austern von Arcachon, Foie gras, Confits und Magrets de Canard mit ein.

Gute Adressen

i *Place Foch, 64500 Saint-Jean-de-Luz, Tel. 59 26 03 16.*

■ *Unterkunft: Saint-Jean-de-Luz besitzt 2 Luxus-, 9 Drei-Sterne-, 12 Zwei-Sterne und 6 Ein-Stern-Hotels.*

*Hôtel Agur**, 96, rue Gambetta, Tel. 59 26 21 55. EZ DM 50, DZ DM 70, gepflegt und modern mit nettem Naturholzcafé, dem Coffee Shop, wo man auch zum Frühstück einkehren kann, wenn man anderswo übernachtet. In der Verlängerung der Haupteinkaufsstraße, auf der anderen Seite des Boulevard Thiers. Ab 15.3. geöffnet.*

*Hôtel Atherba**, 8, boulevard Thiers, Tel. 59 26 14 14, an einer der belebten Geschäftsstraßen eine Pension im baskischen Stil mit 18 Zimmern. EZ DM 35, DZ DM 60 (vom 20.3-15.11).*

*Hôtel Orhatzia**, 28, rue Garat, Tel. 59 26 00 06, kleineres gutes*

Hotel im alten Stadtkern und nah am Strand, ohne Restaurant, DZ von DM 70 bis 120, ganzjährig geöffnet.

*Im Hotel Lafayette**, 18, rue de la République, Tel. 59 26 17 74, findet man kleine, doch gut renovierte Zimmer. Einige besitzen einen Balkon, von dem aus man das bunte Treiben beobachten kann. Die DZ für DM 56 sind deshalb relativ laut. Dazu gehört das große, fast immer brechend volle Restaurant 'Kayola', ein langer - von einem Mittelkamin - unterteilter Saal in rustikalem Dekor. Unter den Menüs für DM 26 und 32 hat man eine große Auswahl an typischen Gerichten, doch mangelt es etwas an Finesse.*

▪ *E s s e n : Pub du Corsaire, eines der besten Lokale des Ortes, gleich neben dem Hotel Lafayette, rue de la République. Hier kann man im Sommer bis 3 Uhr morgens Lochbillard spielen oder der guten leisen Musik lauschen.*

Schräg gegenüber im 'Kaiku' werden Meeresfrüchte und Fischgerichte von exzellenter Qualität mit Raffinesse zubereitet, was sich zu etwa DM 70 summiert. Hier sollte man vorsichtshalber einen Tisch bestellen. Tel. 59 26 13 20.

'Tourasse', Rue de la Tourasse: alte Möbel und eigene Rezepte sorgen für angenehme Abwechslung. Sympathisch und preiswert, Menüs für DM 23 und 32. Tel. 59 51 14 25.

Einige Schritte weiter auf der rechten Seite überrascht die 'Vieille Auberge' mit ihrer freundlich-fröhlichen Atmosphäre. Außerhalb der Touristensaison stellt sich ein interessantes, sehr gemischtes Publikum ein, um den baskischen Klassikern oder einer Paella zu frönen. Menüs ab DM 21. Leider ist die Weinkarte dürftig und der Rioja katastrophal. Tel. 59 26 19 61.

'Chez Pablo' (s.o.), in der Nähe der Markthalle, Rue Mademoiselle Etcheto, preiswerte einfache Menüs für DM 16 und 23.

Auf der anderen Seite der Markthalle in der Avenue Jaurreguiberry erhält man beim Traiteur 'Au Bon Coin' gute Fertiggerichte. Die Avenue hinauf, erste Straße links, in der Rue de Sallagotty kann man abends im netten 'Hibiscus' für etwa DM 38 antillaisisch speisen.

Ein Tag im November

Am Himmel war kein Wölkchen zu sehen. Selbst im Schatten der hohen alten Häuser war es angenehm warm. Die Menschen strebten dem Strand zu. Wie staunte ich, als ich die Treppe des Deichs hinaufgestiegen war, der gleichzeitig die Strandpromenade bildet. In der ganzen Bucht hatten sich Sonnenanbeter verteilt. Passanten konnten nicht widerstehen, nahmen ihre Straßenschuhe in die Hand und suchten sich ein Plätzchen am Strand. Junge Mütter hatten sich dort schon länger mit ihren Kindern eingerichtet und räkelten sich im Badeanzug. Zwei Schönheiten entblätterten sich mehr und mehr, Jeanstypen planschten, die Hosen hochgekrempelt, im Wasser, Rentnerinnen promenierten hochgeschürzt am Wasserrand. Eine Frau saß im Sand und stopfte Wäsche. Mit Stühlchen und kurzen Hosen ausgerüstete Pensionäre lasen Zeitung. Hunde schlenderten von Strandmülltonne zu Strandmülltonne. Liebespaare spazierten engumschlungen auf dem Deich entlang. Auf einer Bank im Halbschatten eines Tamariskenbaumes schnarchte ein Penner. Jungens spielten Fußball. Ein paar alte Engländerinnen trafen mit Strandzubehör ein. Der Vertreter beendete seine Siesta, schüttelte das Jackett glatt und griff den Diplomatenkoffer. Die beiden Mädchen blickten auf die Uhr und begannen sich anzukleiden. Ein Wickelrock wurde verzwickt geschlungen. Die andere schlüpfte in ihre Bermudas. Fertig waren die Verkäuferinnen. Ein Mittag in Saint-Jean-de-Luz Anfang November.

Ciboure und Socoa

Die *Nivelle* begrenzt Saint-Jean. Auf der anderen Seite des Flusses liegt Ciboure. Früher stritt man sich ständig, heute ergänzt man sich eher. Ciboure fehlt die elegante Atmosphäre des größeren Rivalen, auch wenn der *Quai Maurice Ravel*, wo der berühmte Komponist geboren wurde, eine malerische Häuserzeile besitzt. In der Rue de la Rėpublique, dem Sträßchen dahinter, erhält man einen typischeren Eindruck von dem Fischerdorf, das an einen Hügel gebaut wurde, dem *Bordagain*.

Socoas kleiner geschützter Strand liegt leider direkt an der Straße. Der Segelhafen mit seiner Werft und den Restaurants Chez Pantxua und La Marine, auf deren Terrassen man selten Platz bekommt, mit der von Heinrich IV errichteten und von Vauban verstärkten Burg, die den Eingang zur Bucht bewachte, ist besonders attraktiv, wenn man segeln, windsurfen oder tauchen will.

▪ *Essen und Unterkunft: In Ciboure - Urig ist das Restaurant Ganich, wo man für DM 24 an karierten Tischdecken speist. Die Zimmer für DM 27 für zwei Personen sind sehr simpel.*

*Im Hotel Bakea**, an der zentralen Place Camille Julian, kosten einfache DZ zwischen DM 45 und 83. Fischgerichte ab DM 24, Menü um 33 DM.*

Am Quai Maurice Ravel sitzt man im Restaurant Maggie zwar etwas beengt, aber nett, und ißt gut, das Menü ab DM 21.

▪ *Camping: Urrugne-Socoa hat über 9 Campingplätze, von denen keiner in der Nähe eines Badestrandes liegt. Die 13 Campingplätze von Saint-Jean-de-Luz liegen fast alle vor oder an den kleinen, zum Atlantik hin offenen Buchten, von denen mir die von Acotz am besten gefällt. Direkt über dem Strand erstreckt sich Caravaning Playa**** *auf verschiedenen Terrassen, einer der kleinsten Plätze, Tel. 59 26 55 85. Am Strand von Erromardie, näher bei Saint-Jean-de-Luz, liegt der große, doch empfehlenswerte Camping Iratzia****, *Tel. 59 26 14 89. Auf einem 3-Sterne-Platz muß man mit einem Tagessatz von knapp DM 20, zuzüglich Nebenkosten wie Strom etc. rechnen.*

Guéthary

Das ehemalige Fischerdorf hat nach Süden nur schmale steinige Streifen Strand. Zur anderen Seite schließt sich der sandigere *Parlementia* an. Vor dem im baskischen Küstenstil erbauten Rathaus wird auf dem großen Fronton viel Pelote gespielt. Dort finden auch die Sommerfeste statt.

▪ *Unterkunft: Sympathisch ist das Hotel-Restaurant Le Madrid, nah am kleinen Hafen. Die sieben Zimmer werden nur in Halbpension vermietet: mit WC pro Person DM 58, mit WC und Dusche DM 67 (nur DZ).*

Ordentliche Zimmer und gute Küche bietet das Hotel Pereria in der Rue de l'Eglise, DZ ab DM 46, Halbpension zwischen DM 62 und 80 pro Person. Tel. 59 26 51 68.

Bidart

Bidarts Charme ist seine Place de la Mairie, an der sich alles gruppiert, was Bedeutung hat: das Rathaus, die Kirche, der Peloteplatz und zwei schöne alte Hotels. Zum schönen Sandstrand Plage du Centre fährt man vom Rathausplatz links hinunter.

▪ Beim Golfplatz von Ilbarritz, bei dem es sich um einen Übungsplatz handelt, kann man schon für DM 13 spielen - Kurse ab DM 510, Tel. 59 23 74 65.

Gute Adressen

i *rue de la Plage, 64210 Bidart, Tel. 59 54 93 85.*

▪ *Essen und Unterkunft: In Bidart gibt es 12 Hotels und 11 Campingplätze. Hotels du Fronton* und Elissaidia* an der Place de la Mairie. Im Fronton kann man schön im ersten Stock auf der alten Veranda essen und bezahlt zwischen DM 19 und 48 für das Menü. Ein*

DZ ist zwischen DM 25 und 42 zu haben, Halbpension für DM 34 bis 61 pro Person. Tel. 59 54 90 63.

Gegenüber im Elissaidia serviert man in dem zünftig baskischen Restaurant Menüs zwischen DM 23 und 35 und vermietet einfache Zimmer für DM 26 und 32. Tel. 59 54 90 03.

Im Fischrestaurant Kaia an der Plage due Centre wird eine Platte Meeresfrüchte für DM 40 serviert.

*Beim Golfplatz liegt der ebenso große wie superausgestattete Camping du Pavillon Royal**** nah an einem schönen Strandstück. Avenue du Prince-de-Galles, 64210 Bidart, Tel. 59 23 00 54.*

Ein kurzer Abstecher führt zum kleinen typischen A h e t z e , wo man in der gemütlichen 'Epicerie d'Ahetze' - von den beiden Wirtinnen gut bekocht und nett bedient wird. Die Hirtenmahlzeit kostet DM 22, die Fischermahlzeit 6 DM mehr. Tel. 59 41 94 95.

Biarritz

Biarritz sonnte sich in majestätischem Glanz, als Kaiserin Eugénie ihren Gemahl Napoléon III an diesen Ort lockte, an dem sie als junges Mädchen die Ferien mit ihren Eltern zu verbringen pflegte. Aus dem kleinen Fischerdorf, von dem aus die Biarrots Wale gejagt hatten, die sich in den Golf der Biskaya verirrten, entwickelte sich im Laufe des 19. Jahrhunderts ein mondäner Badeort. Nachdem der Kaiser die Villa Eugénie errichten ließ, gab 'man' sich in Biarritz ein Stelldichein, der Hochadel Spaniens, Deutschlands, Rußlands. Auch Bismarck kam, vor 1870 ....

Hochherrschaftlich wurde es erneut vor der Jahrhundertwende, als sich Nathalie, Königin der Serben, und Frederike, Prinzessin von Hannover, Biarritz zum Feriensitz erkoren. Königin Viktoria und König Alphonse von Spanien rollten heran und erlauchte Russen verweilten.

Die kaiserliche Palastvilla wurde nach dem Brand von 1903 in das Hôtel du Palais verwandelt, das auch heute noch Biarritz' Stolz darstellt und der Stadt gehört. Die rauschendsten Bälle erlebte der Badeort zwischen den beiden Weltkriegen, als schon anderes mehr zu zählen begann als blaues Blut. Zu den Stammgästen zählte der Herzog von Windsor. Die vielen alten Villen und Hotels zeugen von diesen gloriosen Epochen.

Inzwischen geht es Biarritz besser denn je, dank der demokratischen Welle, die den Elitetreff überschwemmte. Im Sommer vervierfacht sich die Bevölkerung! Dennoch hat man es in den letzten Jahren verstanden, Biarritz weiterhin für die Haute Volée attraktiv zu halten. Das Palais trägt seinen Teil dazu bei, denn es kann sich rühmen, immer noch ein majestätisches Haus zu sein (s.u.).

Es fehlt das Zentrum

Biarritz hat eigentlich alles, bis auf eins. Es hat kein Zentrum. Zwar wird vorgegeben, die Place Clemenceau sei es, aber wenn man nicht zufällig auf den Stadtplan oder das Straßenschild gucken würde, könnte man die eine Seite hinauf- und die andere hinabgehen, ohne

es bemerkt zu haben. Höchstens fällt auf, daß sich hier Touristen drängeln. Vermutlich halten auch sie alle Ausschau nach dem Zentrum, ehe sie sich zum Strand oder in ihr Hotel zurückbegeben. Die vier Cafés, unter denen im Le Green der Puls der Biarritzer Zeit am offenkundigsten schlägt, reichen als Herz einer Stadt nicht ganz aus. In den Straßen drumherum konzentrieren sich zwar die teuersten Läden, aber sonst unterscheiden sie sich nicht von denen ein paar Ecken weiter. Zum Glück ist es vom östlichen Ende des Platzes - links, erste rechts - nicht weit zum Comité de Tourisme, square d'Ixelle, in gewisser Weise das eigentliche Herz von Biarritz.

Strände und Promenaden

Natürlich muß man die *Grande Plage* betreten haben, von der aus man zu allen Seiten interessante Ausblicke hat: auf den Atlantik hinaus, wo Surfer ihr Bestes geben, denn hier haben sie immer Publikum. Tatsächlich befinden sich wahre Künstler darunter, auch wenn man den nicht so gewieften mit nicht geringerem Vergnügen zuschaut.

Links sieht man die vorgelagerten Felsen und das Plateau *Atalaye*. Im Vordergrund das Bellevue mit dem Casino; rechts natürlich Eugénies Ferienheim und die *Pointe Saint-Martin* mit dem Leuchtturm. Wendet man sich der Stadt zu, hat man die Promenade, das städtische Casino und das Plaza, u.a. vor sich. Rechts das große, etwas verblichene Strandcafé von Dodin, wo man gutes Eis und hervorragende Schokolade erhält.

Auf der anderen Seite des Hotelpalasts schließt sich die *Plage Miramar* an. Man kann bequem zum Leuchtturm promenieren. In entgegengesetzter Richtung erreicht man vom großen Strand aus den alten Hafen. Darüber erhebt sich das Plateau, von dem der frühere Fischerhafen sehr malerisch aussieht. Hier steht das Meeresmuseum mit dem beeindruckenden Aquarium. Ein Spaziergang zum *Rocher de la Vierge* ist für Biarritzbesucher Pflicht.

Unterhalb der Esplanade du Rocher de la Vierge liegt die kleine geschützte *Plage du Vieux Port*. Weitläufiger ist der Strand der Côte des Basques, wo man surfen kann, ohne das Gefühl, sich produzieren zu müssen. Hinter einem Stück Steilküste schließen sich noch die *Plage Marbella* und die *Plage de la Milady* an.

Wer Weitblicke liebt, sollte ein Stück auf der *Perspective de Côte des Basques* spazierengehen.

▪ Sehenswert: Das Meeresmuseum mit dem Aquarium: Im Juli und August hat es durchgehend von 9-19 Uhr geöffnet, sonst von 9-12 und von 14-18 Uhr.

Gute Adressen

i *Square d'ixelle, 64200 Biarritz, Tel. 59 24 20 24,*

▪ *Unterkunft: Biarritz besitzt rund 70 Hotels, 3 Campingplätze und eine große Auswahl an Ferienwohnungen.*

Fürstlich wohnt man im Hôtel du Palais, ebenso fürstlich sind die Preise: Übernachtung ab etwa DM 300 pro Person. Im Restaurant 'Le Grand Siècle' speist man vorzüglich. Menüs kosten zwischen DM 60 und 120. Tel. 59 24 09 40.

*Das Régina et Golf***, 52, avenue de l'Impératrice, Tel. 59 41 33 00 befindet sich in einem der Paläste, die Biarritz der Jahrhundertwende verdankt. Dort kann man ab DM 160 nächtigen.*

*Um einige Jahrzehnte jünger, aber gleichermaßen gewaltig ist das Plaza***, Avenue Edouard VII, wo das billigste Zimmer DM 75 kostet.*

*Das Miramar**** dagegen ist weitaus unansehnlicher und teurer, doch hier lassen sich Stars aller Schattierungen wiederaufpäppeln: Thalassotherapie. Zum Glück für die Gäste bleibt Daniel Brochs Kochkunst nicht ganz diät und gibt der Finesse den Vorzug. Menüs für DM 82 und 105. Tel. 59 41 30 00.*

Zu den Institutionen gehört natürlich das Café de Paris an der Place Bellevue, in dem man schon immer dem Luxus frönte. Für rund 80 Mark mittags und für knapp einen Hunderter abends kann man davon kosten, ohne Wein selbstverständlich. A la carte - und wer wird sich schon hier mit einem einfachen Menü zufriedengeben? - kann man getrost vom Doppelten ausgehen. Günstiger kommt man in dem kleinen Ableger, dem Alambic, davon, nämlich mit DM 25 für das Menü.

Nett und gar nicht aufgemotzt ist das Odéon, eine kleine Brasserie unter den Arkaden in der Avenue Edouard VII, wo man günstig und lecker Paella, Gambas oder Fischspieße ißt.

Chambre d'Amour

Die Nordseite der Pointe Saint-Martin bietet die faszinierendste Begegnung zwischen dem Felssockel der Baskenküste und dem Ozean. In der Grotte des Chambre d'Amour soll ein Liebespaar von der Flut überrascht worden sein. Hier beginnt der Sandstrand, der sich bis zur Mündung des *Adour* erstreckt und mit seinen Dünen im Charakter den Stränden der Landes gleicht. C h i b e r t a ist wegen seines Waldes und seines Golfplatzes berühmt, auf dem man pro Tag zwischen DM 50 und 80 Gebühr bezahlt. Tel. 59 63 83 20.

Dieses Gebiet gehört zu A n g l e t , der Stadt, die zwischen Biarritz und Bayonne aus Villenvierteln gewachsen ist und die beiden berühmten Nachbarn miteinander verbunden hat.

Bayonne

In Bayonne ist man sich nicht ganz sicher, ob man Gascon oder Baske ist, wobei der erste dem zweiten ohnehin seine Herkunft verdankt. Der Name dieser kleinen charmanten Stadt kommt jedenfalls aus dem Baskischen und spielt auf die Flüsse an, den *Adour* und die *Nive*. Von seiner Lage her war es Tor in alle Richtungen, je nachdem, aus welcher die Eroberer kamen und wohin sie wollten. Am fürchterlichsten müssen die Normannen gewesen sein, die sich hier festsetzten, um die weitere Umgebung zu plündern.

Mit der Heirat Eleonore von Aquitaniens wurde Bayonne 1137 englisch und blieb es bis 1451. In diesen drei Jahrhunderten ging es den Städtern, die sich als See- und Kaufleute einen Namen machten, keineswegs schlecht. Bei der französischen Flotte waren sie gefürchtet. Obwohl ein am Himmel leuchtendes weißes Kreuz die Bayonnaiser davon überzeugte, daß es Zeit sei, die Staatsangehörigkeit zu wechseln und dem französischen Heer die Tore zu öffnen, trugen die neuen Herren ihnen das frühere Britentum noch lange nach.

Nachdem der berühmte Ingenieur Louis de Foix im königlichen Auftrag durch die Umleitung des Adour den Hafen entsandet - und damit entscheidend zur Überschwemmung vom Herbst 1579 beigetragen - hatte, ging es mit Handel und Kaperfahrten wieder bergauf. Der Status eines Freihafens brachte Bayonne 1784 seine größte, doch kurzlebige Blüte, denn die Revolutionäre strichen das königliche Privileg.

Nachdem die Eisenwerke vor 25 Jahre ihre Tore schlossen, hat sich Bayonnes Industrie auf Dünger, Zement und moderne Technologie umgestellt. Der Hafen exportiert den im Baskenland und in der Gascogne sprießenden Mais und bislang noch Berge von Schwefel, die aus dem Gas von Lacq gewonnen werden.

Als Unterpräfektur ist Bayonne praktisch Hauptstadt des Pays basque und lohnt den Besuch. Die beiden alten Viertel der Stadt, *Petit Bayonne* und *Grand Bayonne*, haben sich recht unverändert erhalten und werden nach wie vor von den Flüssen und den Festungswällen begrenzt. Die neuen Siedlungen und Verwaltungszen-

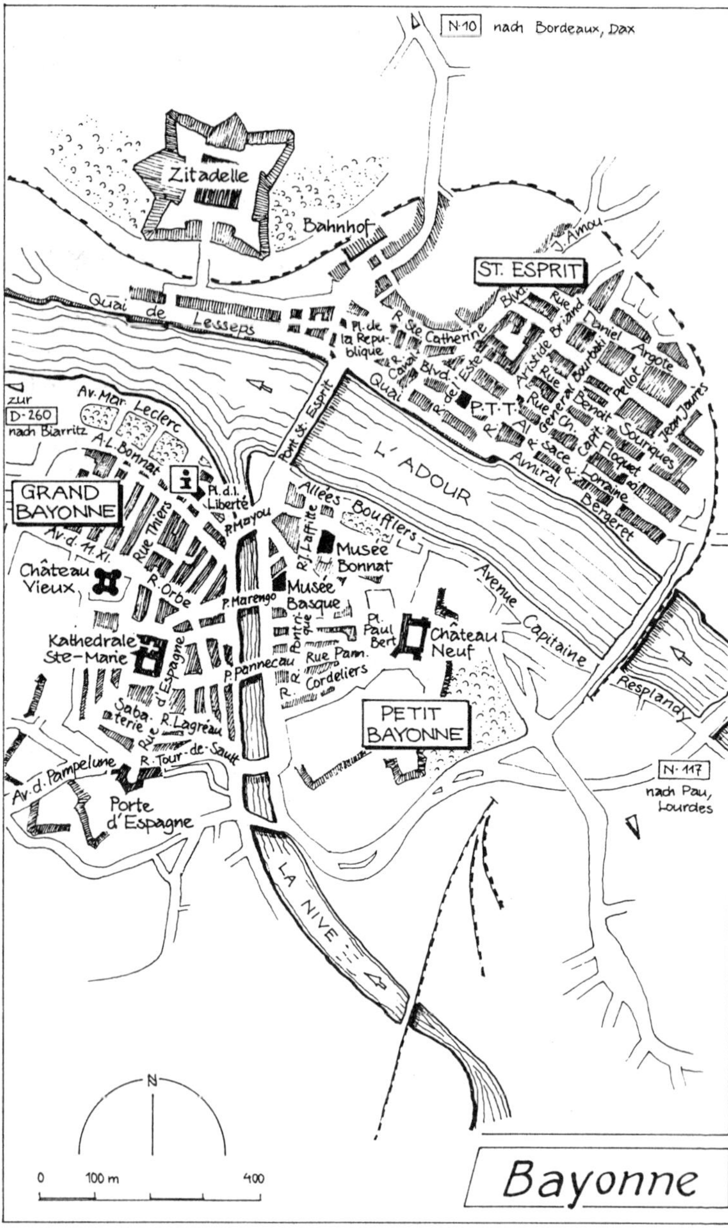
N·10 nach Bordeaux, Dax
Zitadelle
Bahnhof
J. Amou
ST. ESPRIT
Quai de Lesseps
Pl. de la Republique
R. Ste Catherine
Blvd. Aristide Briand
Rue Daniel
Argote
R. Cavai
Blvd. de l'Este
Quai
P.T.T.
Rue Général Bourbaki
Rue Ch. Benoit
Pellot
Jean Jaurès
Rue Al sace Lorraine
Capit. Floquet
Souriques
Amiral Bergeret
zur D-260 nach Biarritz
Av. Mar. Leclerc
A.L. Bonnat
Pont St. Esprit
L'ADOUR
GRAND BAYONNE
Pl. d. l. Liberté
P. Mayou
Allées Boufflers
Rue Thiers
Av. d. 11. XI.
R. J. Laffitte
Musée Bonnat
Château Vieux
R. Orbe
P. Marengo
Musée Basque
Avenue Capitaine Resplandy
Pl. Paul Bert
Château Neuf
Kathedrale Ste-Marie
Rue d'Espagne
P. Pannecau
R. Pontrique
Rue Pann.
R. Cordeliers
Saba-terie
R. Lagreau
PETIT BAYONNE
R. Tour-de-Sault
Av. d. Pampelune
Porte d'Espagne
N·117 nach Pau, Lourdes
LA NIVE
N
0 100 m 400
Bayonne

tren wurden außerhalb angelegt. Heute dienen die Befestigungen als Park, den man vor den Mauern des Petit Bayonne zum Freizeitgelände erweitert hat, während sich vor denen Grand Bayonnes Sportstadium, Tennisplätze und Schwimmbad anschließen.

Grand Bayonne

ist nicht nur das etwas größere Viertel auf der linken Seite der Nive, sondern auch das gediegenere. Mittelpunkt ist die *Kathedrale*, deren Schiff von dem Chor und sieben Kapellen umgeben ist. Während der südliche Turm auf die gotische Epoche zurückgeht, wurde der andere erst im letzten Jahrhundert errichtet. Der von montags bis freitags von 14 bis 17.30 geöffnete Kreuzgang, den man vom Platz her betritt, atmet noch die Stimmung vergangener Zeiten. Er stammt aus dem 14. Jahrhundert.

Wer das echte Bayonne erleben will, muß sonnabends früh über die Quais an der Nive gehen, auf denen sich der Markt abspielt. Während in der großen Halle die etablierten Händler ihre Waren feilbieten, findet man davor und auf den beiden Brücken viele kleine Leute, die ihre selbstgezogenen Gemüse, Geflügel etc. anbieten und auch Schäfer mit selbstgemachtem Käse. Gegen zehn Uhr haben die meisten bereits wieder zusammengepackt.

In Bayonnes beliebtester Geschäftsgasse und Fußgängerzone, der *Rue du Port-Neuf*, steht die Confiserie Cazenave, ein traditionsreiches Schokoladenhaus. Als die Katholischen Könige Ferdinand und Elisabeth die Juden von der Iberischen Halbinsel vertrieben, fanden manche von ihnen hier eine neue Heimat. Mit sich brachten sie das Geheimnis der Schokoladenherstellung. Zunächst boten sie ihre Dienste Feinkostläden und reichen Herrschaften an, in deren Häusern sie das köstliche, stark gewürzte Getränk herstellten. Dann begannen sie, eigene Geschäfte zu gründen und Pralinen zu fertigen. Schokolade, ob flüssig oder fest, ist eine Bayonner Spezialität.

Ein anderer beliebter Treffpunkt der Bayonnaisen ist die Bar du Théâtre an der *Place de la Liberté*, im selben Gebäude wie das Stadttheater. Auf der Rückseite befindet sich das Rathaus und im Parterre das Syndicat d'Initiative.

OUTILLAGE
INDUSTRIEL
QUINCAILLERIE
BRICOLAGE

Petit Bayonne

Dieser Teil Bayonnes erstreckt sich auf dem Zipfel zwischen der Nive und dem Adour. Mit seinen Quais und engen Gassen, alten Häusern und Arkaden, mit seinen Kneipen und Restaurants (s.u.), Schlachtereien und Zuckerbäckern, seinen vornehmen Geschäften und Tante-Emma-Läden und seinen dunklen Ecken, die braven Bayonnaisern unheimlich sind, fasziniert Petit Bayonne. An der Ekke des Quai des Corsaires und der Rue Marengo ist in einem mächtigen alten Labourdiner Gebäude das baskische Museum untergebracht. In ihm wurde wirklich alles typisch Baskische zusammengetragen, von der Hauseinrichtung bis zu den berühmten Grabsteinen.

▪ Museen: *Baskisches Museum* (s.o.) in Petit Bayonne. Täglich außer sonntags von 10-12 und von 14.30-17.30. Im Sommer ab 9.30 und abends bis 18.30.

Musée Bonnat. Ganz in der Nähe vom Baskischen Museum, in der Rue Jacques Laffitte: verschiedene großartige Gemälde aus dem 16. bis 19. Jahrhundert, darunter Werke von Rubens, Murillo, Constable, Goya, Degas und Delacroix - und natürlich Léon Bonnat, dem Bayonnaiser Maler. Vom 15.6-10.9. täglich außer dienstags von 10-12 und 15-19 Uhr geöffnet, im Winter während der Woche nur nachmittags.

▪ Feste: Bayonnes traditionelle Festtage finden Anfang August statt. Dazu gehören natürlich Corridas, denn Bayonne war schon lange eine Hochburg des Stierkampfes, bevor Tucholsky ihn mit spitzer Feder bezeugte, und ist es danach ungerührt geblieben.

Gute Adressen

i *Place de la Liberté, 64100 Bayonne, Tel. 59 59 31 31.*
Wenn man Bayonne nur eine Stippvisite abstatten möchte, parkt man das Auto am besten auf den Parkplätzen vor der Place de la Liberté - Zufahrt über die Uferstraße, Avenue Maréchal Leclerc.

■ *U n t e r k u n f t : Hôtel des Arceaux*, Rue du Port Neuf Nr. 16, Tel. 59 59 15 53, DZ zwischen DM 27 und 42.*

*Ein großes Hotel der Jahrhundertwende, in dem diese immer noch lebendig zu sein scheint, ist das Hôtel Aux Deux Rivières***, 21, rue Thiers, Tel. 59 59 14 61. DZ für DM 45 bis 100. Dazu gehört ein immer gutbesuchtes Café.*

*Praktisch für eine Übernachtung ist das Hotel Loustau**. Es liegt gleich links auf der anderen Seite des Pont Saint-Esprit, der den Adour überquert. In dem unpersönlichen Hotel bezahlt man für Zimmer zwischen DM 30 und 90, hat aber den Vorteil, die Altstädte leicht zu Fuß erreichen zu können. Hôtel Loustau, 1, place de la République, Tel. 59 55 16 74.*

■ *E s s e n : In Petit Bayonne hat man keine Schwierigkeiten, den berühmten Jambon de Bayonne oder andere Spezialitäten zu bekommen. Wenn man keinen Tisch für abends in einem Restaurant vorbestellen will oder kann, sollte man unbedingt vor 20 Uhr erscheinen, um noch Chance auf einen Platz zu haben!*

Es gibt viele Kneipen, auch ein paar zwielichtige, aber keine ursprünglichere als das winzige Bistro 'Bar au Clou' unter den Arkaden am Quai.

Petit Bayonne hat aber auch die besten Restaurants der Stadt. Das schummrig vornehme 'Beluga' ist in der Rue des Tonneliers (etwa DM 70 pro Person), das elegante lichte 'Cheval Blanc' in der Rue Bourg-Neuf im oberen Ende zur Burg hin (Menüs von DM 37 bis 75).

'François Miura' in der geschäftigen Rue des Cordeliers. Die Atmosphäre in dem Gastraum mit den imposanten Deckenbalken ist angenehm und entspannt. Madame Miura wacht aufmerksam über das Geschehen, während man die ausgezeichneten Gerichte des Chefs genießt. Die Karte ist klein, doch ausgefeilt und die Menüs für das Gebotene für DM 26 und 40 sehr preiswert. Gute regionale Weine. 29, rue des Cordeliers, Tel. 59 59 49 89.

■ *T r a n s p o r t : Zwischen dem 2.7. und dem 4.9. verkehrt ein Küstenzug 22mal am Tag zwischen Bayonne und Hendaye!*

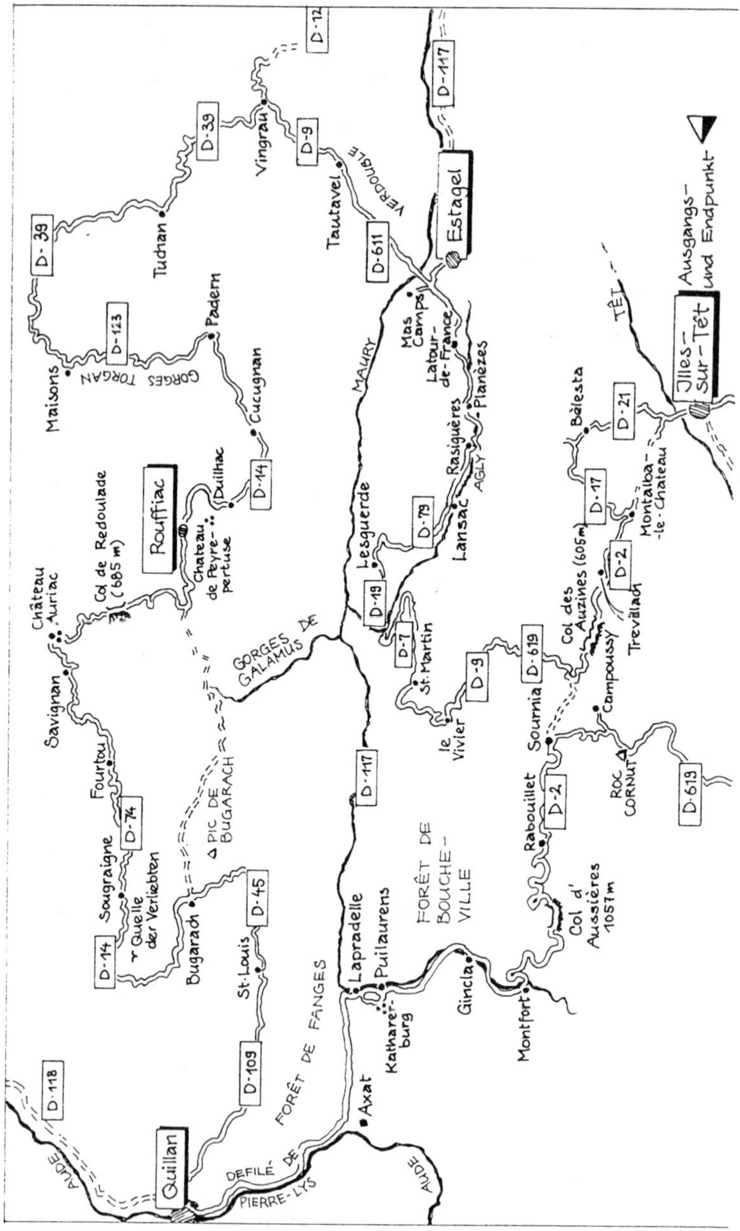
Quillan
D-118
AUDE
DEFILÉ DE PIERRE-LYS
AUDE
Axat
FORÊT DE FANGES
D-109
St-Louis
D-45
Bugarach
D-14
Quelle der Verliebten
Sougraigne
D-74
Fourtou
Savignan
Château Auriac
Col de Redoulade (685 m)
Rouffiac
Chateau de Peyre-pertuse
Duilhac
D-14
Cucugnan
Padern
D-123
Maisons
GORGES TORGAN
D-39
Tuchan
D-39
Vingrau
D-12
D-9
Tautavel
VERDOUBLE
D-611
Estagel
D-117
PIC DE BUGARACH
GORGES DE GALAMUS
MAURY
Mas Camps
Latour-de-France
Planèzes
Rasiguères
AGLY
Lansac
D-79
Lesquerde
D-19
D-7
St. Martin
D-9
le Vivier
D-619
Sournia
Col des Auzines (605 m)
Campoussy
Trevillach
D-2
Montalba-le-Château
D-17
Bélesta
D-21
Jlles-sur-Têt
TÊT
Ausgangs- und Endpunkt
D-117
Lapradelle
Puilaurens
Katharer-burg
Gincla
Montfort
FORÊT DE BOUCHE-VILLE
Col d' Aussières 1057 m
Rabouillet
D-2
ROC CORNUT
D-619

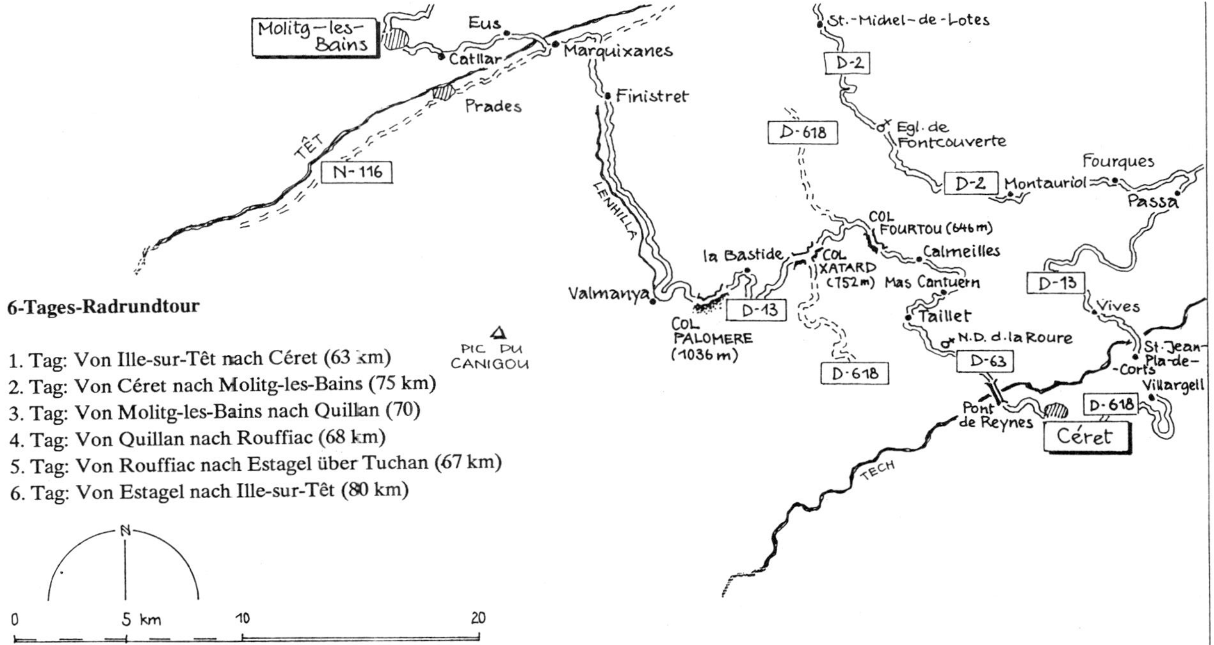

6-Tages-Radrundtour

1. Tag: Von Ille-sur-Têt nach Céret (63 km)
2. Tag: Von Céret nach Molitg-les-Bains (75 km)
3. Tag: Von Molitg-les-Bains nach Quillan (70)
4. Tag: Von Quillan nach Rouffiac (68 km)
5. Tag: Von Rouffiac nach Estagel über Tuchan (67 km)
6. Tag: Von Estagel nach Ille-sur-Têt (80 km)

Radtour: Rundfahrt im Roussillon und in den Corbières

Große Roussillon-Radtour

Das Roussillon ist bei Radfahrern, die es einmal kennengelernt haben, meist eine Liebe auf den ersten Blick. Auf den kleinen Straßen, die die Dörfer der Weinregion miteinander verbinden, herrscht wenig Verkehr. Dafür geht es ständig auf und ab und die Straßen winden sich an Hängen oder durch Täler. Einziger Nachteil: der Rollsplitt, mit dem die meisten Straßen alle paar Jahre aufs Neue versehen werden.

Die von mir ausgearbeitete Rundfahrt meidet die küstennahe Ebene, in der viel Verkehr herrscht und relativ wenig Abwechslung geboten wird. Genauso habe ich das Hochgebirge ausgelassen, das zu hohe Anforderungen an die Kondition stellt. So bleiben die niedrigeren und faszinierend wilden Bergregionen der *Aspres*, des *Fenouillèdes* und der südlichen *Corbiéres*. Allerdings verlangt auch dieses Gebiet einiges vom Radler, Sie sollten auf jeden Fall Radlererfahrung und Rennrad mitbringen - und auf schweres Gepäck verzichten! Gute Unterkünfte und Gasthäuser gibt es hier genügend. Wem die Tagesetappen von knapp 70 Kilometer im Durchschnitt zu lang sind, kann sie natürlich beliebig kürzen - an Übernachtungsmöglichkeiten mangelt es bestimmt nicht.

▪ Ausgangs- und Endpunkt der Rundfahrt ist I l l e - s u r - T ê t (s.S. 146f.). Hier kann man in zwei einfachen Hotels oder auf einem Campingplatz übernachten.

1. Tag: **Von Ille-sur-Têt nach Céret** (63 km)

Nach einem steilen Anstieg vom *Balcon des Aspres* herrliche Ausblicke über die Ebene des Roussillon und seine Küste. Dann zeigen die östlichen Vorberge des Canigou ihre malerisch mediterrrane Seite, ehe man das charmante Céret erreicht.

Von Ille-sur-Têt auf der D 2 durch Pfirsichplantagen 3 km nach St. Michel-de-Llotes. 4,5 km nun recht steil durch Berg- und Korkeichenwald hinauf. Nach weiteren etwas flacheren 4,5 km erreicht man die Kirche der Fontcouverte und den Balkon der Aspres. Ohne große Höhenunterschiede windet sich die Straße am Hang entlang (18 km). Dann senkt sie sich hinab, um über Montauriol zum Winzerort Fourques (28 km) zu führen. Dort zunächst links aus dem Dorf, dann rechts auf die Straße nach Passa, nach 3 km Abzweig nach rechts. Am anderen Ende von Passa (32 km) rechts an der Kirche vorbei aus dem Dorf hinaus und 7 km durch die typische Weinbergslandschaft der Aspres auf die D 615. Darauf links etwa 2 km, dann erneut links auf die D 13 Richtung Vivès (46 km), am Rande des Korkeichenwalds. Die D 115 überqueren und weiter über St. Jean-Pla-de-Corts im Techtal. 1 km hinter dem Ort nach Villargeil abzweigen (56 km) und weiter zur D 618 nach Céret (s.S. 119ff.).

- *Übernachten in Céret: Hotel Pyrénés** oder Hotel Vidal* (S. 122).*

2. Tag: **Von Céret nach Molitg-les-Bains** (75 km)

Jetzt geht es näher an den Canigou heran. Zunächst durch Korkeichenwälder hinauf, aber dann kommt man in die Mittelgebirgszone. Nach einer Abfahrt durch das Tal der Lentilla wird das Tal der Têt überquert. Auf der Sonnenseite, der Solana, geht es unterhalb des malerischen Eus an Pfirsichplantagen weiter, bis man nach einem Anstieg das Thermalbad Molitg erreicht.

Von Céret 2,5 km auf der D 117 nach Westen zur Eisenbahnbrücke le Pont de Reynes, die man überquert. Auf dem Sträßchen D 63 an der Kapelle Nôtre Dame de la Roure vorbei und durch das winzige Dorf Taillet. Beim Mas Cantuern (15 km) links an Cameilles vorbei hinauf zum Col Fourtou (646 m). Links auf die D 618 einbie-

gen, die auf 4 km bis zum Col Xatard (752 m) ansteigt. Dort nimmt man den Weg nach L a B a s t i d e (32 km), der recht steil zum Col Palomère führt. Schöner Blick auf das Massiv des Caniguo und die Bergketten und Wälder der Aspres und des Vallespir. Bei V a l m a - n y a , einstigem Bergarbeiterdorf, schwenkt die D 13 in das Tal der Lentilla ein, in dem es 13,5 km hinabgeht, bis links der Abzweig nach F i n e s t r e t kommt (55 km). Im Ort rechts halten und Richtung M a r q u i x a n e s . 2 km muß man auf der befahrenen N 116 zurücklegen, dann kann man in Marquixanes rechts die Têt überqueren. Am Fuße der kargen Hügel von Eus gelangt man bequem nach C a t - l l a r (70 km). Von dort sind es noch 5 km bis Molitg-les-Bains und 175 m Höhenunterschied.

▪ *Übernachten in Molitg-les-Bains: im komfortablen Grand Hotel de Thermal oder in einfacheren Hotels des winzigen Kurorts - oder im Mas Lluganas (s. S. 161), weitere 2 km auf der D 14.*

3. Tag: **Von Molitg-les-Bains nach Quillan** (70 km)

Durch den westlichsten und höchsten Teil des Fenouillèdes geht es über den Paß von Aussières in das bereits vom Atlantikklima geprägte Tal der Boulzane an der romantischen Burg von Puilaurens vorbei nach Quillan.

Zunächst von Molitg hinab bis zur Kreuzung mit der D 619, die auf 10 km rund 600 m Höhe gewinnt. Die Straße führt über die Hochebene von Campoussy. Weite Blicke über die kargen Hügel. Ein Menhir und ein Steinkreis 500 m rechts von der Straße (s.S. 189). Am bizarren Roc Cornut nach S o u r n i a (23 km). Dann auf der D 2 westlich nach Rabouillet (großes Gîte d'Etape). Nun geht es ziemlich steil hinauf zum Col d'Aussières (1057 m, 36 km). Auf 7 km bleibt der Weg fast auf dieser Höhe, ehe er sich nach M o n t f o r t wendet und durch das grüne Tal der Boulzane, am Rande des Forêt de Boucheville, über Gincla, Salvezines nach P u i l a u r e n s führt (53 km). Vor Puilaurens führt ein Weg links zur Katharerburg - ein lohnender Abstecher.

In Lapradelle trifft man auf die stark befahrene D 117. Durch das Défilé de Pierre-Lys erreicht man anch 17 flachen Kilometern Quillan.

▪ *Übernachten in Quillan (S. 214): mehrere Übernachtungsmöglichkeiten, das gepflegteste ist das 'La Chaumière'.*

4. Tag: **Von Quillan nach Rouffiac** (68 km)

Am Fôret des Fanges entlang kommt man in den südwestlichsten Teil der Corbières, der von dem Pic de Bugarach dominiert wird. Nach einer Rundfahrt durch diese herbe und wilde Landschaft verbringt man die Nacht zu Füßen der Katharerburg Peyrepertuse (S. 207f.).

Aus Quillan 2 km in nördlicher Richtung auf der D 118 hinaus, dann rechts auf die D 109, auf der man am Wald entlang bis auf 600 m klettert. Bei dem Dorf S t . L o u i s (14 km) folgt man der winzigen D 45, die unterhalb des magischen B u g a r a c h bis zum gleichnamigen Hirtendorf führt (23 km). Nach 8 km erreicht man auf der D 14 die Kreuzung mit der D 74, auf der man östlich - nach 500 m die 'Quelle der Verliebten'- über S o u g r a i g n e (s.S. 215) auf den Col de la Fage (800 m) hinauffährt. Durch F o u r t o u (42 km) kommt man zum Flecken Savignan. Dort rechts, nach der Kurve gerade aus, an Auriac mit seinem Château vorbei hinauf zum Col de Redoulade (685 m) und hinab nach S o u l a t g e (63 km). Während man durch das schöne Tal gemächlich nach Rouffiac radelt, tritt das Château de Peyrepertuse nach und nach aus dem felsigen Bergkamm hervor.

▪ *Übernachten in Rouffiac: Auberge de Peyrepertuse (s.S. 208). Alternative: Von Soulatge 7 km westlich in Camps-sur-Agly, Gîte und Ferme Auberge (s.S. 209).*

5. Tag: **Von Rouffiac nach Estagel über Tuchan** (67 km)

Nach einem Ausflug auf die großartige Burg von Peyrepertuse ein Bogen um die Montagne de Tauch. Nun zeigen die Corbières ihr zentrales Gesicht, trockener, karger, nach Kräuter duftend, kleine wilde Schluchten und knorrige Rebstöcke. Durch das traumhafte Tal des Verdouble, wo der erste Europäer hauste, geht es durch den

Winzerort Tautavel nach Estagel, einem lebendigen Kleinstädtchen - wobei sich lebendig auf die Bistros bezieht!

Peyrepertuse sollte man nicht versäumen. Hinter Duilhac rechts. Dann auf der D 14 östlich unterhalb von Cucugnan vorbei nach P a d e r n . Gleich im Ort links in die schöne Schlucht des Torgan abzweigen, in der man romantische Stellen findet, um sich abzukühlen. Über die Maisons klettert man zum Col de Ferréol (428 m, 32 km), von dem man 12 km am noch kleinen Verdouble entlang nach T u c h a n hinabrollt. Auf der D 39 in südöstlicher Richtung nach V i n g r a u (54 km). Weiter nach Tautavel (sehr erholsame Strecke) und über die D 9 und die D 611 auf die D 117.

▪ *Übernachten: Von der D 117 links - 2 km Mas Camps (S. 198) oder in Estagel das Nouvel Hotel - rechts 3 km (S. 196).*

6. Tag: **Von Estagel nach Ille-sur-Têt** (80 km)

Dieser Tag ist einer Rundfahrt durch das Fenouillèdes gewidmet, einer reizvollen und abwechslungsreichen, dabei wenig befahrenen Region, die zwar immer wieder Steigungen mit sich bringt, aber solche, die sich in Grenzen halten.

Von Estagel auf der D 17, vom Mas Camps auf der D 9 nach Latour-de-France, weiter auf der D 9 durch die Winzerorte Planèzes und Rasiguéres. Bei der Brücke Tournefort rechts nach L a n s a c (16 km). An dem Feldspathsteinbruch vorbei nach Lesquerde, schöner Blick auf den Canigou!. Nun geht es zügig hinab in das Tal des Agly, den man links überquert, um gleich darauf sich rechts nach S t . M a r t i n zu wenden. Es folgt ein hartes Stück Steigung, ehe man das Plateau von St. Martin (37 km) erreicht - weiter Ausblick. Hinter L e V i v i e r hält man sich links und fährt auf der D 9, die auf die D 619 stößt. Rechts folgt die Straße dem Tal der Desix. An der Kreuzung unterhalb der kleinen alten Burgruine, rechts auf die D 2 nach T r e v i l l a c h (62 km) - schöner Anstieg zum Col des Auzines (605 m). Weiter auf der D 2 nach Montalba-le Château. Gleich hinter der Cave rechts auf die D 17 bis B é l e s t a (71 km), von dort über die malerische D 21 zurück zum Ausgangspunkt Ille. Halten Sie nach etwa 4 km beim Grabmal der Sybille: grandioser Blick über das Têttal bis zum Meer.

Literatur

Verschiedene deutsche Reiseführer haben das Roussillon erwähnt. Es gibt aber nur zwei - soweit ich weiß -, die ausführlicher darauf eingehen:

Madeleine Claus *Roussillon. Das französische Katalonien*, édition aragon 1987. Die Autorin, die in Banyuls lebt, hat aus der Insiderperspektive heraus eine Mischung aus Essayband und Reiseführer geschrieben, der vor allem im Kapitel über die Exilanten in die Tiefe geht, die Regionen der Ostpyrenäen und die Katharer vorstellt und viele gute Tips gibt. Im Ganzen ein interessantes Portrait des Roussillon. Leider ist das Buch miserabel hergestellt.

André Dominé, *Trunken vom Roussillon - Ein Wegführer zu den reinen Weinen der südlichsten Dörfer Frankreichs*. Edition Tramontane, Bad Münstereifel 1987. Für alle, die sich eingehend für Wein interessieren und Spaß daran haben, die Winzerdörfer des Roussillon zu durchforschen. Die Weincharakterisierungen sind auch für andere Jahrgänge brauchbar, da sich diese in der Regel wenig voneinander unterscheiden. Ausnahme: 1987 - nur mit Vorsicht zu genießen!

Rolf Legler, *Languedoc-Roussillon. Von der Rhône bis zu den Pyrenäen*, bei DuMont 1981 erschienen. Ein Kunstreiseführer in klassischer Manier, der sich an den wichtigsten Baudenkmälern orientiert und dem Roussillon immerhin rund 100 Seiten widmet.

Paul Godin, *Roussillon - Guide touristique*, Editions Dino, Perpignan. Der allgemeine französische Touristenführer, der mittlerweile ziemlich überholt und sehr allgemein gehalten ist.

Kurt Tucholsky, *Ein Pyrenäenbuch*, rororo Reinbek 1962. Spöttisch und sarkastisch, wie man's an ihm liebt, aber doch auch hin und wieder hingerissen von dem atlantischen Teil der Pyrenäen. Allerdings mutet es an vielen Stellen inzwischen doch ziemlich verstaubt an.

Ortsverzeichnis

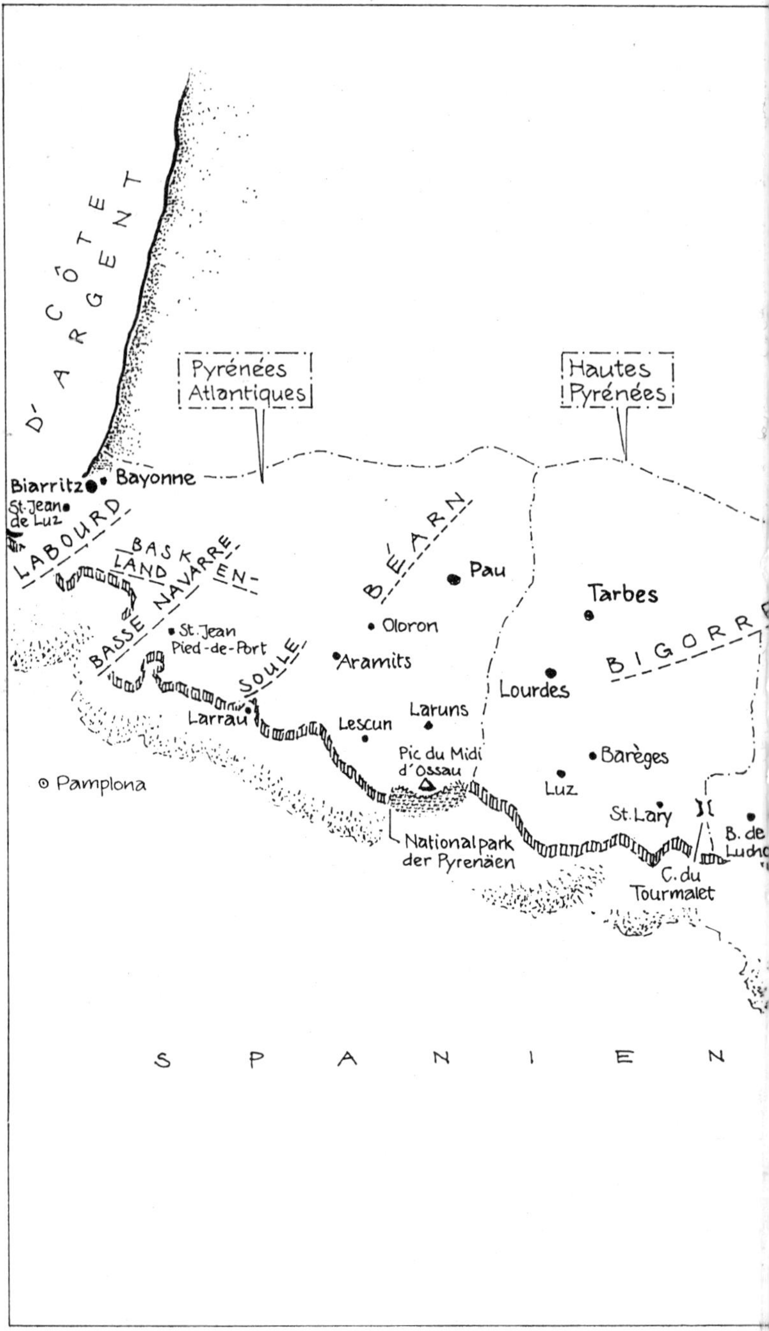
CÔTE D'ARGENT
Pyrénées Atlantiques
Hautes Pyrénées
Biarritz
Bayonne
St. Jean de Luz
LABOURD
BASKEN-LAND
BASSE NAVARRE
St. Jean Pied-de-Port
SOULE
BÉARN
Pau
Oloron
Aramits
Larrau
Lescun
Laruns
Pic du Midi d'Ossau
Nationalpark der Pyrenäen
Tarbes
BIGORR
Lourdes
Barèges
Luz
St. Lary
C. du Tourmalet
B. de Luch
Pamplona
SPANIEN